Anlegerschutz im Wertpapiergeschäft
AGB in der Kreditwirtschaft

Bankrechtstag 2010

BrV 31

Schriftenreihe der Bankrechtlichen Vereinigung

herausgegeben von

Mathias Habersack
Peter O. Mülbert
Gerd Nobbe
Arne Wittig

Band 31

De Gruyter

Anlegerschutz im Wertpapiergeschäft
AGB in der Kreditwirtschaft

Bankrechtstag 2010

De Gruyter

ISBN 978-3-11-024891-3
e-ISBN 978-3-11-024892-0

Bibliografische Information der Deutschen Nationalbibliothek

Die Deutsche Nationalbibliothek verzeichnet diese Publikation in der Deutschen Nationalbibliografie; detaillierte bibliografische Daten sind im Internet über http://dnb.d-nb.de abrufbar.

Datenkonvertierung/Satz: WERKSATZ Schmidt & Schulz GmbH, Gräfenhainichen
Druck: Hubert & Co. GmbH & Co. KG, Göttingen

∞ Gedruckt auf säurefreiem Papier

Printed in Germany

www.degruyter.com

Vorwort

Der Bankrechtstag 2010 der Bankrechtlichen Vereinigung – Wissenschaftliche Gesellschaft für Bankrecht e.V. fand am 25. Juni 2010 statt. Die beiden Themenblöcke „Anlegerschutz im Wertpapiergeschäft“ und „AGB in der Kreditwirtschaft“ vermochten eine Rekordzahl von 320 Teilnehmern nach Bonn zu locken.

Die erste Abteilung verhandelte das Thema „Anlegerschutz im Wertpapiergeschäft“ in zahlreichen Facetten. Der Vortrag von *M. Habersack* umriss einleitend den zivilrechtrechtlichen Rahmen anhand einer systematisierenden Darstellung der differenzierten Judikatur des XI. und III. Zivilsenats, wonach ein Anlageberater den Erhalt von Rückvergütungen – nicht aber von Vertriebsprovisionen – offen zu legen hat (XI. ZS), wogegen den Anlagevermittler insoweit keine Offenlegungspflicht trifft (III. ZS). *J. Ellenberger* vertiefte im Anschluss daran die Leitlinien der höchstrichterlichen Rechtsprechung des XI. Zivilsenats auch mit Blick auf den jeweils erforderlichen Parteivortrag im Prozess. Komplementär hierzu unternahm es *K. P. Puszkajler* sodann, vor allem obergerichtliche Entscheidungen der letzten 18 Monate zu den §§ 31 ff. WpHG im Überblick vorzustellen. Den Abschluss bildete *H. Beck*, der die §§ 31 ff. WpHG aus Sicht der Bankpraxis würdigte und Desiderate für die künftige Gestaltung eines kundengerechten Wohlverhaltensregimes formulierte.

In der zweiten Abteilung „AGB in der Kreditwirtschaft“ erörterte *M. Stoffels* zunächst Grundsatzfragen der AGB-Kontrolle, wobei er mit der Frage nach Grenzen der Inhaltskontrolle und sodann den Ausformungen des Transparenzgebots kreditwirtschaftlich zentrale Aspekte aufgriff. Sodann überprüfte *H. Strube* eine breite Palette von in der Bankpraxis anzutreffenden Klauseln auf deren AGB-rechtliche Zulässigkeit. Abschließend gab *R. Dippel* einen systematischen Überblick über die Neuerungen in den Klauselwerken der Kreditwirtschaft, die aus der Umsetzung der Zahlungsdiensterichtlinie resultieren.

Bei der Druckvorbereitung dieses Bandes hat dankenswerter Weise Herr *Dominik Seehawer*, Universität Mainz, mitgewirkt, der auch das Stichwortverzeichnis erstellte.

Allen, die zum Gelingen des Bankrechtstages 2010 beigetragen haben, insbesondere Frau *Johanna Bäcker* und Frau *Stefanie Barth*, sei besonders gedankt.

Tübingen, Mainz, Karlsruhe, Frankfurt *Habersack, Mülbert, Nobbe, Wittig*
Im Dezember 2010

Inhaltsverzeichnis

1. Abteilung:

Anlegerschutz im Wertpapiergeschäft

Leitung: Professor Dr. Dr. Dr. h.c. mult. *Klaus J. Hopt*, Hamburg

Anlegerschutz im Wertpapiergeschäft
– Grundsatz- und Praxisfragen –

Professor Dr. *Mathias Habersack*,
Ludwig-Maximilians-Universität München*

I. Einführung

Das Thema dieses Beitrags – Anlegerschutz im Wertpapiergeschäft – könnte kaum weiter gefasst sein und erweist sich mit seiner Beschränkung auf das Wertpapiergeschäft doch als zu eng: Nicht zuletzt die Rechtsprechung zu sogenannten Rückvergütungen, auf die im weiteren Verlauf des Beitrags zurückzukommen sein

---

* Das Manuskript befindet sich auf dem Stand vom September 2010; einzelne Nachweise konnten während der Drucklegung nachgetragen werden.

wird,[1] hat in aller Deutlichkeit vor Augen geführt, dass sich die Frage vergütungsbezogener Aufklärungspflichten in gleicher Schärfe beim Vertrieb von Anteilen an geschlossenen Fonds – und damit außerhalb des Wertpapiergeschäfts im eigentlichen Sinne – stellt, und der Diskussionsentwurf eines Gesetzes zur Stärkung des Anlegerschutzes und Verbesserung der Funktionsfähigkeit des Kapitalmarkts[2] sah gar die Erstreckung des Tatbestands des Finanzinstrumentes auf Anteile an Vermögensanlagen im Sinne des § 8f VerkProspG und damit die Ausdehnung insbesondere der Wohlverhaltensregeln der §§ 31 ff. WpHG auf den Bereich des Grauen Kapitalmarktes vor. Wer über Anlegerschutz redet, tut schon deshalb gut daran, Vermögensanlagen im Sinne des § 8f VerkProspG nicht von vornherein auszuklammern. Andernfalls müsste er sich im Übrigen den Vorwurf gefallen lassen, die Verwurzelung des Anlegerschutzes in der im Jahr 1972 einsetzenden Rechtsprechung des II. Zivilsenats des BGH zur Publikumspersonengesellschaft, die *Hopt* jüngst in seinem Rückblick auf 50 Jahre Anlegerschutz und Kapitalmarktrecht in Erinnerung gerufen hat,[3] zu ignorieren und in der Folge eine unhistorische Sehweise zu pflegen. Der erwähnte Beitrag *Hopts* macht freilich auch deutlich, dass sich das Kapitalmarktrecht – und mit ihm das Anliegen, den Anleger zu schützen – zu einem großen und bedeutenden Rechtsgebiet mit zahlreichen Teildisziplinen entwickelt hat. Vor diesem Hintergrund und zumal mit Blick auf die Zielsetzung der Bankrechtlichen Vereinigung erscheint es geboten, im Rahmen eines Referats über Anlegerschutz Schwerpunkte zu bilden. Lässt man sich hierbei von der Erwägung leiten, dass das mutmaßliche Interesse der Tagungsteilnehmer in besonderem Maße den in der jüngeren Vergangenheit kontrovers diskutierten und noch nicht als restlos geklärt anzusehenden Fragen des Anlegerschutzes gelten dürfte, so kann an der bereits erwähnten Rechtsprechung zu den Rückvergütungen kein Weg vorbeiführen. Sie soll freilich nicht nur referiert, sondern in einen größeren Zusammenhang gestellt und zudem kritisch gewürdigt werden. Die Aufklärung über Rückvergütungen soll, dies sei vorweggeschickt, einem Interessenkonflikt des Kreditinstituts Rechnung tragen, weshalb mit allgemeinen Überlegungen zu den konzeptionellen Grundlagen des Anlegerschutzes und zum Umgang mit Interessenkonflikten zu beginnen ist (unter II.). Hieran sollen sich die bereits erwähnten Ausführungen zu den Pflichten im Zusammenhang mit Rückvergütungen anschließen, wobei Schwerpunkte bei dem Tatbestand entsprechender Aufklärungspflichten (mithin bei der Frage, unter welchen Voraussetzungen eine entsprechende Aufklärung geschuldet ist) und bei den Folgen einer Aufklärungspflichtverletzung gesetzt werden sollen (unter III.).

---

1 Dazu näher unter III.

2 Abrufbar über die Seite des BMF; dort auch der Regierungsentwurf, der die im Text genannte Änderung nicht mehr vorsieht; zur Reform s. *Maas/Jäger* BKR 2010, 316 ff.; *Sethe* ZBB 2010, 265 ff.

3 *Hopt* WM 2009, 1873, 1876 mit Hinweis auf BGH WM 1973, 863 und BGHZ 63, 338 = WM 1975, 346; zu weit. Nachw. s. *Hopt*, in: Baumbach/Hopt, HGB, 34. Aufl., 2009, Anh. § 177a Rdn. 52 ff.

II. Konzeptionelle Grundlagen

1. Funktionen- und Individualschutz

Gemeinhin unterscheidet, wer sich mit Anlegerschutz befasst, zwischen dem Individualschutz auf der einen und dem Markt- oder Funktionenschutz auf der anderen Seite.[4] Dabei bestehen vielfältige Interdependenzen. So kommt Mechanismen, die den Schutz des einzelnen Kapitalanlegers vor Vermögenseinbußen zum Ziel haben und deshalb dem Individualschutz zuzuordnen sind, selbstredend auch marktschützende Funktion zu;[5] die Anerkennung individueller Rechtsbehelfe und deren Wahrnehmung macht den Anleger gleichsam zum „Funktionär des allgemeinen Kapitalmarktgeschehens", indem Anlegerschäden entweder von vornherein vermieden oder bereits realisierte Anlegerschäden kompensiert werden; in einem wie im anderen Falle ist sichergestellt, dass der dem Anlegerschaden korrespondierende Vorteil eines Dritten nicht zu einer Marktverfälschung und damit zu einem Versagen der Verteilungsfunktion des Marktes führt. Umgekehrt profitiert der Anleger natürlich auch von einem allgemeinen Markt- oder Funktionenschutz. Dies gilt nicht nur für Stützungsmaßnahmen der öffentlichen Hand, wie sie in der Folge der Finanzkrise so vielfältig zu beobachten sind, sondern auch und vor allem für die Regulierung des Kapitalmarktes im Allgemeinen und die Statuierung marktbezogener Verhaltenspflichten wie namentlich in Gestalt der Insiderregeln und Manipulationsverboten im Besonderen. Marktrecht schiebt sich damit, worauf erstmals *Hopt* aufmerksam gemacht hat,[6] als eigenständige Kategorie zwischen den Individualvertrag als Grundlage subjektiver Rechte und das öffentlichrechtliche Recht der Aufsicht über den Markt und seine Akteure. Die Verknüpfung zwischen dem Individual- und dem Funktionenschutz erfolgt nun gerade auf der Ebene dieser marktbezogenen Vorschriften. So versteht es sich von selbst, dass Vertragspartner einander auf Schadensersatz haften, soweit sie ihre vertraglichen Pflichten verletzen; die Frage geht insoweit dahin, ob eine Pflichtverletzung und ein hierauf basierender Schaden vorliegen – Fragen, auf die im Zusammenhang mit Rückvergütungen zurückzukommen sein wird. Marktbezogene Vorschriften hingegen lösen sich vom Einzelvertrag und werfen die – von Gesetzgeber und Rechtsprechung zu beantwortende – Frage auf, ob die Verletzung vertragsunabhängiger Verhaltenspflichten zivilrechtliche Folgen in Gestalt von Schadensersatzansprüchen geschädigter Anleger zeitigt. Die Entwicklung auf dem Gebiet der Haftung für fehlerhafte oder unterlassene ad hoc-Publizität, die in die Haftungs-

---

4 *Hopt*, Der Kapitalanlegerschutz im Recht der Banken, 1976, S. 51 ff.; *Assmann*, ZBB 1989, 49, 56; *Hellgardt*, Kapitalmarktdeliktsrecht, 2008, S. 165 ff.; *Sethe*, Anlegerschutz im Recht der Vermögensverwaltung, 2005, S. 4 f., 422 ff.

5 Vgl. nur *Hopt* (Fn. 4), S. 333 ff.; *Assmann*, ZBB 1989, 49, 56.

6 *Hopt*, ZHR 140 (1976), 201 ff., ZHR 141 (1977), 389 ff.

tatbestände der §§ 37b, c WpHG gemündet ist,[7] zeigt dies in aller Deutlichkeit auf. Marktbezogene Verhaltenspflichten, mag ihre Verletzung schadensersatzbewehrt sein oder nicht, ergänzen mithin die qua Einzelvertrag begründeten Rechte des Anlegers. Der Erwerb einer Beteiligung an einer Kapital- oder Personengesellschaft[8] mag Beratungspflichten des Verkäufers oder Vermittlers begründen und verschafft dem Anleger in jedem Fall die spezifisch gesellschaftsrechtlichen Schutzinstrumentarien des AktG und der sich an ihm orientierenden Rechtsprechung zu den Publikumspersonengesellschaften.[9] Indes kommt der gesellschaftsrechtlich begründete Schutz des Anlegers, dies ist heute Allgemeingut, zu spät, regelt das Gesellschaftsrecht doch vor allem den Umgang der das Kapital aufnehmenden Gesellschaft mit dem investierten Kapital, ohne die Anlageentscheidung selbst zum Gegenstand zu haben.[10] Bekanntlich kann sogar der arglistig getäuschte Gesellschafter einer Personengesellschaft seine Beteiligung nur mit Wirkung ex nunc und nur unter Inkaufnahme der gewöhnlichen Folgen des Ausscheidens – und damit der Gefahr einer Aufzehrung seiner Einlage durch Verluste – kündigen; Entsprechendes gilt nach dem Friz-Urteil des EuGH vom 15.4.2010 für den nicht oder nicht ordnungsgemäß über sein Widerrufsrecht belehrten Anleger.[11] Der Aktionär einer börsennotierten Gesellschaft hat zwar die Möglichkeit, seine Beteiligung über den Sekundärmarkt abzugeben, muss hierbei indes gleichfalls das Risiko eines Kursverlusts tragen. Aufgabe des Kapitalmarktrechts ist es in diesen Fällen wie auch ganz allgemein, die Voraussetzungen für eine rationale Anlageentscheidung zu gewährleisten und hierdurch sowohl die Verwirklichung der dem Wettbewerb um das Anlagekapital zugedachten Funktionen als auch den Schutz des individuellen Anlegers zu gewährleisten. Eine rationale Anlageentscheidung wiederum setzt die Überwindung von Informationsasymmetrien voraus,[12] eine Aufgabe, deren Erfüllung zunächst den allgemeinen Publizitätspflichten des Bilanz- und Kapitalmarktrechts nebst Insiderregeln zukommt,[13] daneben aber auch den aus dem Einzelvertrag resultierenden Informationspflichten des Verkäufers und Vermittlers von Anlageprodukten. Was das Zusammenspiel beider Informationsgaranten an-

---

7 Dazu sowie zur Deliktshaftung nach § 826 BGB s. namentlich die Kommentierungen der §§ 37b, c WpHG von *Sethe* (in Assmann/U. H. Schneider, WpHG, 5. Aufl., 2009) und *Fuchs* (in Fuchs, WpHG, 2008); ferner *Maier-Reimer/Paschos*, in *Habersack/Mülbert/Schlitt*, Handbuch der Kapitalmarktinformation, 2008, § 29.

8 Zur zunächst beabsichtigten Einbeziehung des „grauen“ Kapitalmarkts in den Anwendungsbereich des WpHG s. bereits unter I.

9 Dazu bereits unter I.

10 Vgl. bereits *Hopt,* Gutachten G zum 51. DJT, 1976, S. 56 ff.; dazu ferner *Assmann,* ZBB 1989, 49, 58 f. mit weit. Nachw.; näher *Kalss*, Anlegerinteressen – Der Anleger im Handlungsdreieck von Vertrag, Verband und Markt, 2001, S. 383 ff., 451 ff.

11 EuGH ZIP 2010, 772 mit Anm. *Habersack*; dazu auch *Kindler/Libberz,* NZG 2010, 603 ff.

12 Dazu allg. für das Vertragsrecht *Fleischer*, Informationsasymmetrie im Vertragsrecht, 2001, passim, insbes. S. 234 ff. mit umf. Nachw.

13 Vgl. statt aller *Fleischer* (Fn. 12), S. 548 ff.

belangt, so vermögen die allgemeinen Publizitätspflichten nebst Insiderregeln durchaus für die Funktionsfähigkeit der Kapitalmärkte und für das Vertrauen der Anleger in die Funktionsfähigkeit der Kapitalmärkte zu sorgen; insbesondere kann davon ausgegangen werden, dass die verfügbaren Informationen, sobald Bereichsöffentlichkeit hergestellt ist, in die Bildung von Marktpreisen einfließen. Eine rationale Anlageentscheidung wird hierdurch indes noch nicht gewährleistet, setzt sie doch zusätzlich voraus, dass der Anleger aus der Vielzahl der angebotenen Produkte das auf seine Bedürfnisse, insbesondere seinen Anlagehorizont und seine Risikoneigung zugeschnittene Produkt erwirbt. Schon diese Überlegung zeigt, dass das Informationsgefälle zwischen dem Anleger und der Marktgegenseite nur vermittels der Statuierung von Beratungs- und Aufklärungspflichten der Intermediäre beseitigt werden kann. Nicht zuletzt vor diesem Hintergrund sind die vertriebsbezogenen Wohlverhaltensregeln der §§ 31 ff. WpHG zu sehen; sie sind wesentlicher Bestandteil des von *Hopt* in seiner Habilitationsschrift eingeforderten „auf den Schutz der Gegenseite bezogenen Unternehmensverhaltensrechts“[14] und sollen, worauf *Assmann* bereits in seiner Tübinger Antrittsvorlesung in aller Deutlichkeit hingewiesen hat, einem informationsbedingten Marktversagen entgegenwirken.[15] Dabei sollten aus mindestens zwei Gründen die – man möchte sagen: naturgemäßen – Grenzen eines marktbezogenen Informationsmodells berücksichtigt werden. Zum ersten ist hinlänglich bekannt, dass ein Übermaß an Informationen den Blick für das Wesentliche verstellen und auf Seiten des Informationsempfängers gar eine Abwehrhaltung hervorrufen kann, deren Folge sodann eine ganz und gar irrationale Entscheidung ist. Zum zweiten muss bedacht werden, dass sich Anleger – auch solche, die aufgeklärt sind – keineswegs nur rational verhalten, dass vielmehr gewisse Verhaltensanomalien durchaus typisch sind[16] und deshalb den Nutzen auch von Informationspflichten relativieren können. Beide Erwägungen – wie natürlich auch Aspekte der Zumutbarkeit auf Seiten der Verkäufer und Vermittler – sprechen dafür, Offenlegungs- und Aufklärungspflichten nur insoweit anzuerkennen, als es sich um für die Anlageentscheidung wesentliche Gesichtspunkte handelt;[17] darauf ist zurückzukommen.

2. Zur Frage des Schutzgesetzcharakters kapitalmarktrechtlicher Vorschriften

Zuvor sei der Frage nach dem Schutzgesetzcharakter kapitalmarktrechtlicher Vorschriften nachgegangen, einer Frage, die vor dem Hintergrund der skizzierten Unterscheidung zwischen Individual- und Funktionenschutz zu sehen ist.

---

14 *Hopt* (Fn. 4), S. 219 ff. (257 ff.); s. dazu auch *Assmann*, ZBB 1989, 49, 60 f.

15 *Assmann*, ZBB 1989, 49, 59 ff.

16 Näher dazu für den Bereich des Kapitalmarktrechts *Fleischer*, Festschrift für Immenga, 2004, 575 ff.

17 Zutr. *Assmann*, ZBB 1989, 49, 61.

a) Verbot der Marktmanipulation

Die Problematik lässt sich schön am Beispiel des in § 20a WpHG geregelten Verbots der Markmanipulation verdeutlichen. Die Vorschrift geht auf § 88 BörsG a.F. zurück; erst durch das 4. Finanzmarktförderungsgesetz vom 21. Juni 2002[18] ist § 88 BörsG – mit Wirkung vom 1. Juli 2002 – aufgehoben und durch § 20a WpHG ersetzt worden. Nicht unwesentliche Änderungen des § 20a WpHG sind sodann durch Art. 1 Nr. 7 und 8 des Anlegerschutzverbesserungsgesetzes vom 28. Oktober 2004[19] erfolgt; mit ihm ist das Verbot nicht nur in „Verbot der Marktmanipulation" umbenannt, sondern zugleich an die Vorgaben der Richtlinie 2003/6/EG des Europäischen Parlaments und des Rates vom 28. Januar 2003 über Insider-Geschäfte und Marktmanipulation[20] angepasst worden.[21] Zumindest für § 88 Abs. 1 BörsG a.F. als Vorgängervorschrift zu § 20a Abs. 1 WpHG war es ganz herrschende Ansicht, dass von ihr Individualschutz nicht bezweckt werde und es ihr deshalb am Charakter eines Schutzgesetzes fehle.[22] Das Bundesverfassungsgericht hatte gar die gegenteilige Ansicht des LG Augsburg als willkürlich und damit verfassungswidrig angesehen.[23] In der Tat belegt die Entstehungsgeschichte des § 88 Abs. 1 BörsG a.F., dass die Vorschrift primär der Zuverlässigkeit und Wahrheit der Preisbildung an Börsen und Märkten diente und nur reflexartig für Individualschutz sorgen sollte.[24] Freilich ist nicht ausgeschlossen, dass in Bezug auf § 20a Abs. 1 WpHG eine andere Beurteilung veranlasst ist. Der Entstehungsgeschichte der Vorschrift lässt sich diesbezüglich allerdings nichts entnehmen; insbesondere die Materialien zum 4. Finanzmarktförderungsgesetz schweigen zur Frage des Schutzgesetzcharakters und sprechen im Gegenteil eher dafür, dass es dem Gesetzgeber allgemein um die Funktionsfähigkeit der Wertpapiermärkte ging.[25] Auch die Materialien zum Anlegerschutzverbesserungsgesetz sind unergiebig: Mag der Gesetzgeber auch bezweckt haben, „den Anlegerschutz im Bereich der Kapitalmarktinformation und des Schutzes vor unzulässigen Marktpraktiken" zu verbessern,[26] so bleibt doch offen, ob dies durch „Umqualifizierung" des § 20a Abs. 1 WpHG zu

---

18 BGBl. I S. 2010.

19 BGBl. I S. 2630.

20 Marktmissbrauchsrichtlinie, ABl. Nr. L 96/12.

21 Näher zur Entstehungsgeschichte sowie zu den gemeinschaftsrechtlichen Vorgaben *Vogel*, in: Assmann/U. H. Schneider, WpHG, 5. Aufl., 2009, Vor § 20a Rdn. 1 ff., 11 ff.; *Mock/Stoll/Eufinger*, in: Kölner Kommentar zum WpHG, 2007, § 20a Rdn. 25 ff., 30 ff.

22 BGHZ 160, 134, 139; *Barnert* WM 2002, 1478 ff.; *Edelmann* BB 2004, 2031 f.; *Kort* AG 2005, 21, 23; *Rieckers* BB 2002, 1215 ff.; *Spindler* WM 2084, 2090 f.; a.A. LG Augsburg WM 2001, 1944; *Rodewald/Siems* BB 2001, 2439 ff.

23 BVerfG ZIP 2002, 1986, 1989.

24 Begr. RegE Zweites Gesetz zur Bekämpfung der Wirtschaftskriminalität, BT-Drucks. 10/318 S. 44; dazu auch BGHZ 160, 134, 139 f.

25 Vgl. Begr. RegE, BT-Drucks. 14/8017 S. 62 f., 89; näher dazu *Fleischer* NJW 2002, 2977, 2979.

26 Begr. RegE, BT-Drucks. 15/3174, S. 26.

einem individualschützenden Verbot oder ganz allgemein durch Schärfung der Verbotstatbestände und Verhaltenspflichten und damit durch Effektuierung der die Funktionsfähigkeit der Wertpapiermärkte sichernden Rahmenbedingungen zu erfolgen hat. Bedenkt man weiter, dass das Anlegerschutzverbesserungsgesetz mit §§ 37b, 37c WpHG spezielle Schadensersatzansprüche für den Bereich der Ad-hoc-Publizität eingeführt hat, während es im Zusammenhang mit § 20a WpHG nach wie vor an einer speziellen zivilrechtlichen Sanktionsnorm fehlt, so wäre es ungereimt, für § 20a Abs. 1 WpHG kurzerhand von der Schutzgesetzeigenschaft auszugehen. Dies gilt zumal vor dem Hintergrund, dass sich das Verbot der informationsgestützten Marktmanipulation auf sämtliche kursrelevanten Angaben bezieht, während §§ 37b, 37c WpHG eine den Emittenten unmittelbar betreffende Insiderinformationen voraussetzen und deshalb auf der Tatbestandsseite nicht unerheblich hinter § 20a Abs. 1 S. 1 Nr. 1 WpHG zurückbleiben.[27] Dem lässt sich auch nicht entgegenhalten, dass der Gesetzgeber im Rahmen des § 20a WpHG auf eine dem § 15 Abs. 6 S. 1 WpHG entsprechende Vorschrift und damit auf die Klarstellung, dass es an der Schutzgesetzeigenschaft fehlt, verzichtet hat. Anlass zu einer entsprechenden Klarstellung des Gesetzgebers bestand nämlich ausschließlich im Rahmen des § 15 WpHG, und zwar aus zwei Gründen: Zum einen steht § 15 WpHG in unmittelbarem gedanklichen Zusammenhang zu den neuen Haftungstatbeständen der §§ 37b, 37c WpHG; und zum anderen war im Rahmen des § 44a BörsG a.F. – der Vorgängervorschrift zu § 15 WpHG – die Meinung vorherrschend, der Vorschrift komme Schutzgesetzcharakter zu, während zu § 88 BörsG a.F., wie dargelegt, das Gegenteil der Fall war.[28] Nachdem auch die Marktmissbrauchsrichtlinie nichts für den individualschützenden Charakter des Verbots der Marktmanipulation hergibt und deshalb die Anwendung des § 823 Abs. 2 BGB gemeinschaftsrechtlich nicht geboten ist,[29] ist mit der nach wie vor ganz herrschenden Meinung davon auszugehen, dass § 20a Abs. 1 WpHG kein Schutzgesetz im Sinne des § 823 Abs. 2 BGB ist, vielmehr ausschliche Funktionenschutz bezweckt.[30]

---

27 Vgl. auch *Fleischer*, in: Fuchs, WpHG, 2009, § 20a Rdn. 152, der darauf hinweist, dass §§ 37b, 37c WpHG zumindest grobe Fahrlässigkeit voraussetzen, wohingegen § 823 Abs. 2 BGB bereits bei einfacher Fahrlässigkeit eingreifen müsste; zur Frage, ob § 20a Abs. 1 S. 1 WpHG Vorsatz als subjektives Unrechtselement voraussetzt, s. aber auch Assmann/U. H. Schneider/*Vogel* (Fn. 21), § 20a Rdn. 3 mit weit. Nachw.

28 Zu § 44a BörsG a.F. s. *Assmann*, in: Assmann/U. H. Schneider, WpHG, 5. Aufl., 2009, § 15 Rdn. 307 mit weit. Nachw.

29 Assmann/U. H. Schneider/*Vogel* (Fn. 21), § 20a Rdn. 31.

30 OLG Frankfurt/M. AG 2007, 749, 753; LG Berlin ZInsO 2005, 661; LG Berlin WM 2008, 1470, 1472; Assmann/Schneider/*Vogel* (Fn. 21), § 20a Rdn. 31; Fuchs/*Fleischer* (Fn. 27), § 20a Rdn. 154; *ders.*, DB 2004, 2031, 2032 f.; *Göres*, in: Habersack/Mülbert/Schlitt, Handbuch der Kapitalmarktinformation, 2008, § 32 Rdn. 79; *Haouache*, ebenda, § 27 Rdn. 7; *Mülbert/Steup*, in: Habersack/Mülbert/Schlitt, Unternehmensfinanzierung am Kapitalmarkt, 2. Aufl., 2008, § 33 Rz. 257; *Schwark*, in: *ders.*, Kapitalmarktrechtskommentar, 3. Aufl., 2004, § 20a WpHG Rdn. 5; *Horn*, Festschrift für Ulmer, 2003, S. 817, 823;

b) Wohlverhaltensregeln

Im Zusammenhang mit den im Mittelpunkt dieses Beitrags stehenden Auklärungs- und Beratungspflichten ist vor allem die Frage der Schutzgesetzeigenschaft der Wohlverhaltensregeln der §§ 31 ff. WpHG bedeutsam, eine Frage, die bekanntlich lange Zeit umstritten war, vom XI. Zivilsenat des BGH mit Urteil vom 19. Februar 2008 indes auch insoweit verneint worden ist, als es nicht um Pflichten rein organisatorischen Charakters,[31] sondern um das Verbot, dem Kundeninteresse zuwiderlaufende Empfehlungen zu geben, betroffen ist.[32] Bereits im Urteil vom 19. Dezember 2006 hatte der Senat ausgeführt, dass der Schutzbereich der §§ 31 ff. WpHG auch insoweit, als diesen Vorschriften anlegerschützende Funktion zukommt, nicht über den Inhalt der (vor-)vertraglichen Aufklärungs- und Beratungspflichten hinausreiche und ihnen deshalb keine eigenständige, über die zivilrechtlichen Aufklärungs- und Beratungspflichten hinausgehende schadensersatzrechtliche Bedeutung zukomme.[33] Im Urteil vom 19. Februar 2008 weist der Senat ergänzend darauf hin, dass die Schutzgesetzeigenschaft über die anlegerschützende Funktion der gesetzlichen Verhaltenspflicht hinaus erfordere, „dass die Schaffung eines individuellen Schadensersatzanspruchs sinnvoll und im Lichte des haftungsrechtlichen Gesamtsystems tragbar erscheint."[34] Dabei sei unter anderem zu berücksichtigen, dass die Grundentscheidung des Gesetzgebers, einen Ersatz für unmittelbare Vermögensschäden nur unter den Voraussetzungen des § 826 BGB zuzubilligen, nicht durch eine ausufernde Annahme von Schutzgesetzen und die Vorlagerung des Schutzes, den § 823 Abs. 1 BGB für bestimmte Rechtsgüter gewährt, unterlaufen werden dürfe.[35]

Die hierin zum Ausdruck kommende Zurückhaltung ist entgegen der vorherrschenden Literaturansicht[36] sehr zu begrüßen. *Karsten Schmidt* hat jüngst darauf hingewiesen, dass sich die restriktive Linie des XI. Zivilsenats in einem auffälligen

---

Maier-Reimer/Webering WM 2002, 1857, 1864; *Rützel* AG 2003, 69, 79; a.A. KölnKomm/*Mock/Stoll/Eufinger* (Fn. 21), § 20a Rdn. 426 ff. (432); *Altenhain*, ebenda, § 38 Rdn. 3 ff.; *Ekkenga,* ZIP 2004, 781 ff.; *Leisch*, ZIP 2004, 1573, 1578; *Möllers*, ZBB 2003, 390, 400.

31 Zum Fehlen der Schutzgesetzeigenschaft entsprechender Wohlverhaltensregeln s. bereits BGHZ 142, 345, 356; BGHZ 147, 343, 353; BGHZ 163, 311, 321; BGHZ 170, 226, 232; BGH WM 2001, 1718, 1719; BGH WM 2002, 24, 26.

32 BGHZ 175, 276 ff. mit umf. Nachw. zum Schrifttum.

33 BGHZ 170, 226, 232 Tz. 17 f.

34 BGHZ 175, 276, 281 Tz. 18 unter Hinweis auf BGHZ 66, 388, 390.

35 BGHZ 175, 276, 281 f. Tz. 20.

36 Für Schutzgesetzcharakter der §§ 31 ff. WpHG namentlich *Koller*, in: *Assmann/U. H. Schneider*, WpHG, 5. Aufl., 2009, Vor § 31 Rdn. 6; Fuchs/*ders.* (Fn. 7) Vor §§ 31 ff. Rdn. 80 ff.; Schwark/*ders.* (Fn. 30), Vor § 31 Rdn. 9; *Hopt* ZHR 159 (1995), 135, 160; *Sethe* (Fn. 4), S. 758 ff.; *Zimmer,* JZ 2003, 22, 24; zumindest tendenziell auch *K. Schmidt*, Festschrift für Schwark, 2009, S. 753, 756 ff.; a.A. *Schwennicke* WM 1998, 1101, 1102; *F. Schäfer,* WM 2007, 1872, 1874 f.

Kontrast zur Entwicklung auf dem Gebiet des Kartellrechts bewege, das mit dem durch die 7. GWB-Novelle[37] geschaffenen § 33 GWB der Sache nach den Schutzgesetzcharakter der kartellrechtlichen Verhaltenspflichten anerkennt.[38] „Dass ausgerechnet das Wertpapierhandelsgesetz hinter dem Kartellrecht zurücksteht, wo doch das individuelle Betroffensein getäuschter und dadurch geschädigter Anleger wesentlich mehr auf der Hand liegt als die Notwendigkeit kartellrechtlichen Individualschutzes, verblüfft auf den ersten Blick", so *Karsten Schmidt*; indes stünden für vorsätzliches Handeln Vorschriften zu Gebote, an die im Kartellrechtsbereich kaum zu denken sei, nämlich §§ 823 Abs. 2 BGB, 263, 264a StGB oder § 826 BGB.[39] Man wird ergänzen müssen, dass die Wertpapierdienstleistungsunternehmen als Adressaten der Wohlverhaltensregeln in den einschlägigen Fällen typischerweise in einer Sonderverbindung zum Anleger stehen und deshalb schon aus diesem Grund der allgemeinen Fahrlässigkeitshaftung unterliegen. Bei Lichte betrachtet hat deshalb der Senat bereits im Urteil vom 19. Dezember 2006[40] das Wesentliche gesagt, soweit es um die Haftung der Wertpapierdienstleistungsunternehmens selbst geht; bezeichnenderweise war denn auch im Urteil vom 19. Februar 2008 über § 32 Abs. 2 Nr. 1 WpHG a.F. und damit über die Frage der persönlichen Haftung des Geschäftsführers eines Wertpapierdienstleistungsunternehmens, mithin einer Person, die in keiner Sonderrechtsbeziehung zum Anleger steht, zu entscheiden.

Geht es der Rechtsprechung somit darum, eine Überlagerung der genuin (vor-) vertraglichen Verhaltenspflichten durch §§ 31 ff. WpHG zu verhindern, und damit letztlich um die Autonomie des Zivilrechts, so lässt sich ihr auch nicht entgegenhalten, dass die – den §§ 31 ff. WpHG zugrunde liegende – MiFID[41] Sperrwirkung entfalte und §§ 31 ff. WpHG in der Fassung durch das am 1.11.2007 in Kraft getretene FRUG[42] damit abschließender Charakter zukomme, soweit es um die Erbringung von Wertpapier(neben)dienstleistungen durch Wertpapierdienstleistungsunternehmen und damit um den Vertrieb von Finanzinstrumenten geht.[43] Diese erstmals von *Mülbert* propagierte Sperrwirkung ist gemeinschaftsrechtlich allenfalls für die grenzüberschreitende Wertpapier(neben)dienstleistung ge-

37 Gesetz vom 7. Juli 2005, BGBl. I S. 1954.

38 *K. Schmidt* (Fn. 36), S. 753, 763 ff. mit eingehender Darstellung der kartellrechtlichen Entwicklung.

39 *K. Schmidt* (Fn. 36), S. 753, 768.

40 BGHZ 170, 226, 232 Tz. 17 f.

41 Richtlinie 2004/39/EG des Europäischen Parlaments und des Rates vom 21.4.2004 über Märkte für Finanzinstrumente, ABl. Nr. L 145/1.

42 Finanzmarktrichtlinie-Umsetzungsgesetz vom 16.7.2007, BGBl. I, 1330.

43 So aber *Mülbert* ZHR 172 (2008), 170, 176 ff., 190 ff.; *ders.* WM 2007, 1149, 1156 f.; *Herresthal* ZBB 2009, 348, 351 ff.; *Nikolaus/d'Oleire* WM 2007, 2129, 2134; *Sethe*, Festschrift für Nobbe, 2009, S. 769, 786 f.; a.A. namentlich *Ellenberger*, Festschrift für Nobbe, 2009, S. 523, 534 ff.; *Möllers* WM 2008, 91, 96; *Veil* WM 2007, 1821, 1824 f.

boten,[44] und selbst wenn man ihr insoweit folgen wollte, könnte der Gesetzgeber, wie mit dem einleitend erwähnten Entwurf eines Gesetzes zur Stärkung des Anlegerschutzes und Verbesserung der Funktionsfähigkeit des Kapitalmarkts beabsichtigt, die Wohlverhaltenspflichten ohne Weiteres auf den grauen Kapitalmarkt erstrecken, da insoweit der Anwendungsbereich der Richtlinie verlassen und deshalb eine Sperrwirkung in Bezug auf das nationale Recht von vornherein nicht anzuerkennen wäre.[45] Was den verbleibenden Bereich – nämlich das grenzüberschreitende Angebot von Wertpapier(neben)dienstleistungen – anbelangt, so dürfte namentlich Erwägungsgrund 10 zur Durchführungsrichtlinie vom 10. August 2006[46] hinreichend deutlich zum Ausdruck bringen, dass auch insoweit eine Vollharmonisierung nicht beabsichtigt ist, so dass es auf die Frage, ob von einer etwaigen Sperrwirkung nicht nur aufsichtsrechtliche Vorgaben, sondern auch zivilrechtliche Verhaltenspflichten erfasst würden, letztlich nicht ankommt.[47] Wollte man dies anders sehen (mithin davon ausgehen, die MiFID strebe innerhalb ihres Anwendungsbereichs eine Vollharmonisierung an), so wäre *Mülbert* freilich darin zuzustimmen,[48] dass die mitunter recht großzügige Annahme eines Beratungsvertrags mit weitreichenden Aufklärungs- und Beratungspflichten der Zielsetzung der Richtlinie zuwiderliefe.

3. Anlegerrisiken und Offenlegung von Interessenkonflikten im Allgemeinen

Wer über Anlegerschutz referiert, sollte schließlich präzisieren, welches die typischen Risiken sind, vor denen der Anleger zu schützen ist; denn nur so lässt sich bestimmen, ob und inwieweit tatsächlich Schutzbedarf besteht und mit welchen Mitteln für den gebotenen Schutz des Anlegers zu sorgen ist. Auszugehen ist insoweit von der Tatsache, dass aus Sicht des Anlegers vor allem die Rentabilität, die Sicherheit und die Liquidität einer Anlage von Interesse sind und es darum geht, aus dem reichhaltigen Angebot und unter Abwägung zwischen den genannten – teils konfligierenden – Anlagezielen eine auf die besonderen Bedürfnisse des Anlegers zugeschnittene Anlage auszuwählen, wobei die Anlageentscheidung zwar selbstredend vom Anleger selbst zu treffen ist, dies freilich auf informierter Grundlage geschehen sollte. Gemeinhin werden fünf Anlegerrisiken unterschie-

---

44 Vgl. Art. 31, 32 MiFID; so denn auch *Mülbert* WM 2007, 1149, 1156 f.; *ders.* ZHR 172 (2008), 170, 176 f.; weitergehend *Herresthal* ZBB 2009, 348, 351 ff.

45 Vgl. *Riehm,* in: Gsell/Herresthal, Vollharmonisierung im Privatrecht, 2009, S. 83, 86 ff.; *Riehm* JZ 2006, 1035, 1036; *Gsell/Schellhase* JZ 2009, 20, 21 ff.; *Schürnbrand* ZBB 2008, 383, 384 f.

46 Richtlinie 2006/73/EG vom 10. August 2006, ABl. EG Nr. L 241/26.

47 Wie hier auch die in Fn. 30 genannten Gegenstimmen.

48 *Mülbert* ZHR 172 (2008), 170, 183 (Fn. 39).

den,[49] nämlich das Risiko der Substanzerhaltung, das Informationsrisiko, das Abwicklungs- und Verwaltungsrisiko, das Risiko der Interessenvertretung und das Konditionenrisiko. Die Einordnung der im Folgenden anzusprechenden vergütungsbezogenen Aufklärungspflichten fällt nicht ganz leicht. Denn einerseits geht es, ohne den weiteren Überlegungen allzu sehr vorgreifen zu wollen, um die Offenlegung von für die Anlageentscheidung bedeutsamen Tatsachen. Indes beziehen sich diese nicht auf das Anlageobjekt als solches, sondern auf Umstände in der Person des beratenden Kreditinstituts, die seine Unvoreingenommenheit in Frage zu stellen geeignet sind. Die Offenlegung solcher Umstände ist mit anderen Worten die Reaktion auf einen Interessenkonflikt in der Person desjenigen, der sich fremder Interessen annimmt und zusagt, diese Interessen unter Hintanstellung eigener Interessen oder Interessen Dritter wahrzunehmen.[50] Da es sodann Sache des Kunden ist, den ihm bekannten Interessenkonflikt bei seiner Anlagenentscheidung zu berücksichtigen, erweist sich das Modell der Offenlegung als dem Prinzip der Privatautonomie im Allgemeinen und dem der Selbstverantwortung im Besonderen verpflichtet und damit als gegenüber Alternativlösungen, etwa in Form gesetzlicher Verbote, vorzugswürdig. Dies gilt zumal vor dem Hintergrund, dass die Offenlegung von die Gefahr eines Interessenkonflikts begründenden Umständen die allgemeinen Leistungs- und Treuepflichten des Interessenwahres unberührt lässt.[51] Im Zusammenhang mit Anlagegeschäften gilt dies in Sonderheit für die Pflicht des Kreditinstituts zur anleger- und objektgerechten Beratung, wie sie in dem grundlegenden Bond-Urteil des XI. Zivilsenats des BGH entwickelt worden ist.[52] Dies gilt es stets zu beachten, wenn im Folgenden der Frage nachzugehen ist, ob ein Kreditinstitut über Vergütungen, die es bei Verkauf oder Vermittlung eines bestimmten Produkts erlangt, aufzuklären hat und die Verletzung einer entsprechenden Aufklärungspflicht die Verlagerung des Anlagerisikos auf das Kreditinstitut rechtfertigt.

---

49 *Hopt* (Fn. 4), S. 82 ff., 289 ff.; *Sethe* (Fn. 4), S. 125 ff.; *Benicke*, Wertpapiervermögensverwaltung, 2006, S. 399 ff.; ähnlich *Schwark*, Anlegerschutz durch Wirtschaftsrecht, 1979, S. 10 f.; *Wiedemann*, BB 1975, 1591, 1594.

50 Allg. zu Interessenkonflikten im Aktien-, Bank- und Berufsrecht *Hopt*, ZGR 2004, 1 ff.

51 Vgl. dazu auch *Sethe* (Fn. 4), S. 799 ff.

52 BGHZ 123, 126, 128 = WM 1993, 1455.

III. Umgang mit Interessenkonflikten, dargestellt am Beispiel vergütungsbezogener Aufklärungspflichten[53]

1. Einführung

Die Rechtsprechung des XI. Zivilsenats des BGH zu – auch „kick backs" genannten – Rückvergütungen[54] hat ein äußerst lebhaftes Echo in instanzgerichtlicher Rechtsprechung und Schrifttum ausgelöst, in dessen Folge sich eine Reihe wichtiger und kontrovers beurteilter Folgefragen herausgebildet hat. Diese Rechtsprechung ist in dem größeren Zusammenhang einer stetigen Ausweitung der Anforderungen an die Transparenz von Provisionszahlungen beim Vertrieb von Finanzprodukten zu sehen, mithin im Zusammenhang eines Anliegens, das in Großbritannien schon seit Ende des vergangenen Jahrtausends unter dem Schlagwort „no secret profits" verfolgt wird[55] und sich als Reaktion auf die Gefahr von mit versteckten Provisionsabreden verbundenen Interessenkonflikten versteht. Durch das schon erwähnte FRUG ist denn auch das allgemeine „Zuwendungsverbot" des § 31d Abs. 1 WpHG eingeführt worden, das im Kern nichts anderes ist als ein Gebot, erhaltene Zuwendungen nach Maßgabe des § 31 Abs. 3 WpHG offenzulegen.[56] Es erfasst Provisionen, Gebühren und sonstige Geldleistungen sowie alle geldwerten Vorteile und stellt weder darauf ab, dass die Zuwendung umsatzabhängig oder gar aus Leistungen des Anlegers gespeist ist, noch lässt es die Pflicht zur Offenlegung entfallen, wenn zwischen dem Emittenten und dem Wertpapierdienstleistungsunternehmen ein Konzernverhältnis besteht.[57] Eine Erstreckung des Anwendungsbereichs der §§ 31 ff. WpHG auf Vermögensanlagen im Sinne des § 8f VerkProspG hätte damit eine Vergütungstransparenz zur Folge, die deutlich über die schon jetzt nach § 8f VerkProspG, § 4 VermVerkProspV[58] geschuldete Transparenz hinausginge. Damit indes ist zugleich das Problem der „kick back"-Rechtsprechung benannt: Namentlich aus Sicht der Vermittler von Anteilen an geschlossenen Fonds kam die qua Richterrecht erfolgte Statuierung vergütungsspezifischer Offenlegungspflichten überraschend. Dabei implizieren die Frage, ob

---

53 Die Ausführungen unter III. 2. bis 4. sind aufgrund der besonderen Aktualität des Themas zu wesentlichen Teilen vorveröffentlicht in WM 2010, 1245 ff.

54 BGHZ 146, 235 = WM 2001, 297; BGHZ 170, 226 = WM 2007, 487; BGH WM 2009, 405; BGH WM 2009, 1274.

55 Näher dazu *Hopt* ZGR 2004, 1, 25; *Kasolowsky*, Fiduciary Duties in Company Law, 2003, S. 296.

56 *Assmann* ZIP 2009, 2125, 2126; krit. *Sethe*, Festschrift für Nobbe, 2009, S. 769, 786 ff.; eingehend *Schumacher*, Provisionen im Finanzinstrumentenvertrieb durch Kreditinstitute, 2011, passim.

57 Näher zum Begriff der Zuwendung *Assmann* ÖBA 2007, 40 ff.; *ders.* ZIP 2008, 21 ff.; Fuchs/*ders.* (Fn. 7), § 31d WpHG Rdn. 8 f.; Assmann/U. H. Schneider/*Koller* (Fn. 36), § 31d Rdn. 2 ff.; enger – gegen Einbeziehung konzerninterner Leistungen – *Meder*/*Flick* WuB I G. 1.–1.08 (S. 266).

58 Dazu sowie zu §§ 41 f. InvG s. *F. Schäfer*, Festschrift für Nobbe, 2009, S. 725, 729 ff.

sich die Kreditinstitute, soweit sie Beteiligungen an geschlossenen Fonds vermittelt und nicht hinreichend über vereinnahmte Rückvergütungen aufgeklärt haben, vor dem Bekanntwerden der einschlägigen BGH-Judikate, darunter insbesondere dem Urteil vom 19.12.2006,[59] in einem unvermeidbaren, auch Fahrlässigkeit ausschließenden Rechtsirrtum befunden haben,[60] und die damit im engen Zusammenhang stehende Frage nach den verfassungsrechtlichen Grenzen rückwirkender Rechtsprechungsänderungen,[61] was – zumal nach dem Urteil des XI. Zivilsenats vom 27.10.2009 und dem Urteil des III. Zivilsenats vom 15.4.2010[62] – alles andere als selbstverständlich ist, dass nämlich die Rechtsprechung zu den Rückvergütungen uneingeschränkte Geltung auch im Zusammenhang mit der Vermittlung von Beteiligungen an geschlossenen Fonds beansprucht. Die Aufgabe der nachfolgenden Ausführungen besteht deshalb darin, den berechtigten Kern vergütungsbezogener Aufklärungspflichten herauszuarbeiten. Hierzu bedarf es zunächst eines knappen Überblicks zu Stand und Verlauf der höchstrichterlichen Rechtsprechung.

2. Die Rechtsprechung des BGH zu Rückvergütungen und Vertriebsprovisionen im Überblick

a) Aufklärung über die Gefahr eines Interessenkonflikts begründende Vergütungspraktiken – Von „kick back I“ zu „kick back IV“

Stand und Verlauf der Rechtsprechung des XI. Zivilsenats sind, lässt man das Urteil vom 27.10.2009 zunächst außer Betracht, rasch berichtet. In seinem Urteil vom 19.12.2000[63] hatte es der XI. Zivilsenat mit einer Abrede zwischen einer Bank und einem Vermögensverwalter eines Kunden über die Beteiligung des Vermögensverwalters an den von der Bank vereinnahmten Provisionen und Depotgebühren zu tun. Der Senat hat nicht nur in dem Verhalten des Vermögensverwalters

---

59 BGHZ 170, 226 = WM 2007, 487; dazu noch unter II. 1., 2.

60 So namentlich OLG Dresden WM 2009, 1689; OLG Oldenburg NZG 2009, 1315, 1316 f.; *Casper* ZIP 2009, 2409, 2413 ff.; *Edelmann* BB 2010, 1163, 1170 f.; *Haas* NZG 2009, 1099 f.; *Herresthal* ZBB 2009, 348, 355 ff.; *Mülbert/Wilhelm* WM 2009, 2241, 2249; *Veil* WM 2009, 2193, 2200 f.; a.A. BGH ZIP 2010, 1335 Tz. 4 ff.; OLG Celle WM 2009, 1794, 1796; OLG Karlsruhe NZG 2009, 1155, 1157 f.; OLG Naumburg WM 2010, 1165, 1168 ff.; OLG Frankfurt BB 2009, 2334, 2335; OLG Stuttgart WM 2009, 2312, 2316 ff.; OLG Stuttgart BKR 2010, 169, 173; *Knops/Brocker* WM 2010, 1101 ff.; *Nittel/Knöpfel* BKR 2009, 411, 412 f.; Palandt/*Grüneberg*, BGB, 69. Aufl., 2010, § 276 Rdn. 22.

61 Dazu *Herdegen* WM 2009, 2002 ff.; *Pieroth/Hartmann* ZIP 2010, 753 ff.; *Edelmann* BB 2010, 1163, 1171; *Haas* NZG 2009, 1099, 1100, aber auch BGH ZIP 2010, 1335 Tz. 11; *Knops/Brocker* WM 2010, 1101, 1106 ff.

62 BGH WM 2009, 2306, 2309 Rdn. 31; BGH WM 2010, 885.

63 BGHZ 146, 235 = WM 2001, 297; dazu *Balzer* ZIP 2001, 232; *Sethe*, Festschrift für Nobbe, 2009, S. 769, 778 ff.

eine „schwerwiegende Treuwidrigkeit“ erblickt,[64] sondern zugleich eine Pflicht der – die Zuwendung leistenden – Bank statuiert, die mit dem Verwalter getroffene Abrede und die damit verbundene und von ihr geschaffene Gefährdung der Kundeninteressen dem Kunden gegenüber offenzulegen, um hierdurch den Kunden eine sachgerechte Entscheidung über die Inanspruchnahme der Dienste des Verwalters zu ermöglichen.[65]

Das schon erwähnte Urteil des XI. Zivilsenats des BGH vom 19.12.2006[66] statuiert sodann eine beratungsvertragliche[67] Pflicht der Bank, den Kunden, dem sie Fondsanteile – in casu ging es um Anteile an einem Aktienfonds – empfiehlt, über „Rückvergütungen aus Ausgabeaufschlägen und Verwaltungskosten“ aufzuklären. Die Aufklärung über Rückvergütungen sei notwendig, „um dem Kunden einen insofern bestehenden Interessenkonflikt der Bank (§ 31 Abs. 1 Nr. 2 WpHG) offen zu legen. Erst durch die Aufklärung wird der Kunde in die Lage versetzt, das Umsatzinteresse der Bank selbst einzuschätzen (...) und zu beurteilen, ob die Bank ihm einen bestimmten Titel nur deswegen empfiehlt, weil sie selbst daran verdient.“ Es bestehe die konkrete Gefahr, „dass die Bank Anlageempfehlungen nicht allein im Kundeninteresse nach den Kriterien anleger- und objektgerechter Beratung abgibt, sondern zumindest auch in ihrem eigenen Interesse, möglichst hohe Rückvergütungen zu erhalten.“ Unerheblich sei, ob die Rückvergütungen einem bestimmten Geschäft unmittelbar zugeordnet oder in gewissen Zeitabständen gezahlt werden; wesentlich sei nur, dass die Rückvergütungen umsatzabhängig sind.“[68]

Mit Beschluss vom 20.1.2009 hat der XI. Zivilsenat entschieden, dass die Grundsätze des Senatsurteils vom 19.12.2006 auch auf den Vertrieb von Anteilen an „Medienfonds“ – mithin von Anteilen an geschlossenen Fonds – durch eine Bank anwendbaren seien.[69] Es mache keinen Unterschied, ob der Berater Aktienfonds oder Medienfonds vertreibe; der aufklärungspflichtige Interessenkonflikt sei in beiden Fällen gleich.[70] Zwar habe der Senat im Urteil vom 19.12.2006 die Vorschrift des § 31 Abs. 1 Nr. 2 WpHG a.F. im Zusammenhang mit der Pflicht zur Vermeidung eines Interessenkonflikts angeführt, seine Ausführungen zum Interes-

---

64 Und damit selbstredend eine Aufklärungspflicht auch des Verwalters vorausgesetzt, s. *Schäfer*, Festschrift für Nobbe, 2009, S. 725, 730 f., aber auch *Mülbert* ZHR 172 (2008), 170, 187.

65 BGHZ 146, 235, 240 f. = WM 2001, 297.

66 BGHZ 170, 226 = WM 2007, 487; dazu *Koller* ZBB 2007, 197; *Lang/Balzer* ZIP 2007, 521; *Rößler* NJW 2008, 554; *Schäfer/Schäfer* BKR 2007, 163; *Sethe*, Festschrift für Nobbe, 2009, S. 769, 780 ff.

67 Dazu BGHZ 123, 126, 128 = WM 1993, 1455; *Ellenberger,* in Ellenberger/Schäfer, Fehlgeschlagene Wertpapieranlagen, 2006, S. 59, 62 ff.

68 BGHZ 170, 226, 234 f. Rdn. 23 = WM 2007, 487, 490.

69 BGH WM 2009, 405; dazu *Dieckmann/Langen* NJW 2009, 1417; *Grys/Geist* BKR 2009, 126; *Lang/Balzer* ZIP 2009, 456; *Paul* GWR 2009, 237.

70 BGH WM 2009, 405, 406 Rdn. 12.

senkonflikt aber nicht auf den Anwendungsbereich des WpHG beschränkt: „In § 31 Abs. 1 Nr. 2 WpHG a.F. ist lediglich der auch zivilrechtlich allgemein anerkannte Grundsatz der Vermeidung von vertragswidrigen Interessenkonflikten aufsichtsrechtlich für den Bereich des Wertpapierhandels normiert worden.“[71] Daher sei die Bank verpflichtet gewesen, den Anleger darüber aufzuklären, dass sie von der Initiatorin des Fonds für die Vermittlung der Fondsanteils das Agio in voller Höhe bekam.

Gleichsam als Fortführung des Senatsurteils vom 19.12.2006 versteht sich das Urteil des XI. Zivilsenats vom 12.5.2009,[72] in dem es um die Folgen des Verschweigens von Rückvergütungen im Zusammenhang mit dem Erwerb von Anteilen an einem Aktienfonds ging. Der Senat hat in diesem Urteil nicht nur der Bank die Darlegungs- und Beweislast dafür, dass sie nicht vorsätzlich gehandelt hat, auferlegt, sondern darüber hinaus die Vermutung aufklärungsgerechten Verhaltens zur Anwendung gebracht und damit dem Anleger den vollen Beweis für die Ursächlichkeit der Aufklärungspflichtverletzung für die Anlageentscheidung abgenommen.

b) Aufklärung über die Werthaltigkeit der Anlage gefährdende Provisionen

Die durch Beschluss vom 20.1.2009 erfolgte Erstreckung der Grundsätze des Senatsurteils vom 19.12.2006 auf den Vertrieb von Medienfonds sah sich nicht zuletzt deshalb der Kritik ausgesetzt,[73] weil der XI. Zivilsenat noch im Jahr 2007 – im Einklang mit der Rechtsprechung des III. Zivilsenats[74] und einen Sachverhalt betreffend, in dem ein Beratungsvertrag vorlag – entschieden hatte, dass beim Vertrieb von Anteilen an geschlossenen Fonds nur dann über „Innenprovisionen“ aufzuklären ist, wenn diese eine gewisse „Größenordnung“ – nämlich 15 % des Preises für den Anteilserwerb – überschreiten, und dass diese Aufklärung vermittels des dem Anleger vor Beitrittserklärung vorliegenden Prospekts erfolgen kann, etwa dergestalt, dass die Provisionen im Prospekt als „Kosten der Eigenkapitalbeschaffung“ bezeichnet werden.[75]

Dabei wurde zwar nicht immer berücksichtigt, dass diese Rechtsprechung nicht der Offenlegung von Interessenkonflikten, sondern dem Schutz der Erwartungen des Anlegers in die Werthaltigkeit der Anlage dient, und es in der Folge unerheblich ist, ob der Vermittler selbst Provisionen vereinnahmt und ob diese Provisionen

---

71 BGH WM 2009, 405, 406 Rdn. 12.

72 BGH WM 2009, 1274.

73 Vgl. die Schrifttumsnachw. in Fn. 9.

74 BGHZ 158, 110, 116 ff. mit weit. Nachw.; s. ferner BGH ZIP 2007, 871 Rdn. 4 ff.

75 BGH BKR 2008, 199, 200 f. Rdn. 14 ff. mit Anm. *Brocker/Langen*; s. ferner BGH WM 2004, 1221, 1225; näher *Assmann* ZIP 2009, 2125, 2127 f.; *Brocker/Langen* BKR 2008, 201, 202; Fuchs/*ders.* (Fn. 7), § 31d WpHG Rdn. 50; *Schäfer*, Festschrift für Nobbe, 2009, S. 725, 727 ff., dort auch zu § 8f VerkProspG, § 4 VermVerkProspV, §§ 41 f. InvG.

den Charakter von „Rückvergütungen“ haben.[76] Entscheidend ist vielmehr die Gesamthöhe der Provisionen, mögen sie an den Vermittler oder an sonstige Personen fließen;[77] demgemäß finden sich entsprechende Offenlegungspflichten nunmehr allgemein in den schon erwähnten Vorschriften der § 8f VerkProspG i.V.m. § 4 VermVerkProspV, ferner in §§ 41 f. InvG.[78] Auch gilt es zu bedenken, dass die Pflicht zur Offenlegung von für die Werthaltigkeit der Anlage relevanten Provisionsabreden nicht nur Anlageberater, sondern gleichermaßen bloße Anlagevermittler trifft; sie ist mit anderen Worten unabhängig vom Zustandekommen eines Anlageberatungsvertrags.[79] In beiden Punkten bestehen Unterschiede zu einen Interessenkonflikt begründenden Rückvergütungen, denen nach der Rechtsprechung des XI. Zivilsenats zwar nur vermittels einer hierauf bezogenen Aufklärung Rechnung getragen werden kann, die indes nur von dem aufgrund eines selbständigen Beratungsvertrags zur Beratung und Aufklärung verpflichteten Anlageberater geschuldet ist.[80] Dem wiederum entspricht es, dass im Urteil des XI. Zivilsenats vom 19.12.2006 von „Rückvergütungen aus Ausgabeaufschlägen und Verwaltungskosten“ die Rede ist und im Beschluss desselben Senats vom 20.1.2009 zu entscheiden war, ob über eine Rückvergütung des Agios aufzuklären war.[81]

Bedenkt man allerdings, dass derlei Provisionen typischerweise zumindest auch der vermittelnden Bank zugutekommen und zwischen Anleger und Bank typischerweise nicht nur ein Anlagevermittlungs-, sondern ein Beratungsvertrag zustande kommt,[82] so wäre damit, so die verbreitet geäußerte Annahme, die vorstehend referierte und vom XI. Zivilsenat durchaus geteilte Rechtsprechung des III. Zivilsenats, der zufolge derlei Provisionen an sich nur bei Überschreiten der 15 %-Schwelle offenzulegen sind und die Offenlegung zudem in allgemeiner Form vermittels des Prospekts erfolgen kann, im praktischen Ergebnis weitgehend außer Kraft gesetzt worden. Dass nämlich die Aufklärung sub specie des Werthaltigkeitsaspekts nur unter engen Voraussetzungen geschuldet ist und in diesem Fall zudem durch den Prospekt erfolgen kann, wäre aus Sicht des vermittelnden (und typischerweise zugleich beratenden) Kreditinstituts folgenlos, erfüllte doch jede aus der Leistung der Einlage getätigte Vertriebsprovision zugleich den Tatbestand der per se (d.h. unabhängig von der Höhe) offenlegungspflichtigen Rückvergütung.

---

76 Missverständlich BGH BKR 2008, 199, 200 Rdn. 14.

77 BGH ZIP 2007, 871, 872 Rdn. 9; *Brocker/Langen* BKR 2008, 201.

78 Vgl. Nachw. in Fn. 58; zu § 31d WpHG s. bereits unter III. 1., ferner unter III. 3.

79 Vgl. BGHZ 158, 110 116 ff.; BGH WM 2009, 405, 406 Rdn. 10; *Nobbe* WuB I G. 1.–5.10 (S. 124); *Brocker/Langen* BKR 2008, 201, 202 mit weit. Nachw.

80 Vgl. die Nachw. zur Rechtsprechung in Fn. 65 ff., ferner *Casper* ZIP 2009, 2409; zur Frage, ob die Aufklärung durch den Prospekt erfolgen kann, s. noch unter III. 4. b).

81 BGHZ 170, 226, 234 Rdn. 22 = WM 2007, 487; BGH WM 2009, 405.

82 Grundlegend BGHZ 123, 126, 128 = WM 1993, 1455; nachdrücklich *Nobbe* WuB I G. 1.–5.10 (S. 124). – Bezeichnenderweise lag auch BGH BKR 2008, 199 f. ein Sachverhalt zugrunde, in dem ein Beratungsvertrag angenommen worden war.

Das Ausmaß der – verniedlicht ausgedrückt – Überraschung[83] auf Seiten der Kreditinstitute und zunächst auch der „freien" Anlageberater[84] kommt denn auch in aller Deutlichkeit in dem Umstand um Ausdruck, dass sich die Betroffenen sogleich auf den Standpunkt gestellt haben, sie hätten sich in einem unvermeidbaren Verbotsirrtum befunden.[85]

c) Urteil des XI. Zivilsenats vom 27.10.2010

Damit war der Überraschungen freilich nicht genug. Mit Urteil vom 27.10.2009 hat nämlich der XI. Zivilsenat im Zusammenhang mit der Inanspruchnahme einer Bank, die dem Anleger den Erwerb einer Kommanditbeteiligung an einem geschlossenen Immobilienfonds vermittelt hatte und in der Folge wegen fehlerhafter Anlageberatung in Anspruch genommen wurde, die Verletzung einer Pflicht zur Aufklärung über von der vermittelnden Bank vereinnahmte Provisionen wie folgt verneint:[86]

> „Zu Recht hat es das Berufungsgericht ausreichen lassen, dass die an die Rechtsvorgängerin der Beklagten zu 1) gezahlten Beträge für die Eigenkapitalbeschaffung, die Platzierungsgarantie und die Fremdkapitalbeschaffung im Fondsprospekt dem Inhalt und der Höhe nach korrekt ausgewiesen sind. Eine Bank ist im Rahmen eines Beratungsvertrages grundsätzlich nicht verpflichtet, über die korrekte Prospektangabe hinaus von sich aus ungefragt über solche Kosten weiter aufzuklären, wenn sie den Prospekt so rechtzeitig dem Anleger übergeben hat, dass er sich mit seinem Inhalt vertraut machen konnte (Senatsurt. v. 25.9.2007 – XI ZR 320/06, BKR 2008, 199, Rz. 15, 16). Auch soweit die genannten Leistungen an die Rechtsvorgängerin der Beklagten zu 1) als beratende Bank geflossen sind, handelt es sich – was die Revisionserwiderung verkennt – zudem nicht um Rückvergütungen, die im Rahmen eines Beratungsvertrages über Fondsbeteiligungen offengelegt werden müssen (Senat BGHZ 170, 226; Senatsbeschl. V. 20.1.2009 – XI ZR 510/07, WM 2009, 405, Rz. 12 f.; Senatsurt. V. 12.5.2009 – XI ZR 586/07, WM 2009, 1274, Rz. 18). Aufklärungspflichtige Rückvergütungen liegen nur dann vor, wenn – anders als hier – Teile der Ausgabeaufschläge oder Verwaltungsgebühren, die der Kunde über die Bank an die Gesellschaft zahlt, hinter seinem Rücken an die beratende Bank umsatzabhängig zurückfließen, so dass diese ein für den Kunden nicht erkennbares besonderes Interesse hat, gerade diese Beteiligung zu empfehlen."

Dass diese Ausführungen nicht notwendigerweise auf einer Linie mit der bisherigen Rechtsprechung des XI. Zivilsenats liegen, gibt auch *Nobbe* zu verstehen, unter dessen Vorsitz die Entscheidungen vom 19.12.2006 und 20.1.2009 ergangen sind und der die in der daraufhin ergangenen instanzgerichtlichen Rechtsprechung und

---

83 S. aber auch *Assmann* ZIP 2009, 2125, 2129 f., der umgekehrt Verwunderung darüber äußert, mit welcher Aufregung die Entscheidung vom 20.1.2009 aufgenommen wurde.

84 S. zu diesen nun aber BGH WM 2010, 885; dazu sogleich unter III. 2. d).

85 Vgl. dazu die Nachw. in Fn. 60.

86 BGH WM 2009, 2306, 2307 Rdn. 31; zust. BGH (III. Zivilsenat) WM 2010, 885, 886 Rdn. 10; s. ferner *Buck-Heeb* BKR 2010, 1, 7 f.; *Koch* BKR 2010, 177, 178 ff.

im Schrifttum durchaus verbreitete Ansicht,[87] dass zwischen Rückvergütungen und Innenprovisionen kein entscheidungserheblicher Unterschied bestehe, als „unhaltbar“ bezeichnet und zugleich einräumt, dass der XI. Zivilsenat an der Entstehung dieses durchaus verbreiteten Irrtums nicht unschuldig sei, habe er doch die Pflicht zur Aufklärung in zwei Entscheidungen unter Vernachlässigung anderer bedeutsamer Gesichtspunkte nur mit einem insofern bestehenden offen zu legenden Konflikt zwischen den eigenen Interessen der Bank und denen des Anlegers begründet.[88] Rückvergütungen durch den Verkäufer und Geschäftspartner des Anlegers hätten schmiergeldähnliche Funktion, dienten sie doch dem Zweck, die beratende Bank zu beeinflussen. Demgegenüber seien – besser als Vertriebsprovisionen zu bezeichnende – Innenprovisionen „Kostenbestandteile, die der Verkäufer oder Emittent nicht nur bei Kapitalanlagen, sondern auch bei sonstigen Produkten in deren Preis bzw. das Nominalkapital für den Vertrieb einpreist und einpreisen muss“ und die keinerlei anrüchigen Charakter hätten, wie besonders deutlich werde, wenn die Provisionen in den mit dem Nominalbetrag identischen Ausgabepreis von – bei Fälligkeit zum Nominalbetrag zurückzuzahlenden – Inhaberschuldverschreibungen oder Zertifikaten eingepreist würden.[89] Eine individuelle Aufklärung des Anlegers über solche kalkulatorischen Preisbestandteile sei unter dem Gesichtspunkt eines Interessenkonflikts keinesfalls geschuldet;[90] jedenfalls aber dann, „wenn die Provision für die von der Bank übernommene Verpflichtung zur Beschaffung von Eigen- und Fremdkapital sowie eine etwaige Platzierungsgarantie in dem dem Anleger rechtzeitig übergebenen Prospekt oder Flyer dem Inhalt und der Höhe nach korrekt ausgewiesen sind, besteht keine Pflicht der Bank, den Anleger darüber aufzuklären, dass und welcher Höhe diese Provisionen an die Bank fließen.“[91]

---

87 OLG Dresden WM 2009, 1689, 1691; OLG Stuttgart WM 2009, 2312, 2315; LG Hamburg WM 2009, 1511, 1512 f.; *Assmann* ZIP 2009, 2125, 2126, 2129; *Edelmann* BB 2009, 1720, 1721; *Grys/Geist* BKR 2009, 127; *Schäfer*, Festschrift für Nobbe, 2009, S. 725, 738 f.; *Veil* WM 2009, 1293; diff. hingegen (freilich durchweg nach Veröffentlichung des BGH-Urteils vom 27.10.2009) *Casper* ZIP 2009, 2409 (Fn. 1); *Varadinek/Röh* ZIP 2009, 2383 f.; *Langen* BB 2010, 17, 18; *Maier* VuR 2010, 25, 26.

88 *Nobbe* WuB I G 1.–5.10 (S. 124), unter Hinweis auf BGHZ 170, 226, 234 f., Rdn. 23 = WM 2007, 487 und BGH WM 2009, 405, 406 Rdn. 12; bedenklich sodann OLG Stuttgart BKR 2010, 169, 172, wo die Aufklärungspflicht allgemein aus dem Provisionsinteresse der Bank hergeleitet wird.

89 *Nobbe* WuB I G 1.–5.10, S. 125.

90 *Nobbe* WuB I G 1.–5.10, S. 125, unter Hinweis auf *Kiethe* NZG 2001, 107, 108 und *Maier* VuR 2010, 25, 27; a.A. wohl OLG Stuttgart BKR 2010, 169, 172 (s. Fn. 37).

91 *Nobbe* WuG I G 1.–5.10 (S. 125), unter Hinweis auf BGH WM 2009, 2306, 2307 Rdn. 31, BGH BKR 2008, 199, 200 Rdn. 15 f. und LG Bremen WM 2010, 798, 800.

d) Urteil des III. Zivilsenats vom 15.4.2010

Wichtig ist schließlich das Urteil des III. Zivilsenats vom 15.4.2010, in dem sich der Senat gegen die Übertragbarkeit der Rechtsprechung des XI. Zivilsenats auf „freie", d.h. nicht bankmäßig gebundenen Anlageberater ausgesprochen hat.[92] Der III. Zivilsenat schließt sich zwar im Ausgangspunkt der Erkenntnis des XI. Zivilsenats an, dass zwischen Rückvergütungen und allgemeinen Vertriebsprovisionen zu unterscheiden sei.[93] Zwar gehe der Anleger grundsätzlich nicht davon aus, dass die ihn beratende Bank aus den von ihm an die Anlagegesellschaft gezahlten Ausgabeaufschlägen oder Verwaltungsgebühren eine Rückvergütung erhalte; denn die Vertragsbeziehung des Kunden zu seiner Bank sei regelmäßig davon geprägt, dass die Bank für die jeweiligen Dienstleistungen vom Kunden Entgelte oder Provisionen erhalte, etwa Depotgebühren, Kontoführungsgebühren sowie An- und Verkaufsprovisionen für den Erwerb oder die Veräußerung von Wertpapieren, so dass der Kunde nicht damit rechnen müsse, dass die Bank bei der Anlageberatung eigene Interessen verfolge. Hingegen liege für den Kunden auf der Hand, dass der „freie" Anlageberater von der kapitalsuchenden Anlagegesellschaft Vertriebsprovisionen erhalte, die jedenfalls wirtschaftlich betrachtet dem vom Anleger an die Anlagegesellschaft gezahlten Betrag entnommen würden. Dem Anleger sei, da er selbst dem Berater keine Provision zahle, bewusst, dass der Anlageberater bei allen von ihm empfohlenen Produkten ein Provisionsinteresse habe, und ihm werde „besonders deutlich vor Augen geführt, dass der Berater seine Vergütung von der Anlagegesellschaft erhält, wenn er Verwaltungsgebühren oder Ausgabeaufschläge zusätzlich zum Anlagebetrag zahlen muss, die dem Kapitalstock seiner Anlage nicht zugute kommen. Wenn dem Kunden bekannt ist, dass in seinem Zahlungsbetrag zum Beispiel ein Agio enthalten ist, so liegt für ihn erst recht klar erkennbar zutage, dass aus diesen Mitteln auch Vertriebsprovisionen gezahlt werden, an denen sein Anlageberater partizipiert." Und weiter: „Da dem Kunden das generelle Provisionsinteresse bekannt ist, ist es ihm unschwer möglich, so er Zweifel an der anlegergerechten Beratung hat, diese von seinem Anlageberater zu erfragen. Von seinem Anlageberater kann aber nicht verlangt werden, dass er seine Kunden ohne Anlass oder Nachfrage über die Höhe gegebenenfalls sämtlicher Provisionen für die Vermittlung der in seinem Beratungsprogramm enthaltenen Anlagen aufklärt."[94]

---

92 BGH WM 2010, 885; a.A. OLG Düsseldorf ZIP 2010, 1583.

93 BGH WM 2010, 885, 886 Rdn. 10 unter Hinweis auf BGH WM 2009, 2306, 2307 Rdn. 31.

94 BGH WM 2010, 885, 886 Rdn. 12 f.

3. Irrelevanz des allgemeinen Umsatzinteresses des Kreditinstituts

Mit der Präzisierung des Tatbestands der – offenzulegenden – Rückvergütung durch das Urteil des XI. Zivilsenats vom 27.10.2009 ist für die Praxis durchaus einiges gewonnen. Geht man nämlich davon aus, dass aufklärungspflichtige Rückvergütungen im Zusammenhang mit dem Vertrieb von Beteiligungen an geschlossenen Fonds nur dann vorliegen, wenn Teile der Ausgabeaufschläge oder Verwaltungsgebühren, die der Kunde über die Bank an die Gesellschaft zahlt, hinter seinem Rücken an die beratende Bank umsatzabhängig zurückfließen, so dass diese ein für den Kunden nicht erkennbares besonderes Interesse hat, gerade diese Beteiligung zu empfehlen,[95] so ist zugleich zum Ausdruck gebracht, dass Vergütungselemente, die nicht aus von der Bank weitergeleiteten Zahlungen des Anlegers an die Fondsgesellschaft erfolgen, sub specie der Gefahr eines Interessenkonflikts keinesfalls offengelegt werden müssen.[96] Dabei sei die Frage, ob es aus Sicht des Anlegers wirklich einen Unterschied macht, ob der Anlageberater aus vom Emittenten vereinnahmten Aufschlägen vergütet wird oder der Emittent dem Berater eine nicht unmittelbar aus Zahlungen des Anlegers gespeiste Vergütung erbringt, und damit die Frage der Sinnhaftigkeit dieser Unterscheidung an dieser Stelle noch dahingestellt. Auf der Grundlage des Urteils vom 27.10.2009 bleibt jedenfalls der Tatbestand der Rückvergütung (und damit die Reichweite hieran anknüpfender Aufklärungspflichten) deutlich hinter demjenigen der Zuwendung im Sinne des § 31d Abs. 2 WpHG zurück.[97] Die an den Tatbestand der Rückvergütung anknüpfenden Offenlegungspflichten verstehen sich als Reaktion auf einen konkreten und, wie im weiteren Verlauf der Ausführungen noch näher darzulegen sein wird, für den Anleger nicht erkennbaren Interessenkonflikt in der Person des beratenden Kreditinstituts. Dieser Konflikt findet seine Grundlage in der Erwartung des Anlegers, dass die von ihm geleistete Zahlung unmittelbar dem Investment zugutekommt – eine Erwartung, die angesichts der Abrede zwischen dem beratenden Kreditinstitut und dem Empfänger der Leistung, der zufolge ein Teil der Leistung an das Kreditinstitut zurückfließt, unberechtigt ist. Hingegen reagiert § 31d WpHG zwar gleichfalls auf einen Interessenkonflikt, der freilich bei Lichte betrachtet struktureller und abstrakt-genereller Art ist und seine Grundlage darin findet, dass das Wertpapierdienstleistungsunternehmen im Verhältnis zum Anleger zwar die Rolle eines Geschäftsbesorgers oder Beraters einzunehmen hat, seine Dienste indes vom Anleger vielfach überhaupt nicht oder nur unzureichend vergütet erhält, so dass es sich zugleich in die Rolle eines typischen Absatzmittlers

---

95 BGH WM 2009, 2306, 2307 Rdn. 31.

96 A.A. *Koch* BKR 2010, 177, 180 f., der dem BGH-Urteil vom 27.10.2009 keine generelle Ausklammerung von Innenprovisionen entnehmen will, die Bedeutung des Urteils vielmehr darin erblickt, dass über Innenprovisionen durch Prospekt aufgeklärt werden könne, während in Bezug auf Rückvergütungen eine individuelle Aufklärung geboten sei.

97 Zu ihm bereits unter III. 1.

begibt und vermittels entsprechender vertraglicher Vereinbarungen mit den Anbietern der Finanzinstrumente für die Vergütung seiner Leistungen sorgt.[98] Zumindest beim Vertrieb von Zertifikaten, vielfach indes auch beim Vertrieb von Anteilen an Investmentfonds kommt diese Doppelrolle auch darin zum Ausdruck, dass das Kreditinstitut nicht nur einen Beratungsvertrag, sondern zugleich einen Kaufvertrag über das Anlageprodukt (sei es auf eigene oder auf fremde Rechnung) schließt.[99] So gesehen trägt § 31d WpHG der Gefahr Rechnung, dass sich der Anleger in seinem Vertrauen auf die einem Geschäftsbesorger und Berater an sich eigene, dem Verkäufer hingegen fehlende Fixierung auf die Belange des Nachfragers enttäuscht sieht, ohne allerdings diese Doppelrolle des Wertpapierdienstleistungsunternehmens unterbinden zu wollen.[100]

Damit aber wird zweierlei deutlich. Obgleich § 31d WpHG selbstredend auch (allerdings nicht nur) aus Zahlungen des Anlegers gespeiste Zuwendungen erfasst, ist es, so ein erstes Zwischenfazit, im Ausgangspunkt durchaus stimmig, auf einen Interessenkonflikt, der über den durch die Doppelrolle des Wertpapierdienstleistungsunternehmens vermittelten Konflikt hinausgeht, mit der Etablierung weitergehender Aufklärungspflichten zu reagieren.

Zum zweiten zeigt sich, dass Interessenkonflikte, die ihre Grundlage in der Doppelrolle des Kreditinstituts oder Wertpapierdienstleistungsunternehmens finden und sich hierin erschöpfen, in zivilrechtlicher Hinsicht hinzunehmen sind. Für Finanzinstrumente hat es bei der Offenlegung nach § 31d Abs. 1 Nr. 2, Abs. 3 WpHG zu bewenden, für Kapitalanlagen außerhalb des Anwendungsbereichs des WpHG hingegen bedarf es im Allgemeinen keinerlei Offenlegung, sieht man von den Angabepflichten des Prospektrechts ab. Im Zusammenhang mit Beteiligungen an geschlossenen Fonds ist dies zunächst für von der Fondsgesellschaft gezahlte, indes nicht aus den vom Anleger erbrachten Einlageleistungen gespeiste Vertriebsprovisionen (sofern solche Zahlungen in der Praxis überhaupt begegnen) von Bedeutung; soweit der XI. Zivilsenat in seinem Urteil vom 27.10.2009 entsprechenden Vertriebsprovisionen ihre Eigenschaft als Rückvergütung abgesprochen hat,[101] hat er zugleich zu verstehen gegeben, dass derlei Provisionen unter dem Gesichtspunkt eines möglichen Interessenkonflikts aufgrund der Doppelrolle des Kreditinstituts überhaupt nicht offengelegt zu werden brauchen.[102] Bei Lichte betrachtet

98 Deutlich *Koller* ZBB 2007, 197, 199; Assmann/U. H. Schneider/*ders.* (Fn. 36), § 31d WpHG Rdn. 1; Fuchs/*ders.* (Fn. 7), § 31d WpHG Rdn. 1; eingehend im Zusammenhang mit Zertifikaten *Buck-Heeb* BKR 2010, 1, 3 ff.

99 Näher dazu *Buck-Heeb* BKR 2010, 1, 3 ff.

100 Vgl. neben dem Nachw. in Fn. 46 noch Assmann/U. H. Schneider/*Koller* (Fn. 36), § 31d WpHG Rdn. 1.

101 BGH WM 2009, 2306, 2307 Rdn. 31; näher dazu unter II. 3.

102 Vgl. *Edelmann* WuB I G. 1.–6.10 (S. 130); *Kiethe* NZG 2001, 107, 108; *Langen* BB 2010, 17, 18; *Maier* VuR 2010, 25, 27; *Nobbe* WuB I G. 1.–5.10 (S. 125); *Zoller* GWR 2009, 466; bedenklich OLG Stuttgart BKR 2010, 169, 172. – Zur Frage einer Pflicht zur Offenlegung von die Werthaltigkeit der Anlage gefährdenden Provisionen s. unter II. 2.

ist allerdings bei der Vermittlung von Anteilen an geschlossenen Fonds der Tatbestand der Rückvergütung, wie er vom XI. Zivilsenat im Urteil vom 27.10.2009 entwickelt[103] und vom III. Zivilsenat im Urteil vom 15.4.2010 übernommen worden ist,[104] schon deshalb nicht erfüllt, weil es insoweit an einem Kauf- oder Kommissionsvertrag zwischen dem beratenden Kreditinstitut und dem Anleger fehlt, das Kreditinstitut in Bezug auf das Zustandekommen des Beitritts des Anlegers zur Fondsgesellschaft vielmehr eine rein vermittelnde Tätigkeit erbringt; jedenfalls fehlt es an einer Zahlung der Einlage an das Kreditinstitut, so dass eine Rückvergütung im Sinne der vorstehend erwähnten BGH-Urteile schon deshalb nicht vorliegen kann, weil eine solche Rückvergütung nun einmal die Zahlung des Anlegers „über die Bank" an die Gesellschaft voraussetzt. Für Finanzinstrumente – und damit im Rahmen des Anwendungsbereichs des WpHG – sollte nach dem Urteil des XI. Zivilsenats vom 27.10.2009 feststehen, dass bei Eigengeschäften des Kreditinstituts eine Aufklärung über Gewinnmargen oder Handelsspannen nicht geschuldet ist,[105] zumal in derlei Fällen – schon in Ermangelung einer Zuwendung – selbst eine Offenlegung gemäß § 31d Abs. 3 WpHG nicht geboten ist.

All' dies klargestellt zu haben, ist das Verdienst des Urteils des XI. Zivilsenats vom 27.10.2009.[106] Mag es auch im Urteil vom 19.12.2006 ohnehin nur um „Rückvergütungen aus Ausgabeaufschlägen und Verwaltungskosten" und im Beschluss vom 20.1.2009 um eine Rückvergütung des Agios gegangen sein,[107] so haben doch die in diesen Entscheidungen enthaltenen Ausführungen zur ratio der Aufklärung[108] den – aus heutiger Sicht: unzutreffenden – Anschein erweckt, als ginge es dem Senat um den mit der Doppelrolle und dem daraus resultierenden Umsatzinteresse verbundenen Interessenkonflikt.

---

103 BGH WM 2009, 2306, 2307 Rdn. 31; näher dazu unter II. 3.

104 BGH WM 2010, 885, 886 Rdn. 10; näher dazu unter II. 4.

105 OLG Bamberg ZIP 2010, 1225, 1229; OLG Celle ZIP 2010, 876, 878; OLG Dresden ZIP 2010, 1230, 1231 f.; *Buck-Heeb* BKR 2010, 1, 7 f.; *Edelmann* WuB I G. 1.–6.10 (S. 130); *Langen* BB 2010, 17, 18; *Varadinek/Röh* ZIP 2009, 2383, 2385; zuvor bereits OLG Düsseldorf WM 2009, 1410, 1412; OLG Celle WM 2009, 2171, 2174; OLG Frankfurt WM 2009, 1563, 1564; *Assmann* ZIP 2009, 2125, 2130; *Lang/Balzer* ZIP 2009, 456, 457; *Spindler* WM 2009, 1821, 1825; a.A. LG Hamburg WM 2009, 1282, 1283; WM 2009, 1363, 1365 f.; WM 2009, 1511, 1513; *Lederer* AG 2009, R 415; *Koch* BKR 2010, 177, 184.

106 BGH WM 2009, 2306, 2307 Rdn. 31; relativierend freilich *Koch* BKR 2010, 177, 180 ff.

107 BGHZ 170, 226, 234 Rdn. 22 = WM 2007, 487; BGH WM 2009, 405.

108 BGHZ 170, 226, 234 f. Rdn. 23: „Erst durch die Aufklärung wird der Kunde in die Lage versetzt, das Umsatzinteresse der Bank selbst einzuschätzen (...) und zu beurteilen, ob die Bank ihm einen bestimmten Titel nur deswegen empfiehlt, weil sie selbst daran verdient"; nahezu wortgleich sodann BGH WM 2009, 405, 406 Rdn. 13; missinterpretiert von OLG Stuttgart BKR 2010, 169, 172.

4. *Der für den Anleger nicht erkennbare Interessenkonflikt als Grundlage der vergütungsbezogenen Aufklärungspflicht*

a) Ausgangspunkt

Es bleibt die Frage, ob Provisionen, die von der Fondsgesellschaft an das Kreditinstitut aus vom Anleger zunächst an das Kreditinstitut erbrachten Aufschlägen und Verwaltungsgebühren geleistet werden, den Tatbestand der Rückvergütung erfüllen und der Anleger in der Folge individuell über solche Leistungen aufzuklären ist. Legt man den Tatbestand der Rückvergütung zugrunde, wie er im Urteil des XI. Zivilsenats vom 27.10.2009 umschrieben worden ist,[109] so scheint es, als sei die Frage zu bejahen.[110] Freilich erschöpft sich der Tatbestand der Rückvergütung nicht in der Tatsache, dass Teile des Agios oder Verwaltungsgebühren hinter dem Rücken des Anlegers und umsatzabhängig an das beratende Kreditinstitut zurückfließen. Gleichfalls einen Teil des Tatbestands bildet vielmehr, dass das beratende Institut infolge einer entsprechenden Vergütungsabrede „ein für den Kunden nicht erkennbares besonderes Interesse hat, gerade diese Beteiligung zu empfehlen."[111] Rückt hiernach ein für den Anleger nicht erkennbarer und durch eine besondere Vergütungsvereinbarung begründeter Interessenkonflikt in das Zentrum des Tatbestands der Rückvergütung,[112] so erscheint es alles andere als gewiss, dass aus Agio und Verwaltungsgebühren getätigte Provisionszahlungen stets und unweigerlich den Tatbestand der Rückvergütung erfüllen.[113] Bei Lichte betrachtet stellt sich vielmehr eine Reihe von Fragen:

b) Möglichkeit der Aufklärung über Rückvergütungen durch Prospekt

Zu berücksichtigen ist zunächst, dass entsprechende Provisionsabreden vielfach im Prospekt verlautbart werden, so dass sich die Frage stellt, in welchem Verhältnis eine solche Offenlegung zu dem vom XI. Zivilsenat statuierten Erfordernis einer individuellen Aufklärung steht. Spricht man den Prospektangaben – wie auch in sonstiger Hinsicht[114] – nicht von vornherein Relevanz für die Frage der Aufklärungsbedürftigkeit des Anlegers ab, so bleibt die Frage, ob die Aufklärungs-

---

109 BGH WM 2009, 2306, 2307 Rdn. 31; dazu bereits unter II. 3. mit Wiedergabe der einschlägigen Urteilspassage.

110 Vgl. *Edelmann* WuB I G. 1.–6.10 (S. 130); ferner *Langen* BB 2010, 17, 18, *Varadinek/Röh* ZIP 2009, 2383, 2385 und *Zoller* GWR 2009, 466, die freilich durchweg die Sinnhaftigkeit einer unterschiedlichen Behandlung von gewöhnlichen Vertriebsprovisionen und aus Ausgabeaufschlägen gespeisten Zahlungen in Frage stellen; dazu noch unter IV. 4.

111 BGH WM 2009, 2306, 2307 Rdn. 31.

112 Vgl. auch *Nobbe* WuB I G. 1.–5.10 (S. 125): „schmiergeldähnliche Funktion".

113 So aber LG Bremen WM 2010, 798, 799 f.; *Assmann* ZIP 2009, 2125, 2129.

114 Vgl. BGH WM 2006, 522; BGH BKR 2008, 199 Rdn. 13 f.

bedürftigkeit schon dann entfällt, wenn der Prospekt Provisionszahlungen als solche offenlegt, oder ob es darüber hinaus eines Hinweises im Prospekt darauf bedarf, dass die Provisionszahlungen auch oder nur aus Agio und Verwaltungsgebühren geleistet werden. Der BGH hat sich zu diesen Frage noch nicht explizit geäußert. Soweit er sich zur Aufklärung über Provisionszahlungen vermittels eines Prospekts geäußert hat, betraf dies allgemein Kosten der Eigen- und Fremdkapitalbeschaffung sowie einer Platzierungsgarantie, mithin nicht Rückvergütungen im eigentlichen Sinne;[115] im Übrigen dürfte sich das vom BGH postulierte Erfordernis einer individuellen Aufklärung daraus erklären, dass es entweder in dem von ihm bislang zu beurteilenden Sachverhalten an einer entsprechenden Offenlegung im Prospekt gefehlt hat oder entsprechende Prospektangaben dem Tatbestand der instanzgerichtlichen Urteile nicht zu entnehmen waren.[116] Das OLG Frankfurt hat sich denn auch zumindest im Ergebnis für die erstgenannte Lösung entschieden und das Vorliegen einer relevanten Aufklärungspflichtverletzung unter Hinweis auf die Offenlegung von Provisionszahlungen im Prospekt und das Unterlassen jeglicher Nachfrage seitens des Anlegers verneint.[117] Darüber hinausgehend haben sich das OLG Celle und einige Landgerichte generell für die Möglichkeit der Offenlegung von „Rückvergütungen" durch einen Prospekt ausgesprochen.[118] Dabei standen zwar jeweils Innenprovisionen in Frage, die nach dem Urteil des XI. Zivilsenats vom 27.10.2009 (und entgegen der noch den instanzgerichtlichen Urteilen zugrunde liegenden Rechtsansicht) ohnehin keine unter dem Gesichtspunkt eines Interessenkonflikts offenzulegende Rückvergütungen darstellen.[119] Indes sind Sachgründe, die es auch nur nahelegen könnten, den allgemeinen Grundsatz, dem zufolge eine individuelle Aufklärung nur insoweit geboten ist, als der Prospekt es an einer hinreichenden Aufklärung des Anlegers vermissen lässt,[120] ausgerechnet im Zusammenhang mit Rückvergütungen im eigentlichen Sinne nicht zur Anwendung zu bringen, nicht ersichtlich. Unter der Voraussetzung, dass die Übergabe des Prospekts so rechtzeitig erfolgt, dass der Anleger auf informierter Grundlage seinen Beitritt erklären kann,[121] vermag des-

---

115 Vgl. neben der unter II. 2. referierten Rechtsprechung namentlich BGH WM 2009, 2306, 2307 Rdn. 31.

116 Vgl. neben der unter II. 1. referierten Rechtsprechung namentlich BGH WM 2009, 2306, 2307 Rdn. 31.

117 OLG Frankfurt BB 2009, 2334, 2335 f.

118 OLG Celle WM 2009, 1794 Rdn. 36; OLG Celle ZIP 2010, 876, 878; LG Bremen WM 2010, 798, 800; LG Hamburg, Urt. v. 18.3.2009 – 301 O 26/08, juris Rdn. 33 ff.; LG Magdeburg, Urt. v. 4.6.2009 – 11 O 2449/08, juris Rdn. 29 ff.; s. ferner OLG Stuttgart BKR 2010, 169, 172. Nachw. zur Gegenansicht s. in Fn. 122.

119 Dazu unter III. 2. c).

120 Vgl. die Nachw. in Fn. 114.

121 Vgl. die Nachw. in Fn. 114.

halb die Verlautbarung von Rückvergütungen durch den Prospekt eine individuelle Aufklärung zu ersetzen.[122]

Damit ist allerdings noch nicht die Frage beantwortet, welche Anforderungen an die Verlautbarung im Prospekt zu stellen sind. Unterscheidet man mit der Rechtsprechung des BGH zwischen den Kosten der Eigen- und Fremdkapitalbeschaffung nebst Platzierungsgarantien im Allgemeinen auf der einen Seite und aus Aufschlägen und Verwaltungsgebühren geleisteten Provisionszahlungen auf der anderen Seite, so ist es nur konsequent, dass Rückvergütungen im eigentlichen Sinne gesondert und als solche erkennbar zu verlautbaren sind. Denn nur durch eine gesonderte Verlautbarung wird der durch die Verabredung von Rückvergütungen begründete Interessenkonflikt, seine Existenz und die Unfähigkeit des Anlegers, ihn auch unabhängig von einer entsprechenden Verlautbarung im Prospekt zu erkennen, an dieser Stelle der Ausführungen unterstellt,[123] offengelegt; der bloße Ausweis des Gesamtumfangs aller Provisionen wäre hierzu nicht imstande. Allerdings muss es genügen, dass der Prospekt darauf hinweist, dass und inwieweit Rückvergütungen geleistet werden. Schon durch diese Angaben werden die den – zu unterstellenden – Interessenkonflikt zugrunde liegenden Tatsachen allesamt offengelegt. Die Schlussfolgerung, dass sich das Kreditinstitut durch die Vereinbarung von Rückvergütungen veranlasst sehen könnte, eine bestimmte Beteiligung zu empfehlen, obliegt hingegen dem Anleger selbst.[124]

c) Erkennbarkeit des Interessenkonflikts aufgrund engen Konzernverbunds und der Beschränkung auf hauseigene Produkte

Auch unabhängig von einer etwaigen Offenlegung der Provisionszahlungen im Fondsprospekt bleibt die Frage, ob nicht die typischen Gegebenheiten des Vertriebs von Beteiligungen an geschlossenen Fonds die Annahme eines nicht erkennbaren und deshalb offenlegungspflichtigen Interessenkonflikts von vornherein ausschließen und eine Aufklärung des Anlegers deshalb auch unabhängig von etwaigen Prospektangaben unterbleiben kann. Zu diesen Gegebenheiten wird man den verbreiteten Umstand rechnen dürfen, dass die Fondsgesellschaft und das beratende Kreditinstitut erkennbar konzernverbunden sind und schon deshalb ein manifestes Interesse des beratenden Kreditinstituts an der Empfehlung „hauseigener" Produkte besteht.[125] Begründet aber der Umstand, dass die beratende Bank

---

122 So neben den Nachw. in Fn. 118 auch *Langen* BB 2010, 17, 18; *Lange* WuB I. G. 1.–10.10 (S. 202); a.A. OLG Stuttgart ZIP 2010, 824. 826; LG Frankfurt/M. WM 2010, 75; *Casper* ZIP 2009, 2409; *Koch* BKR 2010, 177, 183 f.; *Zoller* GWR 2009, 466.

123 S. dazu aber noch unter III. 4. c), d).

124 Keinen Bedenken unterliegt auch ein Hinweis im Prospekt darauf, dass das Kreditinstitut weitere Vermittler einschalten und damit einen Untervertrieb einrichten darf, s. LG Bremen WM 2010, 798.

125 So zu Recht Fuchs/*ders.* (Fn. 7), § 31d WpHG Rdn. 51.

ausschließlich hauseigene Produkte empfiehlt, für sich genommen grundsätzlich noch keinen Beratungsfehler,[126] so ist es nicht ohne weiteres einsichtig, dass das beratende Kreditinstitut auf Provisionsabsprachen mit der Fondsgesellschaft soll hinweisen müssen.[127]

Allerdings haben sich der BGH und die instanzgerichtliche Rechtsprechung bislang an der Statuierung (rück-)vergütungsbezogener Aufklärungspflichten nicht dadurch gehindert gesehen, dass zwischen dem Emittenten bzw. der Fondsinitiatorin auf der einen Seite und der beratenden Bank auf der anderen Seite ein Konzernverbund besteht; namentlich im Grundsatzurteil des XI. Zivilsenats vom 19.12.2006 ging es vielmehr um die Vermittlung von Anteilen an konzerneigenen Fonds.[128] Fraglich ist indes, wie sich diese Rechtsprechung zum Urteil des XI. Zivilsenats vom 27.10.2009 verhält, soweit darin Aufklärungspflichten in Bezug auf Rückvergütungen damit begründet werden, dass die Bank „ein für den Kunden nicht erkennbares besonderes Interesse hat“, eine bestimme Beteiligung zu empfehlen.[129] Ist nicht, so lautet die Frage, das Interesse der beratenden Bank, gerade die von der Fondsgesellschaft herausgegebenen Anteile zu empfehlen, für den Anleger klar erkennbar, wenn die Konzernverflechtung zwischen dem beratenden Kreditinstitut und der Fondsgesellschaft evident ist? Ist es stimmig, eine Aufklärungspflichtverletzung anzunehmen, wenn ein Kreditinstitut von einer konzernverbundenen Gesellschaft herausgegebene Fondsanteile empfiehlt und hierfür das Agio erhält, obgleich die Vereinnahmung des Agios und deren Verwendung für die Kosten der Kapitalbeschaffung und -verwaltung zweifelsohne gestattet wären, würden Herausgabe der Anteile und Anlegerberatung in einer Person zusammenfallen? Muss es nicht in beiden Fällen genügen, dass dem Anleger die Notwendigkeit, über das Investitionskapital hinausgehendes Vermögen für das Einwerben der Anleger und die Verwaltung des Fonds einzusammeln, und die Existenz des Agios bewusst sind?

Diese Fragen zu stellen heißt, sie zu bejahen. Auch für die Rechtsprechung zu den Rückvergütungen gilt: *hard cases make bad law*. Das Urteil des XI. Zivilsenats vom 19.12.2000[130] ist gewiss richtig und überzeugend,[131] hat es doch auf einen für den Anleger nicht erkennbaren und zudem schwerwiegenden Interessenkonflikt reagiert. *Schäfer/Schäfer* haben indes völlig zu Recht darauf hingewiesen, dass die Dinge anders zu beurteilen sind, wenn aus Sicht des Anlegers klar auf der Hand liegt, dass er eine von Eigeninteressen des Beraters unbeeinflusste Beratung nicht

126 BGHZ 123, 126, 129 = WM 1993, 1455; BGHZ 170, 226, 233 Rdn. 21 = WM 2007, 487.

127 Zu diesem Wertungswiderspruch s. bereits *Schäfer/Schäfer* BKR 2007, 163, 165 f.; Fuchs/*ders.* (Fn. 7), § 31d WpHG Rdn. 51; s. aber auch *Koller* ZBB 2007, 197, 198 f.

128 BGHZ 170, 226 Rdn. 2 = WM 2007, 487; s. ferner BGH BKR 2009, 126; LG Frankfurt/M. WM 2010, 75.

129 BGH WM 2009, 2306, 2307 Rdn. 31.

130 BGHZ 146, 235 = WM 2001, 297; dazu bereits unter III. 2. a).

131 So auch *Schäfer/Schäfer* BKR 2007, 163, 165.

zu erwarten hat.[132] Exakt dies ist der Fall, wenn das Kreditinstitut haus- oder konzerneigene Produkte empfiehlt und der Haus- oder Konzernbezug evident ist. Selbstredend hat es auch insoweit bei der Pflicht zur anleger- und objektgerechten Beratung zu bewenden.[133] Lässt man es indes zu, dass sich das Kreditinstitut auf die Empfehlung haus- oder konzerneigener Produkte beschränkt,[134] so geht es nicht an, Aufklärungspflichten in Bezug auf Provisionsinteressen unter Hinweis darauf zu statuieren, dass das beratende Institut ein für den Kunden nicht erkennbares besonderes Interesse habe, ein bestimmtes Produkt zu empfehlen.[135] Derlei Aufklärungspflichten sind, anders gewendet, durchaus geboten, freilich nur, soweit die zentrale Voraussetzung eines für den Anleger nicht erkennbaren Vergütungs- und Empfehlungsinteresses tatsächlich erfüllt ist. Bei erkennbarem Konzernverbund zwischen beratendem Institut und Emittent des Anlageprodukts fehlt es indes hieran.[136] Das Vergütungs- und Empfehlungsinteresse des beratenden Instituts ist in diesem Fall evident, und es macht aus Sicht des Anlegers keinen Unterschied, ob dieses Interesse vermittels der unmittelbaren Leistung von Provisionen oder mittelbar – nämlich über Zahlungen der Fondsgesellschaft an die Initiatoren und Partizipation des Kreditinstituts an den Gewinnen der Initiatoren – befriedigt wird.[137]

Macht man also mit der vom XI. Zivilsenat im Urteil vom 27.10.2009 entwickelten und vom III. Zivilsenat im Urteil vom 15.4.2010 übernommenen „Definition“ der Rückvergütung Ernst,[138] so lassen sich diesbezügliche Aufklärungspflichten bei erkennbarem Konzernverbund zwischen beratendem Institut und Emittenten der empfohlenen Papiere nicht begründen. Der III. Zivilsenat hat genau diese Konsequenz gezogen, soweit er die Rechtsprechung zu den Rückvergütungen deshalb nicht auf „freie“ Anlageberater erstreckt, weil die mittelbare Vergütung des Beraters und das damit verbundene Empfehlungs- und Vergütungsinteresse auf der Hand liegen.[139] Für den Vertrieb haus- oder konzerneigener Produkte kann jedenfalls dann nichts anderes gelten, wenn sich das beratende Institut auf die Empfehlung dieser Produkte beschränkt und nicht den Eindruck erweckt, eine von ihren Vergütungs- und Empfehlungsinteressen unabhängige Beratung

---

132 *Schäfer/Schäfer* BKR 2007, 163, 165; zust. auch Fuchs/*ders.* (Fn. 7), § 31d WpHG Rdn. 51.

133 Zutr. betont von OLG Celle ZIP 2010, 876, 878.

134 S. dazu die Nachw. in Fn. 126 f.

135 Vgl. die Nachw. in Fn. 127.

136 Vgl. die Nachw. in Fn. 132, ferner *Assmann* ÖBA 2007, 40, 51 ff.

137 *Schäfer/Schäfer* BKR 2007, 163, 165; krit. freilich Assmann/U.H. Schneider/*Koller* (Fn. 36), § 31d WpHG Rdn. 2.

138 BGH WM 2009, 2306, 2307 Rdn. 31; BGH WM 2010, 885, 886 Rdn. 10; dazu bereits unter III. 2. c), d).

139 BGH WM 2010, 885, 886 Rdn. 13; dazu bereits unter III. 2. d).

anzubieten.[140] Im Gegenteil wäre es ganz und gar ungereimt, „freie", also nicht bankmäßig gebundene Anlageberater, die vielfach ihre Unabhängigkeit werbend herausstellen, unter Hinweis auf die Erkennbarkeit ihres Provisionsinteresses von Aufklärungspflichten betreffend Rückvergütungen auszunehmen, Kreditinstituten hingegen, soweit sie unter Verzicht auf eine Honorarzahlung durch den Anleger Beratungs- und Vermittlungsleistungen erbringen, die Offenlegung ihres Provisionsinteresses zur Pflicht zu machen.[141] Umgekehrt wird ein Schuh daraus: Wenn schon freie Anlageberater ihr auf der Hand liegendes Provisionsinteresse nicht offenzulegen brauchen, so muss dies für Kreditinstitute erst Recht gelten. Dem lässt sich gewiss nicht entgegenhalten, dass die Vertragsbeziehung des Kunden zu seinem Kreditinstitut durch Entgeltlichkeit geprägt sei.[142] Auch abgesehen davon, dass beim Vertrieb von Anteilen an geschlossenen Fonds keinerlei Depot- oder sonstige Folgegebühren für das Kreditinstitut anfallen, kann es auch beim Vertrieb von Wertpapieren nur darum gehen, ob die – haftungsgeneigte (!) – Beratungsleistung als solche vom Anleger vergütet wird oder nicht; soweit dies nicht der Fall ist, kann der Anleger nicht ernsthaft davon ausgehen, dass das Kreditinstitut allein mit Blick auf etwaige Depot- oder Kontoführungsentgelte unentgeltlich, aber schadensersatzbewehrt berät.

d) Rückbesinnung auf den berechtigten Kern provisionsbezogener Aufklärungspflichten

Das Anrüchige an Rückvergütungen besteht bekanntlich darin, dass sie hinter dem Rücken des Anlegers an den Berater fließen und einen für den Anleger nicht erkennbaren Interessenkonflikt des Beraters begründen.[143] *Nobbe* spricht plakativ von einer „schmiergeldähnlichen Funktion" solcher Vergütungen und bescheinigt im Übrigen gewöhnlichen Innenprovisionen, keinerlei anrüchigen oder gar schmiergeldähnlichen Charakter zu haben.[144] Letzterem wird man zustimmen können, wenn man bereit ist, die Doppelrolle eines zugleich beratenden und verkaufenden oder – im Bereich geschlossener Fonds – vermittelnden Kreditinstituts zu akzeptieren, woran de lege lata kein Weg vorbeiführt.[145] Dem entspricht es im Übrigen, dass die Rechtsprechung im Zusammenhang mit dem Vertrieb von Zertifikaten die Pflicht zur Aufklärung über den Gewinn oder die Gewinnmarge der Bank überwiegend unter zutreffendem Hinweis darauf verneint, dass die Gewinnerzielungs-

---

140 Zu dieser Einschränkung s. – im Zusammenhang mit der Frage, ob die Bank ausschließlich hauseigene Produkte empfehlen darf – BGHZ 170, 226 Rdn. 21 = WM 2007, 487; im vorliegenden Zusammenhang *Schäfer/Schäfer* BKR 2007, 163, 165 f.; Fuchs/*ders.* (Fn. 7), § 31d WpHG Rdn. 52.

141 So BGH WM 2010, 885, 886 Rdn. 12 f.; dazu unter III. 2. d).

142 So aber BGH WM 2010, 885, 886 Rdn. 12.

143 BGH WM 2009, 2306, 2307 Rdn. 31; *Nobbe* WuB I G 1.–5.10 (S. 125).

144 *Nobbe* WuB I G 1.–5.10 (S. 125); ferner *Nittel/Knöpfel* BKR 2009, 411, 412 f.

145 Näher dazu unter III. 3.

absicht der Bank evident ist.[146] Die Frage bleibt indes, ob die Unterscheidung zwischen Rückvergütungen einerseits, Vertriebs- oder Innenprovisionen nebst Gewinnmargen andererseits, wie sie nunmehr der Rechtsprechung sowohl des XI. als auch des III. Zivilsenats zugrunde liegt,[147] in der Sache zu überzeugen vermag. Hieran bestehen erhebliche Zweifel.[148] Nicht leicht beantworten lässt sich schon die Frage, welche Rolle es aus der Sicht des – tatsächlich oder vermeintlich aufklärungsbedürftigen – Anlegers spielt, woraus das ihn unentgeltlich beratende, aber erkennbar auf Gewinnerzielung bedachte Institut seine Vergütung erlangt. Bei Lichte betrachtet liegt der Unterscheidung zwischen der Weiterleitung eines Agios bzw. von Verwaltungsgebühren auf der einen und der Einräumung einer Gewinnmarge bzw. der Zahlung einer Vermittlungsprovision auf der anderen Seite eine gleichsam „gegenständliche" Betrachtungsweise zugrunde, soweit darauf abgestellt wird, dass die Vergütung unmittelbar aus vom Anleger an den Emittenten geleisteten Zahlungen an das beratende Institut „zurückfließt". Macht es aber wirklich einen Unterschied, ob der Emittent ein vom Anleger zunächst an das Kreditinstitut geleistetes Agio an das beratende Institut zurückleitet oder ob er das Agio für eigene Zwecke einbehält und die – im Allgemeinen unvermeidliche! – Vermittlungsvergütung anderweitig aufbringt?[149] Auch diese Frage kann, stellt man auf wertende Aspekte ab, nur verneint werden, gleich, ob das beratende Kreditinstitut das Anlageprodukt zunächst im eigenen Namen erwirbt und sodann im eigenen Namen an den Anleger weitergibt oder ob sich eine Tätigkeit, wie insbesondere im Falle des Vertriebs von Anteilen an geschlossenen Fonds, auf bloße Vermittlungsdienste beschränkt und ohne Abschluss von Verträgen im eigenen Namen auskommt. Wie man es dreht und wendet – aus Sicht des Anlegers interessiert zum einen, ob die Werthaltigkeit seiner Anlage durch überhöhte Provisionszahlungen gefährdet ist,[150] und zum anderen, ob ihm ein unbefangener oder ein von Provisionsinteressen getriebener Berater gegenübersitzt. „Schmiergeldähnliche Funktion" kann, um diese plakative und tendenziöse Formel zu verwenden, auch einer Abrede zwischen dem Emittenten und dem Berater des Inhalts zukommen, dass der Berater ein Papier oder eine Beteiligung mit einem nicht unerheblichen Discount beim Emittenten abrufen und zum Nominalbetrag an den Anleger weitergeben kann. Und dennoch ist eine solche Abrede, lässt man die Beratungspflicht des Beraters außer Betracht und stellt man allein auf die Vertriebsfunktion ab, völlig „normal". Nicht minder „normal" ist indes eine Abrede des Inhalts, dass der Berater einen gewissen Anteil der Leistung des Anlegers zurückerhält oder

---

146 Vgl. namentlich OLG Celle ZIP 2010, 876, 878; zu weit. Nachw. s. Fn. 105.

147 Vgl. im Einzelnen unter III. 2. c), d).

148 So auch *Langen* BB 2010, 17, 18; *Varadinek/Röh* ZIP 2009, 2383, 2385; *Zoller* GWR 2009, 466.

149 Vgl. die Nachw. in voriger Fn., ferner – wenn auch mit verfehlten Ableitungen – LG Hamburg WM 2009, 1282, 1283; WM 2009, 1363, 1365 f.; WM 2009, 1511, 1513.

150 Zu diesbezüglichen Aufklärungspflichten s. unter III. 2. b).

sogleich einbehält. Dem OLG Stuttgart kann deshalb insoweit[151] zugestimmt werden, als es davon ausgeht, dass aufklärungspflichtige „Rückvergütungen“ auch dann vorliegen können, wenn das Agio nicht vom Emittenten an das beratende Institut „zurückfließt“, sondern unmittelbar vom Berater einbehalten wird, so dass die den Tatbestand der Rückvergütung kennzeichnende Leistung „übers Eck“ nicht gegeben ist;[152] es wäre jedenfalls ganz und gar willkürlich, die Statuierung von provisionsbezogenen Aufklärungspflichten schon im Ansatz davon abhängig machen zu wollen, ob das Agio an das beratende Institut „zurückfließt“ oder vom Berater sogleich einbehalten wird. Und nicht minder willkürlich wäre es, den „Rückfluss“ des Agios als per se offenzulegende Rückvergütung zu qualifizieren, die nicht aus dem Agio, sondern aus sonstigen Mitteln des Fonds (etwa aus darlehensweise aufgenommenen Geldern) erfolgende Vergütung des Beraters hingegen per se als nicht aufklärungspflichtig anzusehen.

Besinnt man sich des berechtigten Kerns vergütungsbezogener Aufklärungspflichten, welcher bekanntlich darin liegt, die Einhaltung der beratungsvertraglichen Interessenwahrungspflicht des Kreditinstituts zu sichern,[153] so kann die Aufgabe nur in der Entwicklung eines Kriteriums bestehen, das nicht auf den tatsächlichen Vollzug der Vergütung der Vertriebsleistung des Beraters durch den Emittenten abstellt (und damit, das sei nicht verschwiegen, Umgehungspraktiken Tür und Tor öffnet), sondern dem mit der Doppelrolle des Beraters zwangsläufig verbundenen Interessenkonflikt Rechnung trägt und deshalb funktionaler Natur ist. Ein solches Kriterium hat sich von der Erkenntnis leiten zu lassen, dass der Anleger immer, aber auch nur dann auf Aufklärung über ein mit dem Gebot der unbefangenen Beratung konfligierenden Vergütungsinteresse des Beraters angewiesen ist, wenn dieses Interesse nicht ohnehin klar auf der Hand liegt. Schon im Zusammenhang mit Rückvergütungen im eigentlichen Sinne konnte festgestellt werden, dass eine entsprechende Aufklärung funktionslos und damit überflüssig ist, wenn das Rückvergütungsinteresse des Beraters offen zutage liegt, und dies sowohl bei erkennbarem Konzernverbund von beratendem Institut und Emittenten, aber auch ganz allgemein bei nicht honorarbasierter Beratung durch Kreditinstitute und beim Handeln „freier“ Anlageberater der Fall ist.[154] Zielte diese Erkenntnis auf eine Einschränkung der höchstrichterlichen Rechtsprechung (oder, genauer, auf eine stärkere Betonung des vom BGH bislang nur verbaliter angeführten Erfordernisses des nicht erkennbaren Interessenkonflikts), so geht es nunmehr darum, dieses Kriterium von seiner Beschränkung auf Rückvergütungen

151 Nicht dagegen in den Ableitungen aus diesem Befund, s. sogleich im Text.

152 OLG Stuttgart BKR 2010, 169, 172; a.A. *Spindler* WM 2009, 1821, 1827.

153 Vgl. im Einzelnen die unter II. referierte Rechtsprechung, ferner OLG Celle ZIP 2010, 876, 878; *Mülbert* ZHR 172 (2008), 170, 196 ff.

154 Vgl. im Einzelnen unter III. 4. c).

(im Sinne des Urteils des XI. Zivilsenats vom 27.10.2009)[155] zu befreien und auf sämtliche Vergütungsformen zu erstrecken. Nach den bislang getroffenen Feststellungen bleiben freilich nur wenige Anwendungsfälle entsprechender Aufklärungspflichten. Erkennbarkeit des Vergütungsinteresses und damit des Interessenkonflikts ist nämlich zunächst bei erkennbarem Konzernverbund zwischen dem beratenden Institut und dem Emittenten anzunehmen, sofern sich das beratende Institut auf die Empfehlung haus- oder konzerneigener Produkte beschränkt.[156] Darüber hinausgehend ist Erkennbarkeit des Konflikts immer dann anzunehmen, wenn das Kreditinstitut im Verhältnis zum Anleger unentgeltlich tätig wird, also kein besonderes Beratungsentgelt (sei es in Form einer Beratungsgebühr im herkömmlichen Sinne oder in Form einer Partizipation an den Erträgnissen der Anlage) verlangt.[157] Bei Lichte betrachtet bleibt hiernach unter dem Gesichtspunkt eines möglichen Interessenkonflikts nur insoweit Raum für die Annahme vergütungsbezogener Aufklärungspflichten, als das beratende Institut dem Anleger ein Beratungshonorar abverlangt und hierdurch bei diesem den Eindruck einer ausschließlich am Interesse des Anlegers und von sonstigen Vergütungsinteressen gänzlich unbeeinflussten Beratung erweckt.

5. Zur Frage der Kausalität der Aufklärungspflichtverletzung

Soweit es dem Kreditinstitut obliegt, von ihm vereinnahmte Provisionen offenzulegen, und es dieser Pflicht nicht nachkommt, haftet es nach allgemeinen Grundsätzen nur dann auf Schadensersatz, wenn die unterbliebene Offenlegung kausal für die Anlageentscheidung war. Dabei obliegt die diesbezügliche Darlegungs- und Beweislast an sich dem Anleger.[158] An dieser Stelle nun setzt das bereits erwähnte Urteil des XI. Zivilsenats vom 12.5.2009 an,[159] das die in anderem Zusammenhang entwickelte[160] Vermutung aufklärungsgerechten Verhaltens zur Anwendung gebracht und damit dem Anleger den vollen Beweis für die Ursächlichkeit der Aufklärungspflichtverletzung für die Anlageentscheidung abgenommen hat. Zur Begründung führt der Senat im Wesentlichen und unter Hinweis auf die literarische Äußerung eines seiner Mitglieder[161] aus, dass diese Vermutung grundsätzlich für alle Aufklärungsfehler und damit auch für die fehlerhafte Aufklärung über Rück-

155 BGH WM 2009, 2306, 2307 Rdn. 31; dazu unter III. 2. c).; s. ferner BGH WM 2010, 885, 886 Rdn. 10 (III. Zivilsenat, dazu unter III. 2. d)).
156 Dazu unter III. 4. c).
157 Vgl. die Nachw. in Fn. 105 betreffend die Frage einer Pflicht zur Offenlegung der Gewinnmarge.
158 Vgl. nur BGHZ 61, 118, 120.
159 BGH WM 2009, 1274.
160 BGHZ 61, 118, 120 ff.; BGHZ 124, 151, 159; BGH WM 1998, 1527, 1529.
161 *Ellenberger*, in: Ellenberger/Schäfer/Clouth/Lang, Praktiker-Handbuch Wertpapier- und Derivategeschäft, Rdn. 863.

vergütungen gelte.[162] Verschwiegen wird hierbei allerdings,[163] dass der Senat in nunmehr ständiger Rechtsprechung den Anwendungsbereich der Vermutung ganz erheblich eingeschränkt hat.[164] So liest man in der Grundsatzentscheidung des Senats vom 13. Juli 2004 zur Frage, ob Verträge über Indexzertifikate Börsentermingeschäfte sind, im Zusammenhang mit dem Vorwurf der Falschberatung:[165]

> „Für die Kausalität spricht keine tatsächliche Vermutung. Die Kausalitätsvermutung bei Aufklärungspflichtverletzungen setzt voraus, daß es nur eine bestimmte Möglichkeit ‚aufklärungsrichtigen' Verhaltens gibt (BGHZ 124, 151, 161). Hingegen ist diese Vermutung nicht begründet, wenn eine gehörige Aufklärung beim Vertragspartner einen Entscheidungskonflikt ausgelöst hätte, weil es vernünftigerweise nicht nur eine, sondern mehrere Möglichkeiten aufklärungsrichtigen Verhaltens gab. So lag es hier. Nach einer Aufklärung über den spekulativen Charakter des Erwerbs von Aktien des Neuen Marktes und die daraus resultierende Abweichung von der am 30. Juni 1998 erklärten Zielvorstellung wäre es nicht einzig vernünftig gewesen, von diesen Geschäften abzusehen. ... Da mehrere Möglichkeiten der Reaktion des Klägers auf die gehörige Aufklärung denkbar sind, nämlich sowohl der Abschluss als auch das Unterlassen der verlustbringenden Geschäfte, hatte der Kläger den vollen Beweis dafür zu erbringen, dass er die Aktien des Neuen Marktes und die Indexzertifikate nicht erworben hätte, wenn die Beklagte ihre Aufklärungspflicht ordnungsgemäß erfüllt hätte."

Und in der zur Haftung für unterbliebene Widerrufsbelehrung ergangenen, in der Amtlichen Sammlung abgedruckten Grundsatzentscheidung des Senats vom 19. September 2006 heißt es:[166]

> „Auf die sogenannte Vermutung aufklärungsrichtigen Verhaltens kann sich der Kläger, anders als etwa das Oberlandesgericht Bremen (WM 2006, 758, 766 f.) gemeint hat, nicht stützen. Diese Vermutung setzt voraus, dass es für ihn bei Belehrung über sein Widerrufsrecht nur eine bestimmte Möglichkeit der Reaktion gab (vgl. BGHZ 160, 58, 66 m.w.Nachw.). Davon kann hier indes nicht ausgegangen werden, da nichts dafür ersichtlich ist, dass die Risiken des Vertragswerks vom Kläger innerhalb der einwöchigen Widerrufsfrist erkannt worden wären (...)."

Eine auch nur plausible Begründung dafür, einem Anleger, der über ein Provisionsinteresse des ihn beratenden Kreditinstituts nicht aufgeklärt worden ist, die Vermutung zuzusprechen, einem Anleger hingegen, der nicht ordnungsgemäß über sein Widerrufsrecht belehrt worden ist, die Vermutung zu versagen, ist nicht ersichtlich. In beiden Fällen kann vielmehr davon ausgegangen werden, dass der über das Widerrufsrecht oder über das Provisionsinteresse aufgeklärte Anleger

---

162 BGH WM 2009, 1274, 1276 Tz. 22.

163 So zu Recht bereits *Herresthal*, ZBB 2009, 348, 358 f. mit umf. Nachw., auch zur Rechtsprechung anderer Senate; ferner *Casper*, ZIP 2009, 2409, 2417, *Edelmann*, BB 2010, 1163, 1168 f.; *Schäfer/Schäfer*, BKR 2007, 163, 166; *Grys/Geist*, BKR 2009, 344, 345.

164 BGH WM 1990, 681, 683; BGH WM 1994, 149, 151; zu weit. Nachw. s. sogleich im Text.

165 BGHZ 160, 58, 66.

166 BGHZ 169, 109, 123 f. Tz. 43; s. ferner BGH ZIP 2008, 686, 690 Tz. 34 m.w.N.

vielfach, wenn nicht gar typischerweise an der Anlageentscheidung festgehalten hätte.[167] Dies gilt zumal in Fällen, in denen die Anlage steuerlich motiviert war, wie dies auf den Erwerb von Anteilen an Medienfonds vielfach zutreffen wird. Aber auch unabhängig davon hätte der über das Provisionsinteresse aufgeklärte Anleger durchaus Verständnis für dieses Interesse geäußert; jedenfalls hätte der Anleger, der selbst kein Beratungshonorar leistet, einräumen müssen, dass es schlechterdings nicht erwartet werden kann, dass die – haftungsgeneigte – Beratungstätigkeit auch ohne mittelbare Vergütung erbracht wird, zumal er bei einem Ausweichen auf ein anderes Kreditinstitut ein gänzlich vergleichbares Provisionsinteresse vorgefunden hätte. Selbstverständlich bewendet es bei der Pflicht zur anleger- und objektgerechten Beratung. Den unterlassenen Hinweis auf ein – mittelbares – Vergütungsinteresse zum Anlass zu nehmen, die Vermutung aufklärungsgerechten Verhaltens zur Anwendung zu bringen und hierdurch das Anlagerisiko auf das beratende Institut zu verlagern, verschafft indes dem Anleger ein ganz und gar unverdientes Reurecht und erweist sich damit als überschießende und inakzeptable Reaktion auf das Verschweigen einer Selbstverständlichkeit. Anders mag man entscheiden, soweit der Anleger selbst die Beratungsleistung vergütet und deshalb mit einem darüber hinausgehenden Provisionsinteresse des Kreditinstituts nicht zu rechnen braucht.

IV. Resümee

1. Dem XI. Zivilsenat des BGH ist darin zu folgen, dass §§ 31 ff. WpHG keinen Schutzgesetzcharakter haben, vielmehr zwischen diesen Vorschriften des Aufsichtsrechts und den beratungsvertraglichen Pflichten des Kreditinstituts zu unterscheiden ist und, dies in Ergänzung der bisherigen Rechtsprechung, ungeachtet der MiFID auch künftig unterschieden werden kann.

2. Ungeachtet der hiernach bestehenden Autonomie des Zivilrechts sollten allerdings Offenlegungs- und Aufklärungspflichten nur insoweit anzuerkennen sein, als es sich um für die Anlageentscheidung wesentliche Gesichtspunkte handelt. Die Rechtsprechung des XI. Zivilsenats zur Offenlegung von Rückvergütungen bedarf deshalb der Korrektur. Sie sollte das im Urteil vom 27.10.2009 herausgestellte Erfordernis eines für den Anleger nicht erkennbaren Interessenkonflikts Ernst nehmen und in der Folge Rückvergütungen unabhängig von einer Offenlegung akzeptieren, wenn das Vergütungsinteresse des beratenden Kreditinstituts auf der Hand liegt. So verhält es sich bei erkennbarem Konzernverbund zwischen dem beratenden Institut und dem Emittenten, sofern sich das beratende Institut auf die Empfehlung haus- oder konzerneigener Produkte beschränkt, sowie allge-

167 Gegen die Anwendung der Vermutung aufklärungsgerechten Verhaltens auch die in Fn. 163 Genannten.

mein immer dann, wenn das Kreditinstitut im Verhältnis zum Anleger unentgeltlich tätig wird. Unter dem Gesichtspunkt eines möglichen Interessenkonflikts offenzulegen sind Vergütungsinteressen hingegen vor allem dann, wenn das beratende Kreditinstitut dem Anleger ein Beratungsentgelt abverlangt und hierdurch bei diesem den Eindruck einer ausschließlich am Interesse des Anlegers und von sonstigen Vergütungsinteressen gänzlich unbeeinflussten Beratung erweckt. Dann, aber auch nur dann sieht sich der Anleger in seinen Erwartungen an die Beratungsleistung enttäuscht. Nimmt er hingegen eine Beratungsleistung in Anspruch, die er nicht unmittelbar zu vergüten hat, kann er nicht ernsthaft davon ausgehen, das beratende Institut werde altruistisch tätig und verdiene nichts an der empfohlenen Anlage. Die Pflicht zur anleger- und objektgerechten Beratung bleibt selbstredend unberührt.

3. Bei Lichte betrachtet ist die Rechtsprechung aufgefordert, das die Praxis dominierende System der mittelbaren, nämlich über Provisionen und Rückvergütungen erfolgenden Finanzierung der Anlageberatung und damit letztlich die – neben die Beratungsfunktion tretende – Absatzmittlerfunktion der Kreditinstitute zu akzeptieren,[168] solange nicht der Gesetzgeber über die bereits existierenden Offenlegungspflichten des Wertpapierhandels- und Prospektrechts hinaus Restriktionen einführt.

168 Kritisch gegenüber diesem System *Sethe*, Festschrift für Nobbe, 2009, S. 769, 773 ff. m.w.N.

Neue Rechtsprechung zur zivilrechtlichen Haftung beim Vertrieb von Kapitalanlagen

Dr. *Jürgen Ellenberger*,
Richter am BGH

1. Einleitung

Der Bundesgerichtshof hatte sich in den zurückliegenden Jahren mit der Pflicht einer Bank, im Rahmen der Anlageberatung über Rückvergütungen (auch Kick-Backs genannt) zu informieren, zu beschäftigen. In jüngster Zeit wird – häufig „auf Anfrage aus der Praxis" – vertreten, die Rechtsprechung des Bundesgerichtshofs, insbesondere der Beschluss vom 20. Januar 2009[1], sei überraschend gewesen, damit habe bis zu seinem Erlass niemand rechnen können,[2] obwohl es keine entgegenstehende Rechtsprechung gab und die Aufklärungspflicht über Rückvergütungen/Bonifikationen u.ä. bereits Gegenstand der Rechtsprechung war sowie in der Literatur diskutiert und – von nicht unwesentlichen Autoren – auch bejaht wurde.[3] Auch der Gesetzgeber hat sich dieses Themas angenommen. Durch das Finanzmarktrichtlinienumsetzungsgesetz[4] (nachfolgend: FRUG), durch das die Vorgaben der Finanzmarktrichtlinie[5] (nachfolgend: MiFID) und der Durchführungsrichtlinie der Exekutive zur MiFID[6] (nachfolgend: DRL) in deutsches Recht umgesetzt worden sind, und für die Anlageberatung ab dem 1. November 2007 Gültigkeit hat, ist § 31d WpHG geschaffen worden, der eine Aufklärungspflicht über Zuwendungen statuiert. Dessen Regelungsgehalt wird zunächst dargestellt

---

1 Siehe BGH, Beschl. v. 20. Januar 2009 – XI ZR 510/07, WM 2009, 1274.

2 Vgl. die Nachweise bei Ellenberger in Ellenberger/Schäfer/Clouth/Lang, Praktikerhandbuch Wertpapier- und Derivategeschäft, 3. Aufl., Rn. 940 Fn. 1025 und BGH, Beschl. v. 29.6.2010 – XI ZR 308/09, WM 2010, 1694, Tz. 10 f.

3 vgl. eingehend OLG Stuttgart, WM 2009, 2312, 2316 f. m.w.N. (rechtskräftig).

4 Gesetz zur Umsetzung der Richtlinie über Märkte für Finanzinstrumente und der Durchführungsrichtlinie der Kommission vom 16. Juli 2007 (BGBl. Teil I vom 19. Juli 2007 S. 1330)

5 Richtlinie 2004/39/EG des europäischen Parlaments und des Rates vom 21. April 2004 über Märkte für Finanzinstrumente, zur Änderung der Richtlinie 85/611/EWG und 93/6/EWG des Rates und der Richtlinie 2000/12/EG des Europäischen Parlaments und des Rates und zur Aufhebung der Richtlinie 93/22/EWG des Rates (ABl. L 145/1 vom 30. April 2004)

6 Richtlinie 2006/73/EG der Kommission vom 10. August 2006 zur Durchführung der Richtlinie 2004/39/EG des Europäischen Parlaments und des Rates in Bezug auf organisatorische Anforderungen an Wertpapierfirmen und die Bedingungen für die Ausübung ihrer Tätigkeit sowie in Bezug auf die Definition bestimmter Begriffe für die Zwecke der genannten Richtlinie (ABl. L 246/26 vom 2. September 2006)

und in diesem Zusammenhang der Frage nachgegangen, ob die Bond-Rechtsprechung des Bundesgerichtshofs[7] zur zivilrechtlichen Haftung eines Anlageberaters durch die EG-Richtlinien beeinflusst wird[8] (nachfolgend unter 2.). Sodann wird die Rückvergütungsrechtsprechung dargestellt (nachfolgend unter 3.).

2. Die Regelung des § 31d WpHG

Das FRUG hat mit § 31d WpHG[9] eine gesetzliche Regelung über Zuwendungen eingeführt. Adressaten der Vorschrift sind neben Anlageberatern und Vermögensverwaltern auch bloße Anlagevermittler. Betroffen sind allerdings nur Wertpapiergeschäfte im Sinn des WpHG. Der Regelungsgehalt der Vorschrift wird zunächst vom Gesetzestext ausgehend[10] erschlossen. Bei der sich anschließenden Frage nach dem mit ihr verfolgten Sinn und Zweck ist insbesondere das Ziel eines hohen Maßes an Anlegerschutz gerade in Bezug auf sog. Kleinanleger zu beachten.[11]

a) Verbot der Annahme von Zuwendungen

Nach § 31d Abs. 1 Satz 1 Hs. 1 WpHG darf ein WpDU im Zusammenhang mit der Erbringung von WpDL[12] oder Wertpapiernebendienstleistungen keine Zuwendungen von Dritten annehmen oder an Dritte gewähren, die nicht Kunden dieser Dienstleistung sind. Da die Anlageberatung nach § 2 Abs. 3 Nr. 9 WpHG eine WpDL ist, ist es einer Bank als WpDU verboten, im Zusammenhang mit der Anlageberatung eine Zuwendung vom Emittenten der Produkte entgegenzuneh-

7 BGH, Urt. v. 6.7.1993 – XI ZR 12/93, BGHZ 123, 126 = ZIP 1993, 1148.

8 Vgl. dazu *Mülbert*, WM 2007, 1149, 1156 f., siehe auch *Mülbert*, ZHR 172 (2008), 170, 190 ff.

9 In der Fassung vom 16. Juli 2007 mit Geltung vom 1. November 2007 (BGBl. I 2007 S. 1330); zu Änderungsabsichten siehe Regierungsentwurf für ein Anlegerschutz- und Funktionsverbesserungsgesetz, abrufbar unter www.bmf.bund.de, auch WM 2010, 1914; zur Erstreckung auf geschlossene Fonds siehe Presseerklärung der Bundesregierung vom 22.9.2010, abrufbar unter www.bundesregierung.de.

10 Norminterpretierende Verwaltungsvorschriften der BAFin binden die Zivilgerichte nicht – vgl. BGH, Urt. v. 24.1.2006 – XI ZR 320/04, ZIP 2006, 504. 506 Tz. 24 m.w.N.; die an die Stelle der Verwaltungsvorschriften getretene WpDVerOV regelt in Bezug auf Zuwendungen lediglich in § 14 Abs. 2 Nr. 5 eine Aufzeichnungspflicht hinsichtlich der Umstände, aus denen sich ergibt, dass eine Zuwendung im Sinne des § 31d Abs. 1 Satz 1 Nr. 1 des Wertpapierhandelsgesetzes darauf ausgelegt ist, die Qualität der für die Kunden erbrachten Dienstleistungen zu verbessern.

11 Die Begründung zum FRUG (BT-Drucks. 16/4028 S. 130) gibt als Ziel eine „Eins-zu-Eins-Umsetzung“ der MiFID und der DRL an. Erwägungsgrund 31 der MiFID nennt als ein Ziel der Richtlinie den Anlegerschutz. Erwägungsgrund 5 der DRL stellt den (Klein-)Anlegerschutz in den Mittelpunkt der Zielsetzung.

12 Nachfolgend verwendete Abkürzung für Wertpapierdienstleistungen.

men, die sie empfehlen will. Die gesetzliche Definition des Begriffs „Zuwendungen“ findet sich in § 31d Abs. 2 WpHG. Danach sind Zuwendungen im Sinne dieser Vorschrift Provisionen, Gebühren oder sonstige Geldleistungen sowie alle geldwerten Vorteile. Darunter fallen auch Rückvergütungen, da sie Provisionen für den Vertrieb der Fondsanteile darstellen.[13] Der Begriff ist aber viel weiter und umfasst auch sonstige Vergünstigungen, so dass auch ein Rabatt auf den Emissionspreis darunter fallen könnte.

Als Zwischenergebnis ist daher festzuhalten, dass es einer Bank, die einen Anleger über die Anlage eines Geldbetrages berät und ihm Kapitalanlagen empfiehlt, die unter das WpHG fallen, verboten ist, jegliche Art von Provisionen des Emittenten der empfohlenen Kapitalanlage anzunehmen.[14] Hierbei handelt es sich um ein gesetzliches Verbot iSv § 134 BGB, wenn der Gesetzgeber mit der Regelung eine allgemein zu beachtende Grundüberzeugung zum Ausdruck gebracht hat. Ob dies der Fall ist, ist nicht Gegenstand dieses Beitrages.

b) Ausnahme vom Verbot der Annahme von Zuwendungen

Vom Verbot der Annahme von Zuwendungen lässt § 31d Abs. 1 Satz 1 Hs. 2 WpHG eine Ausnahme zu, die unter insgesamt drei Bedingungen gestellt ist. § 31d Abs. 1 Hs. 2 Nr. 1 WpHG stellt zwei Bedingungen auf: Die Zuwendung muss darauf ausgelegt sein, die Qualität der für den Kunden erbrachten Dienstleistung zu verbessern und sie darf der ordnungsgemäßen Erbringung der Dienstleistung im Interesse des Kunden im Sinne des § 31 Abs. 1 Nr. 1 WpHG nicht entgegenstehen. § 31d Abs. 1 Hs. 2 Nr. 2 WpHG stellt dann noch eine weitere – für die Praxis wichtige – Bedingung auf: Das WpDU muss Existenz, Art und Umfang der Zuwendung oder, soweit sich der Umfang noch nicht bestimmen lässt, die Art und Weise seiner Berechnung, dem Kunden vor der Erbringung der WpDL oder Wertpapiernebendienstleistung in umfassender, zutreffender und verständlicher Weise deutlich offen legen. Alle drei Bedingungen müssen kumulativ vorliegen, um die Ausnahmevorschrift eingreifen zu lassen.[15] Nach allgemeinen Auslegungsgrundsätzen ist die Ausnahmevorschrift eng auszulegen. Es ist zu bedenken, dass primärer Norminhalt des § 31d WpHG das Verbot der Annahme von Zuwendungen ist und dass dieses Verbot Ausfluss des mit MiFID, DRL und FRUG verfolgten Zieles des (Klein-)Anlegerschutzes ist.

---

13 *Lang/Balzer*, ZIP 2007, 521, 524; *Rozok*, BKR 2007, 217, 218.

14 Ellenberger in Ellenberger/Schäfer/Clouth/Lang, Praktikerhandbuch Wertpapier- und Derivategeschäft, 3. Aufl., Rn. 966.

15 Ellenberger in Ellenberger/Schäfer/Clouth/Lang, Praktikerhandbuch Wertpapier- und Derivategeschäft, 3. Aufl., Rn. 967; unklar *Rozok*, BKR 2007, 217, 223.

aa) Qualitätsverbesserung § 31d Abs. 1 Satz 1 Hs. 2 Nr. 1 Hs. 1 WpHG

(1) Grundtatbestand

Es stellt sich zunächst die Frage, was unter Qualitätsverbesserung im Interesse des Kunden zu verstehen ist. Im Regierungsentwurf[16] heißt es hierzu: „Zuwendungen, die dazu dienen, effiziente und qualitativ hochwertige Infrastrukturen für den Erwerb und die Veräußerung von Finanzinstrumenten aufzubauen oder zu erhalten, können beispielsweise dazu geeignet sein, die Qualität der Dienstleistung zu verbessern." Durch diese zu Recht sehr vorsichtige und vage Formulierung hat der Entwurfsverfasser nicht gesagt, dass das auf Rückvergütungen basierende Vertriebssystem bei Fondsanteilen generell eine Qualitätsverbesserung für den Anleger mit sich bringt.[17] Vielmehr bedarf es hierzu der Überprüfung und Bewertung im Einzelfall, wozu unter Umständen auch wirtschaftswissenschaftliche Gutachten heranzuziehen sind, die den messbaren Nutzen für den Kunden untersuchen.[18]

(2) Vermutung für Qualitätsverbesserung

Zur Qualitätsverbesserung enthält § 31d Abs. 4 WpHG eine Erleichterung in Bezug auf die Feststellung des Bedingungseintritts, die aber ihrerseits wieder unter eine Bedingung gestellt ist. Erfolgt die Annahme einer Zuwendung im Zusammenhang mit einer WpDL nach § 2 Abs. 3 Satz 1 Nr. 9 (das ist die Anlageberatung) oder allgemeinen Empfehlungen, die Geschäfte in Finanzinstrumenten betreffen, und werden diese Dienstleistungen trotz der Zuwendung unvoreingenommen erbracht, ist zu vermuten, dass die Zuwendung darauf ausgelegt ist, die Qualität der für den Kunden erbrachten Dienstleistung zu verbessern.

Festzuhalten ist zunächst, dass diese Vermutung nur die Empfangnahme einer Zuwendung eines WpDU bei die Anlageberatung und bei allgemeinen Empfehlungen erfasst und nicht die Zahlung einer solchen Zuwendung und ausdrücklich auch nicht die Vermögensverwaltung oder die Anlagevermittlung. Bei der Vermögensverwaltung, der Anlagevermittlung und auch bei Zahlungen einer Bank an einen Vermögensverwalter bleibt es beim Grundtatbestand, so dass die Qualitätsverbesserung durch Rückvergütungen positiv festgestellt werden muss.

Weiter ist festzuhalten, dass die Vermutung nur dann eingreift, wenn die Anlageberatung oder die Empfehlung trotz der Zuwendung unvoreingenommen erbracht wird. Die Unvoreingenommenheit ist ein selbständiges Tatbestandsmerkmal des Vermutungstatbestandes, dessen Vorliegen unabhängig von den sonstigen

16 BT-Drucks. 16/4028 S. 42.

17 Ellenberger in Ellenberger/Schäfer/Clouth/Lang, Praktikerhandbuch Wertpapier- und Derivategeschäft, 3. Aufl., Rn. 968; so aber wohl *Rozok*, BKR 2007, 217, 221.

18 Ellenberger in Ellenberger/Schäfer/Clouth/Lang, Praktikerhandbuch Wertpapier- und Derivategeschäft, 3. Aufl., Rn. 968.

Bedingungen (etwa ob § 31 Abs. 1. Nr. 1 WpHG eingehalten wird), eigenständig zu prüfen ist.[19] Die Unvoreingenommenheit ist bereits in dem Fall nicht mehr gegeben, in dem mit der Rückvergütung Vertriebsanreize verbunden sind, die den Anlageberater (oder seinen Arbeitgeber) dazu verleiten, ein bestimmtes Produkt deswegen zu empfehlen, weil davon der persönliche Verdienst des Anlageberaters oder eine Gewinnsteigerung des WpDU abhängt.[20]

Sollte die Unvoreingenommenheit feststehen, so stellt sich die Frage, ob es sich bei der Regelung des § 31d Abs. 4 WpHG um eine widerlegliche oder unwiderlegliche Vermutung handelt, wobei der Zweck des (Klein-)Anlegerschutzes für eine widerlegliche Vermutung streiten könnte.[21]

bb) Offenlegung nach § 31d Abs. 1 Satz 1 Hs. 2 Nr. 2 WpHG

(1) Grundsatz

Die zweite Bedingung für die Ausnahme vom Verbot der Annahme von Zuwendungen ist nach dem Gesetzeswortlaut nur dann erfüllt, wenn Existenz, Art und Umfang der Zuwendung oder, soweit sich der Umfang noch nicht bestimmen lässt, die Art und Weise seiner Berechnung, dem Kunden vor der Erbringung der WpDL oder Wertpapiernebendienstleistung in umfassender, zutreffender und verständlicher Weise deutlich offen gelegt wird. Es ist danach nicht nur die Höhe der Rückvergütung in dem Umfang anzugeben, wie sie dem WpDU bei der Anlageempfehlung bekannt ist, sondern auch die Einzelheiten der Berechnungsmethode (z.B. Staffelung nach Umsatzvolumen), wenn die Vergütung noch nicht bekannt ist.[22]

(2) Erleichterung der Offenlegung

§ 31d Abs. 3 WpHG enthält für den Bedingungseintritt aber eine weitere Modifikation (Ausnahmeerleichterung). Die Offenlegung nach § 31d Abs. 1 Satz 1 Hs. 2 Nr. 2 WpHG kann danach in Form einer Zusammenfassung der wesentlichen Bestandteile der Vereinbarungen über Zuwendungen erfolgen, sofern das WpDU

19 Ellenberger in Ellenberger/Schäfer/Clouth/Lang, Praktikerhandbuch Wertpapier- und Derivategeschäft, 3. Aufl., Rn. 971; a.A. offenbar *Rozok*, BKR 2007, 217, 221.

20 Ellenberger in Ellenberger/Schäfer/Clouth/Lang, Praktikerhandbuch Wertpapier- und Derivategeschäft, 3. Aufl., Rn. 971.

21 Ellenberger in Ellenberger/Schäfer/Clouth/Lang, Praktikerhandbuch Wertpapier- und Derivategeschäft, 3. Aufl., Rn. 972; die BAFin geht nach der Entwurfsbegründung für ein Anlegerschutz und Funktionsverbesserungsgesetz (abrufbar unter www.bmf.bund.de, vgl. auch WM 2010, 1914) ebenfalls von einer widerlegbaren Vermutung aus. Weil die BAFin erhebliche Schwierigkeiten bei der Widerlegung sieht, soll die von der MiFID nicht geforderte Vermutung zukünftig entfallen.

22 Ellenberger in Ellenberger/Schäfer/Clouth/Lang, Praktikerhandbuch Wertpapier- und Derivategeschäft, 3. Aufl., Rn. 973.

dem Kunden die Offenlegung näherer Einzelheiten anbietet und auf Nachfrage gewährt – sog. Zweistufenmodell.[23]

Zunächst ist festzuhalten, dass von dieser Ausnahmeerleichterung nur das in § 31d Abs. 1 Satz 1 Hs. 2 Nr. 2 WpHG enthaltene Tatbestandsmerkmal „umfassend“ betroffen ist, nicht aber die Tatbestandsmerkmale „zutreffend“, „verständlich“ und „deutlich“. Damit ist es jedenfalls nicht zulässig, den Hinweis auf Zuwendungen in Allgemeinen Geschäftsbedingungen möglichst klein gedruckt und eingebettet in sonstige Angaben zu verstecken, sondern er muss für den Anleger deutlich wahrnehmbar und verständlich sein. Außerdem muss auch eine verkürzte Darstellung zutreffend sein. Durch die Verkürzung darf daher kein unzutreffender oder irreführender Eindruck erweckt werden.[24]

Zu der Auslegung dieser Ausnahme von der Ausnahme gilt: Wegen des erklärten Zieles von MiFID, DRL und FRUG, den (Klein-)Anleger zu schützen, ist bereits die Ausnahme vom Verbot der Annahme von Zuwendungen eng auszulegen. Erst Recht muss die zusätzliche Erleichterung der Ausnahme besonders eng begrenzt werden. Daraus folgt, dass ein allgemeiner Hinweis auf Rückvergütungen nicht ausreichend sein kann. Zu den wesentlichen Bestandteilen einer Rückvergütungsvereinbarung gehört gerade auch ihre Höhe. Diese ist, wenn sie feststeht, dem Kunden von dem WpDU ungefragt bereits auf der ersten Stufe mitzuteilen.[25] Nur wenn die Höhe nicht feststeht, kann es nach § 31d Abs. 3 WpHG erlaubt sein, die Größenordnung anzugeben, wobei bereits feststehende Spannen in Prozentpunkten angegeben werden können.[26] § 31d Abs. 3 WpHG will das WpDU lediglich davon entlasten, im Einzelnen komplizierte Berechnungsvorgänge, die eigentlich nach § 31d Abs. 1 Hs. 2 Nr. 2 WpHG dem Anleger ungefragt mitzuteilen sind, ohne Nachfrage mitteilen zu müssen. Ein bewusstes Verschweigen von bekannten und leicht verständlichen Größenangaben ist mit dem Schutz des (Klein-)Anlegers nicht vereinbar.[27]

cc) Interessenwahrung § 31d Abs. 1 Satz 1 Hs. 2 Nr. 1 Hs. 2 WpHG

Als dritte Bedingung für die Ausnahme vom Verbot der Annahme von Zuwendungen ist erforderlich, dass die Zuwendung der ordnungsgemäßen Erbringung der Dienstleistung im Interesse der Kunden im Sinne von § 31 Abs. 1 Nr. 1 WpHG

---

23 Ellenberger in Ellenberger/Schäfer/Clouth/Lang, Praktikerhandbuch Wertpapier- und Derivategeschäft, 3. Aufl., Rn. 974; *Rozok*, BKR 2007, 217, 225.

24 Ellenberger in Ellenberger/Schäfer/Clouth/Lang, Praktikerhandbuch Wertpapier- und Derivategeschäft, 3. Aufl., Rn. 975.

25 Ellenberger in Ellenberger/Schäfer/Clouth/Lang, Praktikerhandbuch Wertpapier- und Derivategeschäft, 3. Aufl., Rn. 976.

26 Ellenberger in Ellenberger/Schäfer/Clouth/Lang, Praktikerhandbuch Wertpapier- und Derivategeschäft, 3. Aufl., Rn. 976; so auch *Rozok*, BKR 2007, 217, 225.

27 Ellenberger in Ellenberger/Schäfer/Clouth/Lang, Praktikerhandbuch Wertpapier- und Derivategeschäft, 3. Aufl., Rn. 976.

nicht entgegensteht. § 31 Abs. 1 Nr. 1 WpHG verpflichtet ein WpDU, eine WpDL ehrlich, redlich und professionell im Interesse seiner Kunden zu erbringen.[28] Das vorsätzliche Verschweigen von Rückvergütungen, die hinter dem Rücken des Anlegers fließen, ist alles andere als ehrlich und redlich. Im Interesse des Kunden ist ein solches Verhalten regelmäßig nicht. Vielmehr wird hierdurch das Vertrauen, das der Anleger naturgemäß in einen Anlageberater und erst Recht in einen Vermögensverwalter hat, gebrochen.[29] Für diese dritte Bedingung gibt es im Gegensatz zu den beiden anderen oben behandelten Bedingungen keine weitere Erleichterung oder Vermutung. Sie muss daher selbstständig und vollständig erfüllt sein, damit die Ausnahme vom Verbot der Annahme von Zuwendungen gegeben ist.[30] Das heißt, dass es einem WpDU allein wegen des Verstoßes gegen § 31 Abs. 1 Nr. 1 WpHG – selbst bei Vorliegen der beiden anderen Bedingungen – nicht gestattet ist, vorsätzlich Art und Höhe einer Rückvergütung zu verheimlichen.[31]

c) Einfluss von MiFID, DRL und FRUG auf das Zivilrecht

aa) Rechtsprechungsgrundsätze

Nach der Rechtsprechung des Bundesgerichtshofs sind die §§ 31 ff. WpHG in erster Linie aufsichtsrechtlicher Natur. Soweit ihnen auch anlegerschützende Funktion zukommt, können sie zwar für Inhalt und Reichweite (vor-)vertraglicher Aufklärungs- und Beratungspflichten von Bedeutung sein. Ihr zivilrechtlicher Schutzbereich geht aber nicht über diese (vor-)vertraglichen Pflichten hinaus. Daraus folgt, dass ihnen keine eigenständige, über die zivilrechtlichen Aufklärungs- und Beratungspflichten hinausgehende schadensersatzrechtliche Bedeutung zukommt.[32] Eine Schutzgesetzeigenschaft dieser Vorschriften im Sinne von § 823 Abs. 2 BGB hat der Bundesgerichtshof ausdrücklich abgelehnt.[33] Daraus folgt, dass die §§ 31 ff. WpHG allenfalls über §§ 241 Abs. 2, 311 Abs. 2 BGB Einfluss auf Inhalt und Umfang der zivilrechtlich anerkannten Aufklärungs- und Beratungspflichten haben können. Das führt aber regelmäßig weder zu einer Erweiterung noch zu einer Begrenzung der zivilrechtlich zu beurteilenden Haftung des Anlageberaters.[34]

---

28 Art. 19 Abs. 1 MiFID.

29 BGH, Urt. v. 19.12.2000 –XI ZR 349/99, BGHZ 146, 235, 239 ff. = ZIP 2001, 230.

30 Ellenberger in Ellenberger/Schäfer/Clouth/Lang, Praktikerhandbuch Wertpapier- und Derivategeschäft, 3. Aufl., Rn. 977; zweifelnd *Rozok*, BKR 2007, 217, 223.

31 Ellenberger in Ellenberger/Schäfer/Clouth/Lang, Praktikerhandbuch Wertpapier- und Derivategeschäft, 3. Aufl., Rn. 977; auch *Assmann*, ZBB 2008, 21, 28.

32 BGH, Urt. v. 19.12.2006 – XI ZR 56/05, BGHZ 170, 226, 232 Tz. 18 = ZIP 2007, 518.

33 BGH, Urt. v. 19.2.2008 – XI ZR 170/07, ZIP 2008, 873, 874 f. Tz. 15 ff.; Urt. v. 22.6.2010 – VI ZR 212/09, WM 2010, 1393.

34 Ellenberger in Ellenberger/Schäfer/Clouth/Lang, Praktikerhandbuch Wertpapier- und Derivategeschäft, 3. Aufl., Rn. 980.

bb) Änderungen durch das FRUG?

Die Änderung des WpHG durch das FRUG hat an dieser rechtlichen Bewertung nichts geändert. Nach wie vor handelt es sich bei dem WpHG um öffentlich-rechtliches Aufsichtsrecht,[35] das unmittelbar keine zivilrechtlichen Pflichten regelt.[36] Es gilt daher auch für die durch das FRUG geänderten §§ 31 ff. WpHG, dass sie als Aufsichtsrecht lediglich Bedeutung für die Auslegung zivilrechtlicher Aufklärungs- und Beratungspflichten haben können, jedoch weder über diese hinausgehen noch sie begrenzen. Es bleibt daher nach nationalem Recht für die Feststellung eines Schadensersatzanspruchs wegen eines Beratungsverschuldens bei den Grundsätzen der Bond-Judikatur.[37]

(1) Vollharmonisierung durch MiFID und DRL?

Eine Vollharmonisierung in Bezug auf sowohl grenzüberschreitende als auch innerstaatliche Sachverhalte ist wegen des für Rechtssetzungsakte der EU elementaren Subsidiaritätsprinzips grundsätzlich nur dann anzunehmen, wenn sie sich eindeutig aus einer Richtlinie ergibt. Das ist unzweifelhaft der Fall, wenn der Richtliniengeber dieses Ziel ausdrücklich in der Richtlinie angegeben hat, wie beispielsweise bei der Zahlungsverkehrsrichtlinie[38] und der Verbraucherkreditrichtlinie[39] geschehen. Eine vergleichbare eindeutige Regelung enthält die MiFID nicht. Im Gegenteil wird ausdrücklich in Erwägungsgrund 71 ausgeführt, dass die Richtlinie das Subsidiaritätsprinzip beachtet und entsprechend dem Verhältnismäßigkeitsprinzip nicht über das zur Erreichung des Ziels der Richtlinie erforderliche Maß hinausgeht. Aus Erwägungsgrund 10 der DRL ergibt sich zudem zweifelsfrei, dass auch die DRL keine Vollharmonisierung beabsichtigt, so dass es auf die Frage, ob die Kommission als Exekutivorgan der EU auf dem Gebiet der Gesetzgebung den demokratisch legitimierten nationalen Parlamenten ihre aus dem

---

35 Ellenberger in Ellenberger/Schäfer/Clouth/Lang, Praktikerhandbuch Wertpapier- und Derivategeschäft, 3. Aufl., Rn. 981; so auch zutreffend *Schäfer/Lang*, in: Clouth/Lang, MiFID-Praktikerhandbuch S. 65, 109 Rn. 232.

36 *Ellenberger*, in: Clouth/Lang, MiFID-Praktikerhandbuch S. 7 Rn. 6; a.A. *Veil*, WM 2007, 1821, 1825; *ders.* ZBB 2008, 34, 40; *Weichert/Wenninger*, WM 2007, 627, 635, die von einer „Doppelnatur“ der §§ 31 ff. WpHG ausgehen.

37 Ellenberger in Ellenberger/Schäfer/Clouth/Lang, Praktikerhandbuch Wertpapier- und Derivategeschäft, 3. Aufl., Rn. 981; die Diskussion über die „Doppelnatur“ der §§ 31 ff. WpHG ist akademischer Art, da auch die Vertreter dieser Ansicht keine weitergehenden – zivilrechtlich schadensersatzbewehrten – Pflichten eines WpDU aufzeigen, als sie nach der Bond-Judikatur bestehen.

38 Art. 86 Abs. 1 der Richtlinie 2007/64/EG des Europäischen Parlaments und des Rates über Zahlungsdienste im Binnenmarkt vom 13. November 2007 (ABl. L 319/1).

39 Art. 22 Abs. 1 der Richtlinie 2008/48/EG des Europäischen Parlaments und des Rates vom 23. April 2008 über Verbraucherkreditverträge (ABl. L 133/66).

Demokratieprinzip zustehenden Rechte und Pflichten auf eine eigenständige parlamentarische Willensbildung nehmen kann,[40] nicht ankommt.[41]

(2) Begrenzung des Anlegerschutzes durch MiFID und DRL?

Teilweise wird befürwortet, das Niveau des Anlegerschutzes sei nach oben hin durch MiFID und DRL begrenzt.[42] Eine Vollharmonisierung mit begrenzten Abweichungsmöglichkeiten für den nationalen Gesetzgeber[43], lässt sich der MiFID für rein innerstaatliche Sachverhalte aber nicht entnehmen.[44] Auch ist sehr zweifelhaft, ob dem nationale Parlament[45] durch eine Exekutivrichtlinie (Art. 4 DRL) eine Vollharmonisierung vorgegeben werden kann.[46] Jedenfalls regeln MiFID und DRL keine zivilrechtlichen Sachverhalte[47], sondern Aufsichtsrecht

---

40 Vgl. dazu BVerfG, Urt. v. 12.10.1993 – 2 BvR 2134/02 u. 2159/02, BVerfGE 89, 155 = ZIP 1993, 1636, 1643 f. (Vertrag von Maastricht); Urt. v. 18.7.2005 – 2 BvR 2236/04, BVerfGE 113, 273 = NJW 2005, 2289, 2291 f. (Europäischer Haftbefehl; und Urt. v. 30.6.2009 – 2 BvE/2/08 u.a. BVerfGE 123, 267 = NJW 2009, 2267 (Vertrag von Lissabon).

41 Die 2. Stufe des Lamfalussy-Verfahrens betrifft ausdrücklich nur den Erlass „technischer Umsetzungsmaßnahmen", worauf in Erwägungsgrund 64 der MIFID zutreffend hingewiesen wird. Durch „technische Umsetzungsmaßnahmen" kann die den Richtliniengebern der EU (Parlament und Rat) vorbehaltene Entscheidung über eine Vollharmonisierung nicht ersetzt werden. Erst Recht können die auf der 3. Stufe des Lamfalussy-Verfahrens erlassenen Leitlinien und Empfehlungen des Ausschusses der europäischen Wertpapierbehörden (CESR) keine verbindliche Harmonisierung vorgeben, weil sie keine demokratische Legitimation haben und daher keine Kompetenzen übernehmen und keine rechtlich verbindlichen Entscheidungen treffen können. Äußerungen dieses Behördengremiums sind unverbindlich (vgl. Schlussfolgerungen des Ecofin-Rates vom 4. Dezember 2007 – NZG 2008, 64; siehe auch *Schumacher*, BKR 2007, 447, 448; a.A. offenbar *Möllers*, WM 2008, 93, 96). Siehe auch kritisch zum Komitologieverfahren nach Art. 290 f. AEUV – Beer, EuZW, 2010, 201.

42 *Mülbert*, ZHR 172 (2008), 170, 176 ff.; die Berufung auf Art. 31 MiFID begegnet Bedenken, da diese Vorschrift ausdrücklich nur die grenzüberschreitende Tätigkeit eines WpDU und Art. 32 MiFID nur die Filialtätigkeit ausländischer WpDU betrifft; im Übrigen sind die Mitgliedstaaten in der Wahl der Form und der Mittel nach Art. 249 Abs. 3 EGV frei und können grds. auch die Vorgabe einer Richtlinie überschreiten (vgl. EuGH, EuZW 2008, 411 ff.).

43 So *Möllers*, WM 2008, 91, 96; in diesem Sinne hat der EuGH etwa die Arzneimittelwerberichtlinie ausgelegt (EuGH, EuZW 2008, 25, 27 – Gintec).

44 Ellenberger in Ellenberger/Schäfer/Clouth/Lang, Praktikerhandbuch Wertpapier- und Derivategeschäft, 3. Aufl., Rn. 983.

45 Auf das allein nach Art. 38 GG der Wahlbürger Einfluss hat – BVerfG, Urt. v. 12.10.1993 – 2 BvR 2134/02 u. 2159/02, BVerfGE 89, 155 = ZIP 1993, 1636, 1643 f. (Vertrag von Maastricht) und Urt. v. 30.6.2009 – 2 BvE/2/08 u.a, BVerfGE 123, 267 = NJW 2009, 2267 (Vertrag von Lissabon).

46 So *Mülbert*, ZHR 172 (2008), 170, 178 ff.; ähnlich für die Vollharmonisierung durch das Lamfalussy-Verfahren *Möllers*, WM 2008, 91, 96.

47 So zutreffend *Möllers*, WM 2008, 91, 96.

und damit öffentliches Recht.[48] Von Richtlinien, die Aufsichtsrecht, regeln, kann nicht angenommen werden, dass sie die Vollharmonisierung auch des Zivilrechts bewirken.[49] Sie regeln den Inhalt eines zivilrechtlichen Beratungsvertrages nicht und schränken insbesondere die Privatautonomie nicht ein.[50] Was Inhalt eines zivilrechtlichen Beratungsvertrages ist, richtet sich nach dem Parteiwillen und der individuellen Aufklärungsbedürftigkeit eines Anlegers, nicht aber nach aufsichtsrechtlichen Parametern.[51]

3. Zivilrechtliche Grundsätze zu Rückvergütungen

Die zivilrechtliche Pflicht, über Rückvergütungen aufzuklären, stellt einen Teilaspekt der allgemein anerkannten Aufklärungspflichten im Rahmen eines Kapitalanlageberatungsvertrages dar. Es gelten daher grundsätzlich die allgemein anerkannten Regeln. Die Grundregel lautet: Zivilrechtliche Aufklärungspflichten sind nicht um ihrer selbst Willen da, sondern dienen dem Ausgleich eines Informationsgefälles. Ein informierter Anleger muss danach nicht aufgeklärt werden. Daraus folgt, dass der Anleger, der Art und Höhe der Rückvergütung kennt, im Beratungsgespräch nicht noch mal ausdrücklich darauf hingewiesen werden muss. Das ist etwa dann der Fall, wenn die beratende Bank als Empfängerin der der Höhe nach korrekt ausgewiesenen Vertriebsprovision in einem dem Anleger rechtzeitig vor der Anlageentscheidung übergebenen Verkaufsprospekt ausdrücklich genannt ist.[52]

a) Aufklärungspflichtige Personen

Die Rechtsprechung zu Rückvergütungen[53] befasst sich mit der Pflichte zur Aufklärung über Rückvergütungen im Rahmen eines Anlageberatungsvertrages[54] im Bankensektor. Es befasst sich nicht mit Pflichten außerhalb eines Anlageberatungsvertrages, etwa beim beratungslosen Vertrieb oder der bloßen Anlagevermittlung.[55] Es befasst sich auch nicht mit der Anlageberatung außerhalb des Banken-

---

48 *Koller*, in: Festschrift für Huber S. 821, 839 f.; *Assmann*, ZBB 2008, 21, 29 f.; a.A. *Mülbert*, ZHR 172 (2008), 170, 183 ff.

49 *Assmann*, ZBB 2008, 21, 30.

50 *Veil*, ZBB 2008, 34, 41; auch *Möllers*, WM 2008, 91, 96.

51 Ellenberger in Ellenberger/Schäfer/Clouth/Lang, Praktikerhandbuch Wertpapier- und Derivategeschäft, 3. Aufl., Rn. 983.

52 BGH, Urt. v. 27.10.2009 – XI ZR 338/08, WM 2009, 2306, Tz. 31.

53 BGH, Urt. v. 19.12.2006 – XI ZR 56/05, BGHZ 170, 226 = ZIP 2007, 518.

54 Zur Dogmatik des Beratungsvertrages siehe Ellenberger/Schäfer, Fehlgeschlagene Wertpapieranlagen S. 59, 61 ff.

55 BGH, Beschl. v. 20.1.2009 – XI ZR 510/07, WM 2009, 405, Tz. 10; zur Unterscheidung Anlageberatung/Anlagevermittlung siehe BGH, Urt. v. 13. Mai 1993 – III ZR 25/92,

sektors durch nicht bankgebundene freie Berater wie AWD. Diese trifft nach der Rechtsprechung des Bundesgerichtshofs keine (ungefragte) Aufklärungspflicht, da der Anleger bei ihnen von einer durch den Produktanbieter „eingepreiste" Vergütung ausgehen muss und deshalb die Höhe, wenn sie ihn interessiert, erfragen muss.[56] Die Unterscheidung zur Beratung im Bankensektor rechtfertigt sich daraus, dass der Bankkunde in der Regel bei „seiner" Bank eine Reihe von kostenpflichtigen Vertragsverhältnissen unterhält, insbesondere auf Dauer angelegte Vertragsverhältnisse wie einen Zahlungsdiensterahmenvertrag oder einen Depotvertrag.[57] Der Erwartungshorizont der Kunden einer anlageberatenden (Haus-)Bank unterscheidet sich insofern von dem der Kunden eines freien Anlageberaters, der keinerlei Vergütung von dem Kunden erhält. Hinzu kommt, dass eine anlageberatende Bank ungefragt auch über die Höhe der erhaltenen Rückvergütungen aufklären muss[58] und der Bundesgerichtshof bei den Kunden einer Bank – anderes als bei den Kunden eines freien Anlageberaters[59] – keine Nachfrageobliegenheit statuiert hat.

b) Begriff der Rückvergütung

Rückvergütungen im Sinne der Rechtsprechung liegen vor, wenn die beratende Bank, die Anteile z.B. an Aktienfonds empfiehlt, von den offen ausgewiesenen Vertriebsprovisionen wie Ausgabeaufschlägen und den jährlichen Verwaltungsgebühren der Fondsgesellschaften, die der Bankkunde über die Bank an die Gesellschaften zu zahlen hat, von den Fondsgesellschaften hinter dem Rücken des Anlegers umsatzabhängig einen Teil oder ganz als Provision rückvergütet erhält, so dass sie ein für den Kunden nicht erkennbares besonderes Interesse hat, gerade diese Beteiligung zu empfehlen.[60] Hierbei handelt es sich regelmäßig um Vertriebsprovisionen, die den Absatz der Fondsanteile fördern sollen und bei denen der Bankkunde über das dadurch geschaffene Absatzinteresse seiner ihn beratenden Bank getäuscht wird. Werden Vertriebsprovisionen in einem Verkaufsprospekt als Kosten der Eigenkapitalbeschaffung dem Inhalt und der Höhe nach korrekt ausgewiesen **und** ist die beratende Bank als Empfängerin dieser Provision ausdrück-

---

WM 1993, 1238, 1239; v. 12. Februar 2004 – III ZR 359/02, WM 2004, 631, 633, insofern in BGHZ 158, 110 nicht abgedruckt, und v. 7. Oktober 2008 – XI ZR 89/07, WM 2008, 2166, 2177 Tz. 11.

56 BGH, Urt. v. 15. April 2010 – III ZR 196/09. WM 2010, 885; nach OLG Stuttgart ZIP 2010, 824 (rechtskräftig) gilt die Rückvergütungsrechtsprechung aber für solche Anlageberater, die im Rahmen eines als Dauerschuldverhältnisses ausgestalteten Beratungsdienstvertrags Anlageberatung durchführen.

57 BGH, Urt. v. 15. April 2010 – III ZR 196/09. WM 2010, 885, Tz. 12.

58 BGH, Urt. v. 19.12.2006 – XI ZR 56/05, BGHZ 170, 226, Tz. 24 = ZIP 2007, 518.

59 BGH, Urt. v. 15. April 2010 – III ZR 196/09. WM 2010, 885, Tz. 13.

60 BGH, Urt. v. 27.10.2009 – XI ZR 338/08, WM 2009, 2306, Tz. 31.

lich genannt, handelt es sich daher nicht um versteckte Rückvergütungen.[61] Auf die so ausgewiesenen Provisionen muss ein Anleger nicht noch einmal ausdrücklich hingewiesen werden, wenn er den Verkaufsprospekt so rechtzeitig vor seiner Anlageentscheidung erhalten hat, dass er sich mit seinem Inhalt vertraut machen konnte.[62] Bei der Frage, ob der Anleger sich mit dem Prospektinhalt vertraut machen konnte, kommt es auf die individuelle Auffassungsgabe des jeweiligen Anlegers an. Bedient sich der Anleger professioneller Hilfe eines Steuerberaters, wird man auf dessen Erkenntnismöglichkeiten abstellen können.[63]

Keine Rückvergütungen sind sog. versteckte Innenprovisionen, die im Erwerbspreis des Fondsobjekts oder in der auf das Fondsobjekt bezogenen Wertangabe enthalten sind und so beim Anleger eine falsche Vorstellung von der Werthaltigkeit der Kapitalanlage erzeugen. Über solche versteckten Vertriebsprovisionen hat der Anlageberater nach anderen Grundsätzen aufzuklären,[64] auf die hier nicht näher eingegangen wird.

c) Kausalität

Bei der fehlerhaften Anlageberatung ist nach ständiger Rechtsprechung des Bundesgerichtshofs bereits der Erwerb der Kapitalanlage aufgrund einer fehlerhaften Information ursächlich für den späteren Schaden, weil der ohne die erforderliche Aufklärung gefasste Anlageentschluss von den Mängeln der fehlerhaften Aufklärung beeinflusst ist. Auf die Gründe, warum die Kapitalanlage später im Wert gefallen ist, kommt es nicht an.[65]

aa) Vermutung aufklärungsrichtigen Verhaltens

Steht eine Aufklärungspflichtverletzung fest, streitet für den Anleger die „Vermutung aufklärungsrichtigen Verhaltens". Hierbei handelt sich nicht lediglich um einen Anscheinsbeweis, sondern um eine Beweislastumkehr. Das heißt, dass der Aufklärungspflichtige beweisen muss, dass der Anleger die Kapitalanlage auch bei richtiger Aufklärung erworben hätte, er also den unterlassenen Hinweis unbe-

---

61 BGH, Urt. v. 27.10.2009 – XI ZR 338/08, WM 2009, 2306, Tz. 31.

62 BGH, Urt. v. 25.9.2007 – XI ZR 320/06, BKR 2008, 199, Tz. 17 und v. 27.10.2009 – XI ZR 338/08, WM 2009, 2306, Tz. 31.

63 Ellenberger in Ellenberger/Schäfer/Clouth/Lang, Praktikerhandbuch Wertpapier- und Derivategeschäft, 3. Aufl., Rn. 944.

64 Vgl. dazu BGH, Urt. v. 1.3.2004 – II ZR 88/02, WM 2004, 928, 930; Urt. v. 12.2.2004 – III ZR 359/02, BGHZ 158, 110, 118 und Urt. v. 10. Juli 2007 – XI ZR 243/05, WM 2007, 1831.

65 BGH, Urt. v. 14.1.2002 – II ZR 40/00, NJW 2002, 1711; *Ellenberger*, in: Ellenberger/Schäfer, Fehlgeschlagene Wertpapieranlagen S. 59, 87 m.w.N.

achtet gelassen hätte.[66] Diese „Vermutung aufklärungsrichtigen Verhalten" gilt grundsätzlich für alle Aufklärungsfehler eines Anlageberaters, also auch für die fehlende Aufklärung über Rückvergütungen.[67]

bb) Entscheidungskonflikt

Die Vermutung greift dann nicht ein, wenn sich der Anleger bei gehöriger Aufklärung in einem Entscheidungskonflikt befunden hätte, wenn es also nicht nur eine bestimmte Möglichkeit aufklärungsrichtigen Verhaltens gibt.[68] Davon kann bei verschwiegenen Rückvergütungen nicht einfach wegen deren Geringfügigkeit im Verhältnis zur Anlagesumme ausgegangen werden.[69] Ein Entscheidungskonflikt kann sich jedoch in Bezug auf den konkret betroffenen Anleger aus seinem bisherigen Anlageverhalten ergeben, so beispielsweise dann, wenn er bereits vor dem streitgegenständlichen Geschäft vergleichbare Produkte auf eigene Initiative erworben hat, um deren besondere Gewinnchancen wahrzunehmen.[70] Ist in einem solchen Fall offen, wie der Anleger sich bei gehöriger Aufklärung verhalten hätte, trifft ihn wieder die Beweislast dafür, dass die Anlage bei gehöriger Aufklärung nicht erworben hätte.[71] Ähnliches kann sich unter Umständen auch aus dem Anlageverhalten des Anlegers ergeben, das er nach dem streitgegenständlichen Geschäft an den Tag gelegt hat.

cc) Widerlegung der Vermutung

Die Vermutung ist durch den Berater (die beratende Bank) widerlegbar. Die beratende Bank kann daher den Beweis dafür erbringen, dass der konkret betroffene Anleger auch in Kenntnis der verschwiegenen Rückvergütung die empfohlene Kapitalanlage erworben hätte.[72] Ein Indiz dafür kann etwa sein, wenn der Anleger vergleichbare Produkte in Kenntnis von dort geflossenen Rückvergütungen erwor-

66 BGH, Urt. v. 16.11.1993 – XI ZR 214/92, BGHZ 124, 151, 159 f.; v. 14.5.1996 – XI ZR 188/95, WM 1996, 1214, 1216; v. 7.5.2002 – XI ZR 197/01, BGHZ 151, 5, 12; v. 13.7.2004 – XI ZR 178/03, WM 2004, 1774, 1777 und v. 2.3.2009 – II ZR 266/07, WM 2009, 789, Tz. 6 m.w.N.

67 BGH, Urt. v. 19.12.2006 – XI ZR 56/05, ZIP 2007, 518, 521 Tz. 27, insoweit in BGHZ 170, 226 nicht abgedruckt und Urt. v. 12.5.2009 – XI ZR 586/07, WM 2009, 1274, Tz. 22; a.A. *Lang/Balzer* ZIP 2007, 518, 523.

68 BGH, Urt. v. 16.11.1993 – XI ZR 214/92, BGHZ 124, 151, 159 f.; v. 7.5.2002 – XI ZR 197/01, BGHZ 151, 5, 12 = WM 2002, 1442, 1444 m.w.N.

69 OLG Köln, WM 2003, 338, 340 f.

70 BGH, Urt. v. 13.7.2004 – XI ZR 178/03, BGHZ 160, 58, 66 f. = WM 2004, 1775, 1777.

71 BGH, Urt. v. 13.7.2004 – XI ZR 178/03, BGHZ 160, 58, 67 = WM 2004, 1775, 1777.

72 LG Schweinfurt, WM 2009, 1696, 1697.

ben hat[73] oder wenn es dem konkret betroffenen Anleger auf eine bestimmte Steuerersparnis ankam, die nur mit diesem Produkt zu erzielen war.[74]

d) Verschulden

Das Verschulden wird nach allgemeinen Grundsätzen bei Vorliegen einer Pflichtverletzung nach § 280 Abs. 1 Satz 2 BGB (früher § 282 BGB a.F.) vermutet. Der Aufklärungspflichtige muss danach darlegen und beweisen, dass ihn kein Verschulden trifft.[75] Zum Verschulden gehören Vorsatz und Fahrlässigkeit (§ 276 BGB). Daher hat der fehlerhaft Beratende gegebenenfalls auch zu beweisen, dass er nicht vorsätzlich gehandelt hat. Eine unterschiedliche Verteilung der Beweislast, jenachdem ob Vorsatz, grobe Fahrlässigkeit oder einfache Fahrlässigkeit in Frage steht, ist im Rahmen des § 280 Abs. 1 Satz 2 BGB nach dem Gesetzeswortlaut und dem Sinn und Zweck der Regelung nicht möglich.[76] Das gilt auch dann, wenn nur noch eine Vorsatzhaftung im Streit ist, weil die Haftung für fahrlässiges Aufklärungsverschulden bereits nach § 37a WpHG verjährt ist.[77] Anders als bei einer Haftung aus § 826 BGB oder dem Aufrechnungsverbot nach § 393 BGB[78] ist bei der Haftung wegen Aufklärungsverschuldens der Vorsatz kein Tatbestandsmerkmal der Anspruchsnorm. Allein die Tatsache, dass fahrlässiges Verhalten bereits verjährt ist, führt nicht dazu, dass der Vorsatz zum anspruchsbegründenden Tatbestandsmerkmal des § 280 Abs. 1 Satz 1 BGB wird.[79]

Für die Frage des Verschuldens kommt es nicht nur auf den unmittelbar handelnden Bankmitarbeiter an, sondern auch darauf, ob der Bank ein Organisationsverschulden vorzuwerfen ist. Eine Bank muss ihren Geschäftsbetrieb so organisieren, dass bei ihr vorhandenes Wissen ihren Mitarbeitern zur Verfügung steht und von diesen auch genutzt wird.[80] Bei der Frage des Verschuldens kann auch die Kenntnis der Ziffer 2.2 der BAWe-Richtlinie vom 26.5.1997 zur Konkretisierung der §§ 31 und 32 WpHG für das Kommissions-, Festpreis- und Vermittlungs-

73 Ähnlich LG Stuttgart, WM 2009, 1697, 1699; zur Kausalitätsverneinung bei Kenntnis von Rückvergütungen und unterlassener Nachfrage nach der konkreten Höhe siehe OLG Frankfurt, Urt. v. 24.6.2009 – 17 U 307/08, WM 2010, 1313 (rechtskräftig).

74 Ellenberger in Ellenberger/Schäfer/Clouth/Lang, Praktikerhandbuch Wertpapier- und Derivategeschäft, 3. Aufl., Rn. 956.

75 BGH, Urt. v. 18.1.2007 – III ZR 44/06, WM 2007, 542, 543 Tz. 18 und v. 12.5.2009 – XI ZR 586/07, WM 2009, 1274, Tz. 17; Palandt/*Grüneberg*, BGB 69. Aufl. § 280 Rn. 40 m.w.N.

76 BGH, Urt. v. 23.12.1966 – V ZR 26/64, BGHZ 46, 260, 267 und v. 12.5.2009 – XI ZR 586/07, WM 2009, 1274, Tz. 17.

77 BGH, Urt. v. 12.5.2009 – XI ZR 586/07, WM 2009, 1274, Tz. 18..

78 Vgl. dazu BGH, Urt. v. 12.10.1993 – IX ZR 155/92, WM 1993, 2251, 2252.

79 BGH, Urt. v. 12.5.2009 – XI ZR 586/07, WM 2009, 1274, Tz. 17.

80 BGH, Urt. v. 12.5.2009 – XI ZR 586/07, WM 2009, 1274, Tz. 14 m.w.N.

geschäft der Kreditinstitute[81] ersetzt durch der Ziffer 1.2 der entsprechenden BAWe-Richtlinie vom 9. Mai 2000[82] und diese ersetzt durch Ziffer 1.2 der entsprechenden BAFin-Richtlinie vom 23.8.2001[83] eine Rolle spielen. Ebenso die Kenntnis der Rechtsprechung zur auftrags- und kommissionsrechtlichen Auskunfts- und Herausgabepflicht (§§ 666, 667 BGB, § 384 Abs. 2 HGB) in Bezug auf heimlich hinter dem Rücken des Auftraggebers geflossene Zahlungen.[84]

e) Schuldausschließender Rechtsirrtum

Für die Frage, ob der Anlageberater (oder die beratende Bank) schuldhaft gehandelt hat, kommt es auf die Erkenntnislage zum Zeitpunkt der begangenen Pflichtverletzung an.[85] Dabei entlastet ein das Verschulden ausschließender Rechtsirrtum des Anlegeberaters nicht ohne weiteres die Bank, für die er tätig ist.[86] Nach der im Zivilrecht herrschenden Schuldtheorie entfällt der Vorsatz bereits bei einem bloßen Rechtsirrtum.[87] Auf die Frage, ob der Rechtsirrtum vermeidbar war oder nicht, kommt es für den Ausschluss einer Vorsatzhaftung nicht an.

Wenn der Vorsatz entfällt, bleibt aber regelmäßig die Haftung wegen Fahrlässigkeit bestehen.[88] Diese entfällt nur dann, wenn der Rechtsirrtum unvermeidlich war.[89] An einen unvermeidbaren Rechtsirrtum sind strenge Maßstäbe anzulegen, wobei der Schuldner die Rechtslage sorgfältig prüfen sowie erforderlichenfalls Rechtsrat einholen und die höchstrichterliche Rechtsprechung sorgfältig beachten muss.[90] Dabei ist zu beachten, dass es vor dem 19.12.2006 keine Rechtsprechung gab, die die heimliche Annahme von Rückvergütungen ohne Aufklärung erlaubte. Das Gegenteil war der Fall.[91] Auch im Schrifttum wurde eine

---

81 BAnz. 1997 S. 6586.
82 BAnz. 2000 S. 13792.
83 BAnz. 2001 S. 19217.
84 BGH, Urt. v. 12.5.2009 – XI ZR 586/07, WM 2009, 1274, Tz. 15 m.w.N.
85 BGH, Urt. v. 5. Juni 2007 – XI ZR 348/05. WM 2007, 1367, 1369 Tz. 21.
86 Sollte dem Anlageberater die erforderliche Kenntnis fehlen, kommt es darauf an, ob die Bank, deren Angestellter er ist, über diese Kenntnis verfügte, da sie ihm diese Kenntnis hätte zur Verfügung stellen müssen – vgl. BGH, Urt. v. 15.4.1996 – XI ZR 105/96, NJW 1997, 1917 f. m.w. N.; auch Koller ZBB 2007, 197, 201; Kümpel, Bank- und Kapitalmarktrecht 3. Aufl. Rn. 16.548.
87 BGH, Urt. v. 19.12.2006 – XI ZR 56/05, BGHZ 170, 226, 235 Tz. 25 = ZIP 2007, 518 und vom 5.6.2007 – XI ZR 348/05. WM 2007, 1367, 1369 Tz. 21.
88 Palandt/*Grüneberg*, BGB 69. Aufl. § 276 Rn. 11.
89 BGH, Urt. v. 12.5.1992 – VI ZR 257/91, BGHZ 118, 201, 208.
90 BGH, Urt. v. 14.6.1994 – XI ZR 210/93, WM 1994, 1513, 1614 und v. 4.7.2001 – VIII ZR 279/00, WM 2001, 2012, 2014.
91 BGH, Urt. v. 19.12.2000 – XI ZR 349/99, BGHZ 146, 235 = ZIP 2001, 230, nachfolgend OLG Köln, WM 2003, 338 – (rechtskräftig); vorher bereits BGH, Urt. v. 28.2.1989 – XI ZR 70/88, WM 1989, 1047, 1051 und vom 6.2.1990 – XI ZR 184/88, WM 1990, 462,

entsprechende Aufklärungspflicht von namhaften Autoren vertreten.[92] Der Bundesgerichtshof hat die streitige Rechtsfrage[93] durch Beschluss vom 29. Juni 2010[94] dahingehend entschieden, dass eine Bank sich jedenfalls für die Zeit nach 1990 nicht auf einen unvermeidbaren Rechtsirrtum über Bestehen und Umfang einer Aufklärungspflicht über Rückvergütungen berufen kann.

464; siehe auch RG, JW 1905, 118 und BGH, Urt. v. 20.5.1987 – IVa ZR 36/86, WM 1987, 960, 961; deswegen liegt auch entgegen der Ansicht von Herdegen (WM 2009, 2202) keine rückwirkende Rechtsprechungsänderung vor.

92 Assmann/Schneider/Koller, WpHG, 2. Aufl., 1999, § 31 Rn. 74; Kümpel, Bank- und Kapitalmarktrecht, 2. Aufl., 2000, Rn. 8.194 f. und 16.440; Schäfer, Haftung für fehlerhafte Anlageberatung und Vermögensverwaltung, 2. Aufl., 1995, S. 28; ders. In Schwintowski/Schäfer, Bankrecht, 1. Aufl., 1997, § 11 Rn. 84 ff.; ders. In Schäfer/Müller, Haftung für fehlerhafte Wertpapierdienstleistungen, 1999, S. 62; ders, Wertpapierhandelsgesetz, Börsengesetz, Verkaufsprospektgesetz, 1999, § 31 WpHG Rn. 82; auch Claussen, Bank- und Börsenrecht, 2. Aufl., 2000, § 6 Rn. 39 ff.).

93 Rechtsirrtum verneinend: OLG Celle, WM 2009, 1794, 1796 (rechtskräftig), OLG Karlsruhe, OLGReport 2009, 364 (rechtskräftig) und NZG 2009, 1155 (rechtskräftig) und OLG Stuttgart (WM 2009, 2312 (rechtskräftig); Palandt/Grüneberg, BGB, 69. Aufl., § 276 Rn. 22; Theewen, EWiR 2009, 701;a.A. Rechtsirrtum bejahend: OLG Dresden, WM 2009, 1689 (aufgehoben durch AU v. 16.3.2010); OLG Oldenburg, NZG 2009, 1315 (aufgehoben durch AU v. 23.2.2010); Casper, ZIP 2009, 2409; Veil, WM 2009, 2193; Herresthal, ZBB 2009, 2409; Harnos, BKR 2009, 316, Grys/Geist, BKR 2009, 127.

94 BGH, Beschl. v. 29.6.2010 – XI ZR 308/09, WM 2010, 1694.

Aktuelle Rechtsprechung der Oberlandesgerichte zum WpHG

Karl Peter Puszkajler,
Vorsitzender Richter am OLG München

I. Vorbemerkungen

Anschließend an die Behandlung grundsätzlicher Fragen (Referat Prof. Dr. Habersack) und an die Darstellung der Erkenntnisse des Bundesgerichtshofs (Referat RiBGH Dr. Ellenberger) soll die Tour d'Horizon der aktuellen Probleme im Anlegerrecht nachfolgend durch eine Betrachtung der aktuellen Rechtsprechung der Oberlandesgerichte abgerundet werden.

1. Beschränkung des Themas

Selbstredend kann hier **die** Rechtsprechung **der** Oberlandesgerichte nicht einmal im Ansatz vollständig oder repräsentativ referiert werden. Ich werde mich daher auf einige in den letzten 18 Monaten veröffentlichten Entscheidungen sowie auf das eine oder andere beim 19. Senat des OLG München anhängige Verfahren beschränken.

Der Beitrag befasst sich ferner nur mit der oberlandesgerichtlichen Rechtsprechung zu den Verhaltensregeln der §§ 31 ff. WpHG, also zu den sog. Beratungspflichten und deren Kehrseite, den Beratungsfehlern. Folglich wird die Rechtssprechung zu Insidergeschäften (§§ 12 ff. WpHG), Mitteilungspflichten (§§ 21 ff. WpHG) u.a. nicht behandelt, zumal die damit verbundenen Rechtsfragen idR nicht bankenspezifisch sind. Nicht Gegenstand des Referats sind schließlich Fehler, die speziell bei der Beratung über Immobilien- und Medienfonds auftreten, auf die das WpHG nicht anwendbar ist.

Die Auswertung der Rechtsprechung wird durch die übertriebene Anonymisierung von Entscheidungen („Schwärzen“) unnötig erschwert. Die Wahrung berechtigter Interessen der Prozessparteien darf nicht zu der Tilgung eines jeden Eigennamens aus den veröffentlichten Entscheidungen führen. Aus ihnen sollte sich jedenfalls die genaue Bezeichnung des erworbenen Wertpapiers, Fonds, Anteils etc. ergeben, um eine effiziente Recherche zu ermöglichen.

2. Belastung der Instanzgerichte oder von Schrottimmobilien über Schrottfonds zu Schrottzertifikaten[1]

Die mit Banksachen befassten Senate bei den Oberlandesgerichten sind in den letzten Jahren im Wesentlichen mit der Aufarbeitung von Verlusten enttäuschter Anleger befasst gewesen. Ging es früher um den Erwerb und Finanzierung von sog. Schrottimmobilien oder Immobilienfondsanteilen und beschäftigten später Beteiligungen an Medienfonds die Gerichte, stehen nach dem Zusammenbruch des neuen Marktes und nach der weltweiten Finanzkrise nunmehr zunehmend Fälle, die den Erwerb von (strukturierten) Wertpapieren betreffen, im Mittelpunkt der Entscheidungen.

Während der Erwerb von Beteiligungen häufig der Vermeidung von Steuern diente und deren Vermittlung nicht das klassische Kerngeschäft von Banken betraf – vielleicht ist auch deshalb hier die Zahl der Prozesse so hoch, ist der Gegensatz von Rendite und Risiko für den Wertpapierhandel kennzeichnend. Dieser stellt geradezu den Inbegriff des Bankgeschäfts dar. Die Kompetenz der Banken in dieser Materie bildet(e) für die Bankkunden die Grundlage einer oft langjährigen Vertrauensbeziehung.

3. Einzelfallentscheidungen oder umfassende Vergleiche?

Durch die Zunahme der Anlegerklagen sind jedenfalls die größeren Instanzgerichte an Kapazitätsgrenzen geraten. Die Einreichung von tausenden Einzelklagen und deren nachfolgende ZPO-gerechte Abarbeitung durch die Instanzen verrät keinen rationalen und rationellen Umgang mit der Ressource Rechtsprechung. Alle Beteiligten sollten sich selbstkritisch befragen, ob wir so weiter machen können. Besonders hinderlich erscheinen mir das ausgeprägte Lagerdenken – hier gute bzw. gierige Verbraucherschützer, dort böse bzw. stets fehlerfrei beratende Banken – und die gebetsmühlenartige Berufung auf die unbedingt zu vermeidende Schaffung eines Präzedenzfalls durch einen Vergleich. Zudem hat – jedenfalls in München – das KapMuG nicht zu einer raschen Klärung einer Vielzahl gleichgelagerter Fälle geführt und sich deshalb auch nicht bewährt. Langfristig werden wir m.E. auf den Luxus der differenzierten Einzelfallentscheidung zu Gunsten von alle Anleger eines Fonds umfassenden Lösungen i.S.v. „Gesamtvergleichen“ verzichten müssen. Ein weiteres ungelöstes Problem, das allerdings der gesetzlichen Regelung bedürfte, ist das wegen der Insolvenzgefahr ausgelöste „Windhundrennen“ um einen frühen Titel. Alle Anleger sollten als Gefahrengemeinschaft aus einem treuhänderisch verwalteten „Topf“ bedient werden.

---

1 So plakativ *Podewils/Reisich* NJW 2009, 116.

II. Lehman[2]

Sucht man in juristischen Datenbanken unter dem Stichwort WpHG nach oberlandesgerichtlicher Rechtsprechung dominieren neben Entscheidungen zur Rückvergütungsproblematik solche zu Zertifikaten, die von Lehman Bros. emittiert waren oder die als Underlying die Bonität der Lehman Bros. betrafen. Nachfolgend werden *pars pro toto* einige OLG-Entscheidungen zu den wesentlichen Fragen der für den oder besser vor dem Verkauf solcher Wertpapiere erforderlichen Beratungspflichten vorgestellt. Aus diesen Urteilen ergibt sich, dass der Sachvortrag der Parteien – auch hinsichtlich der Qualität – höchst unterschiedlich ist und dass daneben eine – den eigenen Vortrag oft entwertende – Tendenz zur übertreibenden Darstellung besteht, auf Anlegerseite etwa zur Verleugnung jeglicher Beratung oder auf Bankenseite zur Darstellung des Anlegers als renditegeilen Zocker.

Die klägerischen Anwälte stützen ihre Schadensersatzansprüche zudem immer häufiger auf einen „Cocktail" von Beratungsfehlern, in dem – oft ohne Rücksicht auf den konkreten Fall – quasi eine Checkliste abgearbeitet wird. Auf Rechtsprechungsentwicklungen wird schnell reagiert; so wurde die Nichtaufklärung über Rückvergütungen häufig in der Berufungsinstanz nachgeschoben.

In den Entscheidungen geht es regelmäßig um die Konkretisierung des Rechtssatzes (vgl. z.B. BGH WM 2006, 851):

> „Inhalt und Umfang der Beratungspflichten hängen von den Umständen des Einzelfalls ab. Die Beratung muss anleger- und objektgerecht sein. Maßgeblich sind einerseits der Wissensstand, die Risikobereitschaft und das Anlageziel des Kunden und andererseits die allgemeinen Risiken, wie etwa die Konjunkturlage und die Entwicklung des Kapitalmarkts, sowie die speziellen Risiken, die sich aus den besonderen Umständen des Anlageobjekts ergeben. Die Aufklärung des Kunden über diese Umstände hat richtig und vollständig zu sein."

Die meisten veröffentlichten Entscheidungen sind zu § 31 II Nr. 2 WpHG i.d.F. bis 27.12.07 (mit der Pflicht, den Kunden „alle zweckdienlichen Informationen" mitzuteilen) ergangen[3].

1. Aufklärung über das Emittentenrisiko

In allen Entscheidungen wird dies thematisiert. Insoweit werden regelmäßig das allgemeine und das spezifische Emittenten(totalausfall)risiko unterschieden.

---

2 Eine Zwischenbilanz der gesamten Rechtsprechung zu Lehman-Zertifikaten zieht *Märker*, NJOZ 2010, 524.

3 Dies spielt deshalb eine Rolle, weil diskutiert wird, ob durch die Umsetzung der MiFID eine Herabsenkung des Schutzstandards erfolgt ist, vgl. die Zusammenfassung bei *Podewils/Reisich*, o. Fn. 1, S. 119 f.

a) Allgemeines Emittentenrisiko

Das OLG Frankfurt WM 2010, 613 hat entschieden, dass der hierzu in den branchenüblichen schriftlichen Basisinformationen enthaltene Hinweis ausreichend ist. Offen bleibt dabei, ob überhaupt (und zusätzlich?) über ein immer gegebenes „theoretisches“ Totalausfallrisiko aufzuklären ist[4].

b) Spezifisches Emittentenrisiko

Insoweit dürfte ein expliziter Hinweis nur erforderlich sein, soweit kein gutes Rating[5] der Emittenten oder ungünstige Nachrichten[6] zur deren (nachhaltiger) Ertragslage vorliegen. Bei Lehman-Papieren ist somit der Zeitpunkt des Erwerbs entscheidend. Bislang sind nur Entscheidungen veröffentlicht, die das Jahr 2007 betreffen[7]. Daher ist ein besonderes Risiko, auf das hinzuweisen war, durchweg verneint worden.

2. *Aufklärung über Besonderheiten des Zertifikats*

Mit der Komplexität des Papiers steigt die erforderliche Beratungsintensität[8]. Angesichts des Umfangs der jeweiligen Prospekte[9] ist kaum anzunehmen, dass die Berater sie überhaupt kannten, weswegen die Beratungen i.d.R. an Hand von Produktinformationen und sog. Flyern erfolgt (ist). Die Frage der fehlenden Übereinstimmung zwischen diesen komprimierten Verkaufshilfen und den Prospekten wird jedoch soweit ersichtlich in den Verfahren gar nicht gestellt, ebenso wenig werden Fehler der Basisprospekte selbst erörtert.[10]

---

4 Einzelfallabhängig verneint bei einem fremdfinanzierten Immobilienfonds, BGH WM 2009, 2303.

5 Lehman hatte 2007 durchwegs A-Ratings im oberen Bereich, Hans OLG Hamburg BB 2010, 1098.

6 Z.B. bei Reuters oder Bloomberg, Hans OLG Hamburg BB 2010, 1098.

7 Jan/Feb 2007: Dresden BB 2010, 1226; Mai 2007: OLG Oldenburg 25.02.10 8 U 10/10 (522 II); August 2007: Frankfurt WM 2010, 613 nunmehr BGH ZR 85/10.

8 Auffällig oft wird vorgetragen, dass Anleger die Erläuterungen zu solchen Anlageprodukten nicht verstanden haben. Nach Auffassung der Rechtsprechung trifft den Anleger dann eine Nachfragepflicht (OLGe Hamburg und Oldenburg o. unter II 1 b). Andererseits ist der psychologische Umstand, dass man in einer solchen Beratungssituation nicht als dumm dastehen will, zu berücksichtigen; sonst bestünde ein Freibrief für abgehobene Darstellungen durch Bankberater. Allgemein zu Verzerrungen der Informationswahrnehmung bei Anlegern *Klöhn*, ZIP 2010, 1005, 1008 f.

9 Der letzte Lehman-Basisprospekt vom 28.08.08 hatte 497 zweisprachige Seiten, vgl. *Märker*, NJOZ 2010, 524. Dessen Forderung a.a.O. S. 528, eine Beratung müsse auf der Grundlage des Prospekts erfolgen, erscheint daher wenig praxisgeeignet. Würde andererseits einem Kunden ein solches Prospektungetüm vorgelegt, wäre die Anzahl von anschließenden Kaufabschlüssen wohl recht übersichtlich.

10 Hierzu *Märker*, vorstehende Fn., S. 527.

a) TwinWin Zertifikate

Das OLG Frankfurt WM 2010, 613 (nunmehr BGH XI ZR 85/10) meint: Am Telefon ist hierzu eine adäquate objektgerechte Beratung kaum möglich[11].

b) Credit Linked Notes

Der Nutzen dieser Anleihen für den Privatanleger ist jedenfalls für mich nicht ersichtlich. So dienten die CLN auf amerikanische Banken zunächst wohl der eigenen Absicherung von Risiken aus Anleihen, die die emittierenden Banken selbst hielten und die sie dann auf den Anleihenkäufer abwälzten. Hieraus ergibt sich die Frage: Ist ein solches wirtschaftliche Interesse offenbarungspflichtig? Wenn schon das Provisionsinteresse offen zu legen ist, liegt ein Erst-Recht-Schluss nahe.

Das Hans OLG Hamburg WM 2009, 2036 (nunmehr BGH XI ZR 196/09) führt zu dem Kauf von XXL-Zertifikaten der WestLB auf vier US-Automobilunternehmen im Oktober 07 aus: Die Anleihebeschreibung sei für einen Privatanleger verständlich, der „über einen gehobenen Bildungshintergrund und über eine gewisse, in einem Zeitraum von mehr als einem Jahr mit einem breiten Spektrum von absolut konservativen Anlagen bis „Spielgeld" angesammelte Anlageerfahrung verfügt und hohe Erfahrungen bzw. Kenntnisse im Wertpapierbereich angibt".

Enger sah es das OLG München in einem Hinweis gem. § 522 II ZPO vom 28.05.2010 (19 U 1932/10) betreffend den Erwerb 10/07 von DZ Cobold 74 Zertifikaten auf die Bonität von fünf US-Banken: Ein ausdrücklicher Hinweis auf die Risikokumulation sei erforderlich; insoweit sei die Produktinformation nicht ausreichend. Dieser enthielt folgende Angaben: „Das Risiko dieses Produkts liegt in erster Hinsicht in der Bonität der zugrunde liegenden Referenzunternehmen" und weiter „im Falle eines Kreditereignisses erfolgt die Andienung einer Anleihe des zuerst ausgefallenen Referenzunternehmens". Im Flyer wurde die Produktidee beschrieben mit: „Sie möchten von der aktuell guten Bonität fünf amerikanischer Banken profitieren" und „Sie wünschen eine Chance auf ein attraktives Rendite-Plus gegenüber klassischen Bankanleihen bei überschaubarem Risiko?" Die Berufung der Bank wurde zurückgenommen.

Zur gleichen Anleihe, die im Januar 2008 erworben wurde, hat das OLG München mit Urteil vom 28.06.2010[12] im Verfahren 19 U 1580/10 über den Umfang der Aufklärungspflicht entschieden: Sie werde hinsichtlich der risikorelevanten Besonderheiten der COBOLD-Anleihen nicht durch die Aushändigung von Basisinformationen erfüllt. Deren strukturelle Besonderheiten mussten sich dem Anleger nicht aufdrängen und waren auch nicht aus den ihm bekannten Kursangaben zu entnehmen.

---

11 Das sieht *Bausch* in seiner Anmerkung BB 2010, 855 anders: die wesentlichen Charakteristika sind schnell erklärt.

12 Das Urteil ist inzwischen rechtskräftig.

c) Indexzertifikate

Beim Verkauf von Lehman Bonus Barriere Zertifikaten auf den Nikkei 225 im Januar 07 hat das OLG Dresden BB 2010, 1226 keinen Beratungsfehler der Bank erkannt.

Da in dem beim Kauf im August 2006 von Lehman-Anleihen auf einen BRIC-Index[13] übergebenen Flyer auf das Totalverlustrisiko bei Insolvenz der Emittentin hingewiesen wurde, schied eine Falschberatung aus (so OLG München 19 U 2307/10 Hinweis gem. § 522 II ZPO vom 31.05.2010 sowie Beschluss vom 28.06.2010).

d) Vorzeitige Kündigungsrechte des Emittenten

Das OLG Frankfurt WM 2010, 613 (nunmehr BGH XI ZR 85/10) hat entschieden: Hierüber ist aufzuklären, weil der Anleger sonst der Fehlvorstellung unterliegen könne, dass er Verluste bis zum Rückzahlungszeitpunkt aussitzen könne.

3. Fehlende Einlagesicherung

Darauf, dass die Zertifikate der Einlagensicherung nicht unterliegen, ist nicht ausdrücklich hinzuweisen, meint das Hans OLG Hamburg BB 2010, 1098, jedenfalls soweit auf das Emittentenrisiko hingewiesen wurde. Eine Hinweispflicht könne allenfalls bei Umschichtung von einer gesicherten in eine ungesicherte Anlage bestehen, nicht jedoch soweit der Kauf der Zertifikate aus dem Erlös von nicht dem Einlagesicherungsfonds unterliegenden Papieren finanziert wird, so das OLG Dresden BB 2010, 1226.

4. Eignung für Risikoprofil des Kunden

Mit diesem Aspekt befassen sich die Entscheidungen der OLGe Dresden BB 2010, 1226 und Hamburg BB 2010, 1098. Unter Zugrundelegung der Definition einer sicheren Anlage in BGH WM 2009, 1647 (der Anleger erwartet mindestens Kapitalerhalt) hat das Hans OLG Hamburg die erworbene Lehman ProtectExpress Anleihe auf den Lehman Brothers Deutschland Dividend Basket im November 2006 – etwas überraschend – als sicher angesehen, zumal auch Staatsanleihen nicht vor jeglichem Verlust gesichert seien. Die fehlende Verkaufszulassung in den USA und eine u.U. bilanztechnisch notwendige Abwertung (fair value) seien für die Beratung irrelevant.

---

13 Eine ähnliche Anleihe ist auch Gegenstand des Urteils des LG Frankfurt vom 07.10.2009, 2-21 O 45/09.

III. Kick-backs

Wie erwähnt betrifft ein Großteil der Anlegerrechtsprechung die Frage, ob Banken ihre Kunden über Rückvergütungen aufklären mussten und – weil dies regelmäßig nicht geschehen war – welche Folgen die Nichtaufklärung nach sich zieht. Die Diskussion zur Frage der Erkennbarkeit des Pflichtverstoßes und der Unvermeidbarkeit eines Verbotsirrtums, die vor allem Fonds, die nicht dem WpHG unterliegen, betraf, ist seit den deutlichen Worten des BGH im Beschluss vom 29.06.2010[14] – jedenfalls für die Praxis[15] – beendet.

1. Vorgaben des BGH

Die intensive, kontroverse Auseinandersetzung mit der Rückvergütungsproblematik setzt sich nunmehr im Wesentlichen mit zwei Themen auseinander: Die rechtstatsächliche und dogmatische Grundlage für die Pflicht der Banken zur Offenbarung von Vergütungen und welche konkreten Provisionsausgestaltungen aufklärungspflichtig sind. Nach meiner Überzeugung ist die Diskussion weitgehend der unzureichenden Begründung der BGH-Entscheidungen vom 19.12.2006[16], 20.01.09[17] und 27.10.2009[18] geschuldet. Hier hätte man sich weniger apodiktische Behauptungen als umfassendere dogmatische Ausführungen zur Pflicht zur Offenbarung von Interessenkonflikten sowie eine differenzierende Auseinandersetzung mit der 15 %-Schwelle-Rechtsprechung gewünscht. Dies hätte uns Dutzende von Deutungsaufsätzen zu der „sprachlichen Ambivalenz“[19] der Urteile sowie zur Differenzierung der Begriffe Kick-back, Rückvergütung, und Innenprovision[20] erspart.

Offen bleibt, ob der BGH die Pflicht der Bank zur Offenlegung von Rückvergütungen tragend auf die Offenbarung von Interessenkonflikten und damit der Wahrung der Entscheidungsfreiheit des Kunden stützen oder eher eine unredliche Verhaltensweise der Banken sanktionieren will. Das Abstellen auf eine Rückzahlung

---

14 XI ZR 308/09, WM 2010, 1694.

15 Sie hatte ohnehin aufgrund der bisherigen Rechtsprechung einen unvermeidbaren Verbotsirrtum abgelehnt Die akademische Diskussion dauert offenbar fort, zuletzt *Herresthal*, ZBB 2010, 305.

16 BGHZ 170, 226.

17 WM 2009, 405.

18 WM 2009, 2306.

19 *Koch*, BKR 2010, 177, 180.

20 In der Schweiz spricht man von Retrozessionen, vgl. *www.kickbacks.ch*. Bei Wikipedia findet man den Eintrag, dass die Definitionen der Begriffe Provision, Courtage, Kick-back, Abschlussprovision und Retrozession sich thematisch überschneiden, verbunden mit der Aufforderung an die Nutzer, sich an der Abarbeitung der Redundanz der Definitionen mitzuarbeiten (*http://de.wikipedia.org/wiki/Kick-back* am 25.08.2010).

„hinter dem Rücken der Kunden“ bringt jedoch das Problem mit sich, dass der schlichte Zahlungsweg entscheidend für den Pflichtverstoß wird und bei einer einvernehmlichen Änderung des Zahlungsflusses, z.B. wenn die Bank nur den um die Provision geminderten Betrag weiterleitet, entfallen könnte. Dieses Wertungsmerkmal überzeugt nicht[21]. Die Banken scheint der Vorwurf, die von ihnen jahrelang geübte Handhabung der Finanzierung ihrer Absatzmittlerfunktion[22] habe einen „schmiergeldähnlichen“[23] Charakter, verständlicherweise zu treffen und mit einem inakzeptablen Hautgout zu belegen.

2. Unterschied zwischen Beratung durch Banken und allgemeine Anlageberater?[24]

In diesem Zusammenhang ist auf die durch den BGH WM 2010, 885 bestätigte Entscheidung des OLG Celle ZIP 2009, 2149 hinzuweisen. Danach muss einem Anleger, der für die Leistung eines „allgemeinen“ Anlageberaters nichts zu bezahlen braucht, klar sein, dass dieser nicht unentgeltlich tätig ist und für die „Vermittlung“ einer Anlage von der jeweiligen Fondsgesellschaft eine Vergütung erhält. Bei der Beratungsleistung durch Banken soll dies nicht geltend, weil nämlich ein Bankkunde nicht zwingend damit rechnen muss, dass die Bank Rückvergütungen für ihre Vermittlungstätigkeit erhält. Bei Banken sei es vielmehr durchaus möglich, dass die Anlageberatung eine kostenlose (altruistische?) Serviceleistung im Rahmen der wirtschaftlichen Beziehungen zwischen dem Kunden und der Bank darstellt. Der III. Senat des BGH hat mit dieser Differenzierung zwischen einer „allgemeinen“ Beratung und der Beratung durch eine Bank zwar eine Vorlage an den Großen Senat vermieden. Die Offenkundigkeit i.S.v. § 291 ZPO der zur Begründung der Differenzierung und Typisierung herangezogenen tatsächlichen Annahmen und Umstände erscheint mir empirisch nicht belegt[25]. Diese Begründung trägt die abweichende Behandlung bankenunabhängiger Beratung nicht[26]. Sie vermag insbesondere in dem Fall nicht zu überzeugen, wenn – was durchaus vorkommt – ein Anleger etwa auf Vermittlung seines Steuerberaters nur ein einziges Geschäft bei einer Bank abschließt („Einmalkunde“), auch können zu bankenunabhängigen Vermögens- und Anlageberatern langjährige Vertrauensbeziehungen bestehen. Die – in einem Beratungsverhältnis offenzulegende – Interessenkollision

---

21 *Herresthal*, ZBB 2010, 305, 307.
22 *Habersack*, WM 2010, 1245, 1253.
23 Nobbe WuB I G 1 5.10.
24 Hierzu zuletzt *Herresthal*, ZBB 2010, 305.
25 So nimmt *Habersack*, WM 2010, 1245, 1253 in zahlreichen Konstellationen die Erkennbarkeit des Interessenkonflikts an („liegt auf der Hand“) und bejaht eine Offenlegungspflicht nur beim Honorarberater.
26 *Herresthal*, ZBB 2010, 305, 308, 308.

hängt schließlich nicht von der Entgeltlichkeit der Beratung ab[27]. Die Unentgeltlichkeit einer Leistung hat i.d.R. allenfalls Auswirkungen auf den Haftungsumfang.

3. Margen und Provisionen

Inzwischen hat sich in der Rechtsprechung der Oberlandesgerichte die Auffassung durchgesetzt, dass beim Festpreisgeschäft im Wertpapierhandel über die von den Banken vereinnahme Gewinnspanne sowie über den Ausgabeaufschlag zwischen ihren Ankaufs- und Weiterverkaufspreisen nicht aufzuklären ist. Die erstinstanzliche Rechtsprechung hierzu[28] ist hingegen noch sehr uneinheitlich. Die Ausgabeaufschläge werden regelmäßig in der Kauforder oder Ausführungsanzeige offen ausgewiesen. Die Begründung der oberlandesgerichtlichen Entscheidungen wirken insgesamt ergebnisorientiert. Die jeweilige Argumentationsdichte und -tiefe der Erkenntnisse hängt naturgemäß von dem Sachvortrag der Parteien ab.

Ob Unterschiede bestehen in der Beurteilung zwischen Eigen- und Kommissionsgeschäft – die im Hinblick auf die Verpflichtung der Bank zur kundengünstigsten Ausführung nicht unproblematisch wären, wird offen gelassen.

Während schon das OLG Düsseldorf WM 2009, 1410 wie auch die OLGe Bamberg WM 2009, 1082, Celle WM 2009, 2171 und Frankfurt WM 2009, 1563 eine Pflicht zur Offenbarung der Margen im Zusammenhang mit Zinsswap-Geschäften von mittelständischen Unternehmen verneint hatten, wird eine Pflicht zur Offenbarung von Handelsmargen auch beim Wertpapierverkauf an private Anleger von dem Hans OLG Hamburg BB 2010, 1098[29], vom OLG Celle ZIP 2010, 876 und vom OLG Dresden BB 2010, 1226 abgelehnt. Diese Aufschläge seien Bestandteil des Preises. Über die interne Kalkulation müsse nicht aufgeklärt werden. Jedem Marktteilnehmer müsse klar sein, dass darin ein Entgelt für die Bank enthalten sein müsse (oder könne). Die tatsächlichen Grundannahmen dieser Argumentation lassen sich mit denjenigen der eben referierten Entscheidung des III. Zivilsenats des BGH (WM 2010, 885) schwer in Einklang bringen. Es sei denn, man hält es für evident, dass aus der Sicht des Anlegers die Bank bei klassischen Wertpapiergeschäften immer etwas verdienen will, dies aber bei anderen Anlagegeschäften nicht unbedingt der Fall ist. Das OLG Dresden stellt fest, dass die beim Verkauf der Lehman-Anleihen in Rechnung gestellten Margen nicht hinter dem Rücken des Kunden umsatzabhängig an die beratende Bank als Teile des von ihm gezahlten Aufgabeaufschlags oder der Verwaltungsgebühren zurückgeflossen sind. Das Hans OLG Hamburg argumentiert mit der MiFID und der Durchführungs-

---

27 *Herresthal*, ZBB 2010, 305, 309.
28 Nachweise bei *Koch*, BKR 2010, 177, 180 Fn. 32.
29 Ausgabeaufschlag 1 %, Gesamtgewinnmarge 4,80 %.

richtlinie 2006/73/EG nebst deren Umsetzung in § 32d WpHG n.F., um zusätzlich das Fehlen eines Verschuldens zu begründen, sofern man von einer Pflichtverletzung ausgehe.

III. Sonstiges

1. Beratungsfehler beim Verkauf von Kundenpapieren

Saarländisches OLG Saarbrücken OLGR Saarbrücken 09, 792: Auch beim Verkauf im Auftrag des Kunden, nicht nur beim Kauf von Wertpapieren hat eine Bank Beratungspflichten. Allerdings muss sich die Beratung nicht auf die diesen Papieren innewohnenden Risiken beziehen, weil die Investitionsentscheidung ja bereits bei deren Kauf gefallen war. Eine Pflichtverletzung kann allenfalls bei unrichtigen Angaben über Umstände vorliegen, die für die Verkaufsentscheidung von wesentlicher Bedeutung waren. Aus tatsächlichen Gründen wurde offen gelassen, ob eine dringende Empfehlung, die Technologiewerte zu verkaufen („Werte werden weiter sinken", „Pleitekandidaten"), im April 07 eine solche Falschberatung dargestellt hätte. Da es sich hier erkennbar allenfalls um Prognosen – wenn nicht um unverbindliche Meinungsäußerungen zur Kursentwicklung – handelt, dürften hierauf die Maßstäbe des BGH (zuletzt WM 09, 2303: Prognosen müssen ex ante vertretbar sein) anzuwenden sein[30].

2. WpHG keine Schutzgesetze?[31]

OLG Frankfurt ZIP 2009, 1413 (am 22.06.10 vom BGH VI ZR 212/09 bestätigt): § 34a WpHG a.F. (zur getrennten Verwahrung von Kundengeldern) stellt kein Schutzgesetz i.S.v. § 823 II BGB dar. Daher wurde ein Direktanspruch des Anlegers gegen die Bank, die ein Omnibus-Konto für ein anderes WpDLU führt, abgelehnt. Der III. Zivilsenat des BGH WM 2005, 1217 hat jedenfalls das von der Richtlinie 93/22/EWG verfolgte Ziel des Anlegerschutzes als Argument für den fortbestehenden Schutzgesetzcharakter des § 32 I 1 KWG herangezogen.

IV. Zusammenfassende Wertung

Auf der Ebene der Oberlandesgerichte zeichnen sich keine wesentlichen Änderungen in der Rechtsprechung zum Anlegerschutz ab. Die Vielfalt der Anlageobjekte spiegelt sich naturgemäß in einer ausdifferenzierten Einzelfallrechtsprechung. Von

30 Zu dem Umfang der Beratungspflichten beim Verkauf von Wertpapieren vgl. LG Essen NJW-RR 1993, 1392.

31 Hierzu *Schäfer*, WM 2007, 1872

den zugelassenen Revisionen wird man eine endgültige Klärung zur Frage der Aufklärungspflicht hinsichtlich der Gewinnmargen von Banken erwarten dürfen und ggf. eine „griffige“ Abgrenzung zu den aufklärungspflichtigen Rückvergütungen. Trotz des „Dauerbeschusses“ durch Aufsätze in allen juristischen Fachblättern ist eine grundsätzliche Wende[32] in der ober- und höchstrichterlichen Rechtsprechung zur Offenbarung von Rückvergütung nicht zu erwarten. Der vielstimmigen Kritik ist zuzugeben, dass die Schadensfolgen eines Aufklärungspflichtverstoßes eine überschießende Tendenz aufweisen. Das Anlagerisiko wird zu Lasten der Banken verschoben und dem Kunden wird zu einer Win-Win-Position verholfen: Verluste werden rückabgewickelt und die Gewinnmarge wird durch die auszukehrende Provision noch erhöht[33]. Dies könnte – soweit die Gefahr der eigennützigen Beratung sich nicht in der Vermittlung ungeeigneter Anlageobjekte manifestiert hat, also bei einem sonst folgenlosen Verschweigen des Umsatzinteresses – durch eine Beschränkung des Schadensersatzes auf die Provisionshöhe oder durch den Verzicht auf die Vermutung anlegergerechten Verhaltens[34] vermieden werden.

Im Hinblick auf die Neufassung des WpHG wäre eine Harmonisierung der Pflichten aufgrund Aufsichtsrechts und dem (damit übereinstimmenden?) zivilrechtlichen Inhalt eines Beratungsvertrags wünschenswert. Anders gewendet: Ergeben sich aus der Umsetzung der Regelungen der MiFID, die in Kapitel II Abschnitt 2 „Bestimmungen zum Anlegerschutz“ enthalten[35], verbindliche Mindestpflichten im vertraglichen Beratungsverhältnis?

Nicht unerwähnt lassen will ich eine Erscheinung, die ich in vielen Verfahren festgestellt habe: einen geradezu erschreckenden finanziellen Analphabetismus[36] vieler Menschen und eine damit verbundene Risikoblindheit. Dies verführt einerseits den Anleger dazu, seinem Berater kritiklos zu vertrauen, andererseits den Berater dazu, die Naivität seines Kunden zum eigenen Umsatzinteresse auszunutzen. Das Zivilrecht in seiner derzeitigen Ausgestaltung bietet jedoch hierfür keinen Schutz, weil es die Bevormundung eines geschäftsfähigen Anlegers nicht erlaubt.

---

32 Für eine Korrektur zuletzt *Habersack*, WM 2010, 1245, 1253.

33 Vgl. die vom BGH ZIP 2010, 1335 bestätigte Entscheidung des OLG Hamm vom 23.09.09 – 31 U 31/09.

34 Weil viele Kunden dann „nur“ einen Rabatt auf diese Kosten begehren könnten.

35 Dort Erwägungsgründe 2, 31 und 44.

36 Dies beklagt auch *Hurrelmann*, in der SZ vom 14.06.2010: http://www.sueddeutsche.de/geld/2.220/klaus-hurrelmann-im-gespraech-es-gibt-ein-finanzielles-analphabetentum-1.957650.

Die Zukunft der Anlageberatung
– Reflektionen zur rechtspolitischen Diskussion –

Dr. *Heiko Beck,*
Rechtsanwalt und Mitglied der Geschäftsleitung Privat- und Geschäftskunden, Commerzbank AG

I. Einführung und Fragestellung

Mit der in den Jahren 2008 ausgebrochenen und auch in 2010 noch anhaltenden Finanz- und Wirtschaftskrise ist national wie international erneut die Diskussion um eine Stärkung des Anlegerschutzes entstanden, die unverändert anhält.[1] Grund hierfür waren die in den Kundendepots zu verzeichnenden erheblichen Verluste der Anleger und die damit einhergehende Diskussion um die Verantwortung der Banken, die ihren Kunden die entsprechenden Anlageprodukte verkauft hatten; in Deutschland ist das Thema z.B. an der Frage zu verorten, ob und inwieweit Banken Ihre Kunden richtig beraten haben, die seinerzeit in von der später insolvent gewordenen Lehmann Bank emittierte Zertifikate investiert hatten.[2] Der Beitrag will diese Diskussion aufgreifen und – ausgehend vom **bestehenden Standard des Anlegerschutzes** und seiner **Umsetzung in der Bankpraxis** – erörtern, ob sie mit den richtigen Fragen geführt wird und ob die bislang gefundenen oder zur Entscheidung anstehenden Maßnahmen aus Sicht der Anleger sowie der Anbieter von Wertpapierdienstleistungen, insbesondere betreffend die Anlageberatung, die richtigen Antworten geben.

Zunächst ist festzuhalten, dass die **derzeitige Entwicklung nicht ohne Vorbilder** aus der jüngeren Vergangenheit ist, allerdings einige Besonderheiten aufweist. So haben der Zusammenbruch der Wiedervereinigungshausse Anfang der 90er Jahre des letzten Jahrhunderts sowie das Platzen der New Economy-Blase ab 2001 und die damit einhergegangenen Vermögensverluste der Anleger ebenfalls zu einer intensiven Diskussion um eine Verbesserung des Anlegerschutzes und im Nachgang zu gesetzgeberischen Maßnahmen geführt. Auch in diesen Fällen hatten die Anleger in einem allgemeinen Marktaufschwung Anlageprodukte, z.B. geschlossene Immobilienfonds mit Schwerpunkt Ostdeutschland oder Neuer Markt-/Telekommunikationsinvestmentfonds erworben, die es zuvor nicht gegeben hatte und bei denen es sich um Produkte handelte, die ursprünglich nicht für die breite Anleger-

---

1 Vgl. „Kaum Fortschritte im Anlegerschutz", Jahresrückblick 2009, www.zeit.de; Anlegerschutz – Wie viel Staat brauchen wir?, BVI-Asset Management Konferenz, 29./30.10.2009; www.bvi.de; Hürden für Spekulanten v. 3.5.2010, www.süddeutsche.de.

2 Siehe statt vieler „Teufelszeug für Ahnungslose" v. 11.9.2009, www.spiegel.de; „Geldverlust durch falsche Bankberatung" v. 11.10.2008, www.anwalt.de.

schaft konzipiert waren, dann aber in erheblichem Umfang an selbige vertrieben worden sind. Neben der dann jeweils geführten Diskussion, wer die entstandenen Verluste am Ende zu tragen hatte, Anleger, Vertriebsstellen oder Produktgeber, kam es stets zu entsprechenden rechtspolitischen Schritten, um (angebliche) Fehler der Vergangenheit für die Zukunft auszuschließen.[3] Im Vordergrund standen hierbei regelmäßig konkrete Einzelmaßnahmen, weniger die Frage nach dem Gesamtkonzept oder wie sich bestimmte Neuregelungen in selbiges einfügen.[4]

Zwei Phänomene unterscheiden die aktuelle Diskussion von früheren: Zum Ersten ihre Breite und Intensität; zum Zweiten wird den Kreditinstituten mehr oder weniger deutlich vorgeworfen, sie hätten die Verluste Ihrer Kunden maßgeblich mit zu verantworten. Sie hätten ihren Kunden Anlageprodukte verkauft, die diese entweder nicht verstanden hatten oder die schlicht ungeeignet gewesen wären; kurz gesagt, die Kundeninteressen seien nicht ausreichend beachtet worden. Mithin wird der Kreditwirtschaft von Teilen der Öffentlichkeit und Politik eine besondere Verantwortlichkeit für die Verluste ihrer Kunden zuerkannt und der Fokus der aktuell in Rede stehenden Maßnahmen liegt darauf sicherzustellen, dass die Kunden angemessen beraten werden, dies ausreichend dokumentiert wird und die Banken in ihren internen Vertriebsprozessen keine Impulse setzen, die strukturell zu einem Handeln gegen das Kundeninteresse führen.[5] Es geht letztlich um die Frage nach systemischen Defiziten betreffend die Beratung und den Vertrieb der Finanzprodukte, mit denen die Anleger schlechte Erfahrungen gemacht haben.

II. Umfassender Anlegerschutz im WpHG angelegt – Anlegerleitbild unklar

Auch wenn die öffentliche Diskussion manchmal einen gegenteiligen Eindruck erweckt, bewegen wir uns in einem bereits erheblich geregelten Umfeld und haben insbesondere im WpHG für den relevanten Bereich der Wertpapierdienstleistungen de lege lata einen umfangreichen Regelungskanon, der insoweit die Ausgangsbasis der nachstehenden Ausführungen bildet. Nachfolgend wird daher nur am Rande auf die aus der Vertragsbeziehung zwischen Bank und Kunde resultierenden (gleichlautenden oder andersartigen) Pflichten eingegangen.[6]

---

3 Siehe das 2. FMFG mit der Schaffung des WpHG 1994, das 4. FMFG 2002 sowie das AnsVG 2004, Überblick bei Assmann/Schneider/*Assmann*, WpHG, 4. Aufl.; Einl. Rn. 12 ff.

4 Vgl. exemplarisch die zum 1.1.2010 erfolgte Einführung des Beratungsprotokolls in der Anlageberatung nach § 34 Abs. 2a WpHG, eingeführt durch das Gesetz zur Neuregelung der Rechtsverhältnisse bei Schuldverschreibungen und zur verbesserten Durchsetzbarkeit von Ansprüchen von Anlegern aus Falschberatung, vom 31.7.2009, BGBl. I S. 2512.

5 Siehe den Diskussionsentwurf des BMF eines Gesetzes zur Stärkung des Anlegerschutzes und Verbesserung der Funktionsfähigkeit des Kapitalmarktes v. 3.5.2010, www.bmf.de.

6 Zum Verhältnis von Aufsichtsrecht und bankvertraglichen Pflichten *Fuchs*, WpHG, vor § 31 Rn. 63 ff.

1. Schutz der Privatanleger als Rechtsgut und Regelungsgegenstand des WpHG

Der Anlegerschutz ist neben der Sicherung der Funktionsfähigkeit des Kapitalmarktes eines der beiden Rechtsgüter, die durch das WpHG vom 26. Juli 1994 geschützt werden sollen.[7] Nur so ist sichergestellt, dass der Kapitalmarkt dauerhaft das notwendige Maß an Vertrauen erfährt, um die Bedürfnisse aller Marktteilnehmer zu befriedigen, zu denen auch die **Privatanleger** gehören. Letztere wurden schon bei Erlass des Gesetzes für besonders schutzwürdig gehalten, da sie in der Regel nicht das fachliche Wissen und die praktischen Erfahrungen am Kapitalmarkt haben, wie dies für die professionellen Marktteilnehmer und insbesondere die institutionellen Anleger typisch ist.[8] Dementsprechend enthielt das WpHG von Anfang an die sog. Wohlverhaltensregeln nach den §§ 31 ff., die seit Inkrafttreten des Gesetzes mehrfach erweitert und modifiziert wurden.[9] Die Wertpapierdienstleistungsunternehmen, d.h. insbesondere die Banken und Sparkassen wurden danach verpflichtet, ihre Leistungen gegenüber dem Kunden in dessen Interesse mit der nötigen Sachkunde und Sorgfalt zu erbringen und ein angemessenes Management von Interessenkonflikten einzurichten.[10] Insbesondere wurde normiert, dass sich die Institute ein Bild über das bisherige Anlageverhalten der Kunden, ihre Vermögensverhältnisse und Anlagebedürfnisse verschaffen und ihnen alle zweckdienlichen Informationen mitteilen, soweit dies zur Wahrung des Kundeninteresses und im Hinblick auf Art und Umfang der beabsichtigten Geschäfte erforderlich war, vgl. § 31 Abs. 2 a.F.[11] Ziel ist also, dass die **Bank ihren Kunden und seine Ziele einschätzen kann** und der **Anleger seinerseits alle Informationen** hat, um eine **bewusste und eigene Entscheidung** zu treffen; damit geht es zugleich um den individuellen Anlegerschutz und nicht nur einen kollektiven Reflex als Ausprägung des Funktionsschutzes.[12] Die rechtstatsächliche Wechselbeziehung zwischen den Anbietern auf dem Kapitalmarkt und den Anlegern als den Investoren wird auf diese Weise im WpHG abgebildet. Damit kommt der fundierten und auf exakten Informationen beruhenden Anlageentscheidung als Grundlage der Risikoeinschätzung eine maßgebliche Bedeutung zu. Ist der Anleger, etwa wegen zu hoher Kosten oder einer fehlenden Risikodarstellung nicht in der Lage, die Informationsasymmetrie zwischen der Anbieterseite und der Anlegerseite auszugleichen, kommt es zu Misstrauen, Marktabwanderung in sichere, aber wenig rentierliche Anlageformen und

---

7 Vgl. Assmann/Schneider/*Koller*, WpHG, 4. Aufl., vor § 31 Rn. 8 ff.

8 Siehe die Regierungsbegründung zum 2. FMFG, BT-Drs. 12/7918, S. 95.

9 Überblick bei *Hirte/Möllers*, KöKo-WpHG, § 31 Rn. 25 ff.

10 Vgl. zur alten Rechtslage Assmann/Schneider/*Koller*, 4. Aufl., § 31 Rn. 1 ff.

11 Einzelheiten bei Assmann/Schneider/*Koller*, WpHG. Aufl., § 31 Rn. 90 ff.; *Hirte/Möllers*, KöKo-WpHG, § 31 Rn. 151 ff.

12 *Hirte/Möllers*, KöKo-WpHG, § 31, Rn. 154; Lang, Informationspflichten, § 9 Rn. 2; Regierungsbegründung zum 2. FMFG, BT-Drs. 12/7918, S. 103.

damit letztlich zu Marktversagen. Damit schließt sich wieder der Kreis zur Funktionsfähigkeit des Kapitalmarktes.

Deutschland war in den 90er Jahren keineswegs Vorreiter im Anlegerschutz; die Regelungen des WpHG beruhten weitgehend auf EU-Richtlinien, die in nationales Recht umzusetzen waren; hierzu gehörte insbesondere die **Wertpapierdienstleistungsrichtlinie (WpDRiL)** von 1993.[13] Mit dem **Anlegerschutzverbesserungsgesetz (AnsVG)** erfolgte 2004 die Ausdehnung der Prospektpflicht und der börsenrechtlichen Prospekthaftung für nicht wertpapiermäßig verbriefte Beteiligungen nach Maßgabe des Verkaufsprospektgesetzes; wesentliches Regelungsziel war auch hier der Schutz der Privatanleger.[14]

Auch bei der letzten umfassenden Novellierung des WpHG durch das **Finanzmarkt-Richtlinie-Umsetzungsgesetz (FRUG)**[15] zum 01.11.2007 bildete der Anlegerschutz einen Schwerpunkt, wobei wiederum EU-rechtliche Vorgaben, konkret die **MiFID** der Auslöser waren.[16] Die wesentlichen Neuregelungen betrafen dabei

- die **Konkretisierungen** betreffend eindeutige und nicht irreführende Informationen und Werbemitteilungen sowie rechtzeitige und verständliche Informationen, bevor der Kunde eine Anlageentscheidung trifft (§ 31 Abs. 2 und 3 WpHG);
- die Einführung des sog. **Suitability-Tests (Geeignetheit) bei der Anlageberatung und Portfolioverwaltung** nach § 31 Abs. 4 WpHG, d.h. die Bank muss prüfen, ob die beabsichtigte Anlage für den jeweiligen Kunden geeignet sind;
- **Appropriateness-Test (Angemessenheit) bei sonstigen Wertpapierdienstleistungen** nach § 31 Abs. 5 WpHG, d.h. die Bank muss erfragen, ob der Kunde ausreichende Kenntnisse und Erfahrungen besitzt, um die Risiken einer bestimmten Anlage einschätzen zu können und ihn ggf. aufklären;
- Einschränkungen und Offenlegungspflichten betreffend die **Annahme von Zuwendungen** Dritter, z.B. von Produktgebern an Banken gezahlte Rückvergütungen, vgl. § 31d WpHG und
- die **Best-Execution Verpflichtung** nach § 31c WpHG.[17]

Als **Zwischenergebnis** ist festzuhalten, dass das WpHG heute einen umfangreichen Kanon aller für die Wahrung der Anlegerinteressen notwendigen Regelun-

---

13 Richtlinie 93/22/EWG über Wertpapierdienstleistungen v. 10.5.1993, Abl: EG Nr. L 141/27 v. 1.6.1993.

14 Siehe BGBl. I 2004 S. 2630; Überblick dazu bei *Bürgers*, BKR 2004, 424 ff.

15 BGBl. I 2007 S. 1330; Überblick zum FRUG im Allgemeinen und den Wohlverhaltensregeln im Besonderen bei *Fleischer*, BKR 2006, 389 ff.; *Mülbert*, WM 2007, 1149 ff.; *Teuber*, BKR 2006, 429 ff.

16 Richtlinie 2004/39/EG des Europäischen Parlaments und Rates über Märkte für Finanzinstrumente, guter Überblick dazu bei *Kühne*, BKR 2005, 275 ff.

17 Gute Zusammenfassung der Neuregelungen bei *Fuchs*, WpHG, vor § 31 Rn. 31 ff.; nach § 2 Abs. 2 Nr. 7 UklaG sind die Vorschriften des 6. Abschnittes des WpHG Verbraucherschutzgesetze i.S. dieser Norm und berechtigt damit zu Unterlassungsansprüchen nach § 2 Abs. 1 UKLaG; hieraus kann indes keine verallgemeinernde Aussage abgeleitet werden, vgl. *Palandt*, BGB, 67. Aufl., § 2 UKLaG Rn. 2 f.

gen enthält, die sicherstellen sollen, dass der Kunden eine informierte, überlegte und eigenständige Anlageentscheidung treffen kann (zur bankpraktischen Umsetzung vgl. unten III.).

2. Verhältnis zum Verbraucherschutzrecht

Weder durch den Wortlaut des WpHG noch der WpDLiR und der MiFID eindeutig beantwortet ist allerdings die Frage, ob die Regelungen zum Anlegerschutz auch **verbraucherschützenden** Charakter haben. **Typisch für den Verbraucherschutz** ist, dass neben der Beseitigung einer Informationsasymmetrie zwischen Anbietern und Nachfragern ein **Schutz des Kunden vor nicht rationalen oder unüberlegten Entscheidungen** erfolgen soll.[18] Hier zeigen sich deutliche Unterschiede zwischen dem nationalen und dem europäischen Gesetzgeber: Die Entstehungsgeschichte des WpHG spricht eher gegen einen verbraucherschützenden Charakter; der BT-Finanzausschuss erwähnte seinerzeit nur ein Macht- und Informationsdefizit der Anleger.[19] Dies legt nahe, von einem **Schutzkonzept auf Basis des rational vernünftig und überlegt handelnden Anlegers** auszugehen, der die notwendigen Informationen erhalten muss, um eine eigene Entscheidung treffen zu können. Auch die Rechtsprechung des BGH folgt seit der „Bond"-Entscheidung dieser Grundrichtung.[20]

Die WpDRiL und ihre Materialien enthalten hingegen einige Hinweise, dass aus Sicht des Gemeinschaftsrechts auch der Verbraucherschutz Regelungszweck sein könnte. So adressiert Erwägungsgrund 30 der Richtlinie ausdrücklich, dass den unterschiedlichen Schutzbedürfnissen der Anlegergruppen und ihren unterschiedlichen fachlichen Erfahrungen Rechnung zu tragen sei; auch der Wirtschafts- und Sozialausschuss hatte die Wohlverhaltensregeln auf den Verbraucherschutz bezogen.[21] Der Ausschuss für Recht und Bürgerrechte des EP hatte die WpDRiL ebenfalls als verbraucherschützend angesehen. Beide Organe haben dies indes mit keinen konkreten Aussagen verbunden. Auch die Erwägungsgründe Nr. 31 und 41 der MiFID könnten so verstanden werden, dass es um mehr als den Ausgleich von Informationsasymmetrien geht, da dort von Vorkehrungen zum Schutz der Anleger nach den Eigenheiten jeder Anlegergruppe die Rede ist und zudem von „am dringendsten" schutzbedürftigen Anlegern gesprochen wird. Dies kann allerdings auch schlicht auf die Kundentypisierung der MiFID bezogen werden, die zwischen professionellen Anlegern und Privatkunden unterscheidet. § 31 Abs. 4 und 5 WpHG begründen allerdings erstmals **Empfehlungsverbote** bzw. **Warnhinweispflichten**, wenn sich der Kunden weigert, die nach § 31 vorgesehenen Angaben zu seinen persönlichen Verhältnissen zu machen. Dies geht in die Rich-

18 Dazu Assmann/Schneider/*Koller*, WpHG, vor § 31 Rn. 13 ff.
19 Bericht des BT-Finanzausschusses zum 2. FMFG, BT-Drs. 12/7918, S. 97.
20 Vgl. BGH WM 1993, 1455; BGH BB 2001, 1865.
21 Nachweis bei Assmann/Schneider/*Koller*, a.a.O.

tung eines Schutzes des Kunden vor unsinnigen oder unvernünftigen Entscheidungen; es fehlt indes eine klare Aussage.

Gleichwohl ist in Summe davon auszugehen, dass die Verhaltensregeln primär die Beseitigung von Informationsgleichgewichten bezwecken und dem Kunden Transparenz über mögliche Interessenkonflikte und sonstige Kriterien geben sollen, die einem Handeln seines Instituts im Kundeninteresse entgegenstehen können. Nur **ausnahmsweise und in engen Grenzen** soll der Kunden vor unvernünftigen oder nicht überlegten Entscheidungen geschützt werden; nicht gewollt ist eine Bevormundung des Anlegers. Dieser soll weiterhin seine Entscheidungen treffen und umsetzen können, mögen Sie im Einzelfall auch sachlich unvernünftig oder emotional getroffen werden.[22] Dieser Ansatz ist unverändert richtig und zielführend, da damit zugleich die notwendige Balance zwischen Anbieter- und Kundeninteressen gewahrt wird, worauf im Folgenden noch einzugehen ist. Folglich sind auch Forderungen nach einer Verankerung des Verbraucherschutzes als Aufsichtsziel abzulehnen.

III. Anlegerschutz aus der Perspektive der Bankpraxis

1. Überblick

Wie bei jedem anderen Sachverhalt ist, bevor über Änderungen/Weiterentwicklungen befunden wird, eine Analyse der Ausgangslage und des vorhandenen Regelungsbestandes angezeigt; dies soll entlang der Prozesskette der Anlageberatung erfolgen. Wenig transparent ist insbesondere – auch in der aktuellen Diskussion – häufig, mit welchen Instrumenten die anlegerschützenden Vorgaben des WpHG in der Bankpraxis umgesetzt werden. In diesem Zusammenhang sind auch die **Rahmenbedingungen aus Anlegersicht** zu skizzieren:

- Den Kunden steht heute eine Vielfalt von Finanzprodukten für die unterschiedlichsten Anlageziele und -zwecke zur Verfügung. Dementsprechend gilt es, dem Anleger Hilfestellung bei der Auswahl der für seine Bedürfnisse geeigneten Produkte zu geben. Zugleich ist eine hohe Produktqualität durch geeignete Prüf- und Auswahlprozesse sicherzustellen.
- Kapitalmarktanlagen werden nicht mehr nur von einer relativ kleinen Anzahl erfahrener Investoren gehalten. Zunehmend investieren breite Kreise aus allen Bevölkerungsschichten ihr Vermögen in sehr unterschiedliche Anlageprodukte und Anlageklassen. Die gewollte Bildung von Privatvermögen, nicht zuletzt zur Altersvorsorge kollidiert aber damit, dass das erforderliche Fachwissen und die notwendige Erfahrung nicht oder nur beschränkt vorhanden sind. Zugleich

22 Assmann/Schneider/*Koller*, WpHG, 4. Aufl., vor § 31 ff. Rn. 15; BGH BB 2001, 1865, 1866; BGH WM 2004, 24.

sind die Kunden gerade durch negative Erfahrungen der vergangenen Krisen vorsichtiger geworden und wünschen eine umfassendere Aufklärung über Produkte und Kosten. Hier gilt es, die Kunden durch qualifizierte Berater und geeignete Informationen zu vernünftigen Auswahlentscheidungen zu befähigen.
- Die Anlageziele der Anleger sind heterogener geworden; stand früher das Sparen für bestimmte Investitionen und der allgemeine Vermögensaufbau im Vordergrund, spielen heute Fragen der Altersvorsorge sowie des Vermögenserhalts eine wesentliche Rolle.
- Dem Anleger steht eine wachsende Zahl unterschiedlich strukturierter Dienstleister gegenüber, die Finanzprodukte und damit verbundene Dienstleistungen anbieten. Neben Banken und Sparkassen bieten schon seit längerem Versicherungsgesellschaften, Fondsvermittler und sog. Freie Vermittler eine breite Palette von Finanz- und Versicherungsprodukten an[23]. Für die Anbieter gelten aber nach wie vor unterschiedliche Regelungen in Bezug auf die Anforderungen an die Beratung der Kunden. Die Wohlverhaltensregeln der §§ 31 ff. WpHG gelten im Ergebnis nur für die Banken und Sparkassen als Wertpapierdienstleister, wohingegen Fondsvermittler, freie Vertriebe und Versicherungen lediglich sektor- oder produktspezifischen Regelungen nach dem Prospektrecht oder dem VAG unterfallen.[24] Dementsprechend kann der Kunde derzeit nicht erwarten, in vergleichbaren Anlagethemen eine gleichwertige Beratungsqualität zu bekommen.

2. Kundenbegriff

a) Kundenkategorien

Wesentliches Subjekt der Diskussion ist der Kunde, genauer der Anleger. Schon hier beginnt die Verwirrung: So ist pauschal vom **„(Privat)Anleger“** die Rede, der besser geschützt werden müsse; unklar bleibt allerdings häufig, wer genau gemeint ist und wovor der Anleger geschützt werden soll bzw. was das Ziel einer ihn schützenden Maßnahme sein soll. Dies erschwert die sachgerechte Beurteilung neuer Vorschläge zur Verbesserung des Anlegerschutzes und verdeckt teilweise auch, ob eine Thematik nicht schon abschließend geregelt ist. Als konkretes Beispiel kann die jüngste Diskussion um das sogenannte Produktinformationsblatt (PIB) gelten. Schon nach bisheriger Rechtslage haben die Kreditinstitute ihre Kunden über Inhalt und Risiken einer Anlage im Allgemeinen wie betreffend das konkrete Finanzprodukt aufzuklären; welchen zusätzlichen Nutzen soll dann ein PIB entfalten? Welche Rolle spielt es in der konkret-individuellen Beratung des einzelnen Kunden? Hierzu bedarf es klarer Antworten, sonst verschwimmt der Nutzen einer solchen Maßnahme.

---

23 Vgl. Übersicht in FTD v. 27.5.2010, S. A3.
24 Dazu *Hirte/Möllers*, KöKo-WpHG, § 2a Rn. 20 ff., 28 ff.

In der **Bankpraxis** gibt es den **Einheitstypus** des Privatkunden nicht. So wie schon lange zwischen **privaten und institutionellen Anlegern unterschieden** wird, können auch bei den Privatanlegern Zielgruppen gebildet werden; dies sind im Wesentlichen vier: erstens, die sogenannten Selbstentscheider, die häufig Kunden bei Direkt- und Onlinebanken sind. Diese Kunden nehmen keine Beratung in Anspruch, treffen ihre Anlageentscheidungen eigenständig und nutzen nur die Bankinfrastruktur, um ihre Anlagegeschäfte abzuwickeln. Im Beratungsgeschäft gibt es zweitens die normalen Privatkunden, drittens die gehobenen Privatkunden sowie schließlich viertens die vermögenden, häufig sehr wertpapieraffinen Wealth Management (WM) Kunden. Fast alle Banken unterscheiden zwischen diesen Gruppen, da deren Bedürfnisse teilweise auseinander gehen. Stehen bei den beiden Privatkundengruppen typischerweise Vermögensaufbau, Finanzierung und Vorsorge im Mittelpunkt, kommen bei WM-Kunden Themen wie Beteiligungsverwaltung, Erhalt großer Vermögen und Wertpapierhandelsaktivitäten hinzu. Dementsprechend ist diese Klientel mit den Inhalten des Bank- und Wertpapiergeschäfts regelmäßig deutlich vertrauter als der normale Privatanleger. Auch innerhalb der Anlegergruppen besteht indes eine große Heterogenität, was Anlageerfahrungen und -kenntnisse betrifft, ganz zu schweigen von den individuellen Anlagezielen und finanziellen Verhältnissen. Dementsprechend stellt sich die Frage, ob nicht auch innerhalb der Gruppe der Privatanleger deren Schutzbedürftigkeit differenziert zu sehen ist.

b) Anlegerschutzkonzeption des WpHG

Betrachtet man die **Normensystematik** der §§ 31 ff. WpHG fällt auf, dass aktuell ein relativ starres System der Anlegerkategorisierung mit der formalen Unterscheidung zwischen Privatkunden, professionellen Kunden und geeigneten Gegenparteien (vgl. § 31a) existiert, dem ein mal auf einen fiktiven verständigen Anleger, mal konkret auf den einzelnen Anleger abstellender Pflichtenkatalog gegenübersteht, vgl. die Informations- und Erkundigungspflichten oder die Geeignetheitsprüfung nach § 31 Abs. 2–4. Die beiden letztgenannten Anlegergruppen werden wiederum vom Anwendungsbereich der Wohlverhaltensregeln ganz oder teilweise ausgenommen. Auf den ersten Blick ergibt sich daher ein diffuses Bild, welches Anlegerschutzkonzept gilt. Dies soll nachfolgend insbesondere aus Sicht der Erfordernisse der Bankpraxis näher betrachtet werden.

Eine **Definition des Anlegerbegriffs**, insbesondere des Privatanlegers erfolgte im WpHG ursprünglich nicht, sondern es wurde formal ein einheitlicher Anlegerbegriff verwandt. Die Vorschriften zeichneten sich materiell dadurch aus, dass bestimmte Normen entweder implizit auf einen nicht näher definierten Durchschnittsanleger abstellten, z.B. bei der standardisierten Information über die Charakteristika einzelner Finanzinstrumente nach § 31 Abs. 2 Nr. 2 a.F., oder das Eingehen auf den einzelnen Anleger vorsahen, z.B. bei der Abfrage des bisherigen Anlageverhaltens, der Anlageziele und der finanziellen Verhältnisse nach § 31 Abs. 2 Nr. 1 a.F, wobei § 31 Abs. 2 Satz 2 auf die Entscheidungsfreiheit im Einzelfall abstellte. Der Gesetzgeber nahm damit die „Bond“-Rechtsprechung des BGH auf, wonach eine Anlageempfehlung im Rahmen eines **Beratungsvertrages**, der konkludent durch die Aufnahme eines Beratungsgespräches entstehen kann, sowohl anleger- als auch objektgerecht sein muss.[25] Das bedeutet, dass der Wissensstand des Kunden, seine Kenntnisse, Erfahrungen und Anlageziele festgestellt und dann mit den Anlageprodukten abgeglichen werden müssen. Die Eigenschaften und Risiken der empfohlenen Anlage müssen zudem vollständig, richtig und verständlich erklärt werden.[26] Der BGH stellte hierbei im Grundsatz auf den **verständigen Anleger** ab, der kein Experte in Finanz- und Anlagethemen war, aber doch ein Grundverständnis und -kenntnisse besaß.[27] Auch aus der jedenfalls im Rahmen der Anlageberatung oder Portfolioverwaltung regelmäßig bestehenden Vertragsbeziehung zwischen Anleger und Wertpapierdienstleistungsunternehmen folgt mithin bereits die Notwendigkeit einer individuellen Betrachtung des einzelnen Kunden. Art. 11 WpDLR als wesentliche Grundlage der ursprünglichen Wohlverhaltensregeln des WpHG normierte neben den beiden Grundsätzen der Wahrung des Kundeninteresses und Transparenz für den Kunden **keine Anlegerkategorisierung**. Allerdings bezeichnete Erwägungsgrund 31 der WpDLR ein Vorgehen entsprechend den Eigenarten der jeweiligen Anlegerkategorie als zulässig und Art. 11 Abs. 1 Satz 2 WpDLR ermächtigte zur Abbedingung der Erkundigungspflicht in Bezug auf professionelle Anleger.

Für die **Bankpraxis** im Privatkundengeschäft bedeutete dies, dass (1) zur Erfüllung der Erkundigungs- und Informationspflichten zuvor nicht an einer formalen Kundenkategorisierung angeknüpft werden konnte, jedoch (2) von verständigen Durchschnittsanlegern ausgegangen werden konnte und die gleichwohl erforderliche Einzelbetrachtung des Kunden auf Basis standardisierter Befragungsbögen, Risikoklassen und Informationsbroschüren erfolgen durfte; im Hinblick auf die Mengengerüste im Privatkundengeschäft war dies unerlässlich; (3) blieb der Vorrang der Kundenweisung und der Kundenverantwortlichkeit unangetastet. Die gesetzlichen Anforderungen betrafen zugleich die Kriterien, die für eine qualitativ hochwertige Kundenberatung essentiell sind: Erstens den Kunden und seine Bedürfnisse zu kennen, ihm zweitens die dazu passenden Anlagelösungen zu vermitteln und drittens dem Kundeninteresse ausreichend Rechnung zu tragen. Insofern löste das WpHG erhebliche Investitionen in die Qualität und Infrastruktur der Bankberatung aus und führt in den Instituten zu einer deutlichen Steigerung des Bewusstseins für die Kundenbelange und auch die Compliance-Abteilungen, Wirt-

25 BGH WM 1993, 1455, 1456; der Verweis des Gesetzgebers findet sich in BT-Drs. 12/7918, S. 103; auch *Horn*, WM 1999, 1,5.

26 BGH, a.a.O.; vgl. auch Assmann/Schneider/*Koller*, WpHG, 4. Aufl., § 31 Rn. 147 zu den Anforderungen an die Verständlichkeit der Kundeninformation.

27 BGH ZIP 2004, 111; schöne Zusammenfassung bei *Kosten*, BKR 2007, 261, 262; ferner Schwark/*Schwark*, KMRK, § 31 WpHG Rn. 43.

schaftsprüfer und BaFin legen seitdem einen Schwerpunkt ihrer jeweiligen Tätigkeit in diesen Bereich.

Durch die **MiFID** kam es im Hinblick auf das o.g. System Ende 2007 zu einigen Änderungen, die eine Betrachtung erfordern. So erfolgte in § 31a Abs. 2 die Definition der **professionellen Kunden**. Bei diesen Kunden gilt nach § 31 Abs. 9, dass keine Erkundigung über die persönlichen Verhältnisse und Ziele erforderlich ist und es besteht die gesetzliche Vermutung, dass diese Kunden über den notwendigen Sachverstand verfügen und sie die finanziellen Risiken tragen können.[28] Auch die Angemessenheitsprüfung nach § 31 Abs. 5 gilt nicht, wohingegen die Anforderungen an Werbemitteilungen und die allgemeinen Informationspflichten grundsätzlich gelten.[29] Sie können allerdings nach § 31a Abs. 6 mit dem Wertpapierdienstleistungsunternehmen die Einstufung als Privatkunde vereinbaren, worauf die Schutzvorschriften dann wieder uneingeschränkt gelten.

Weiterhin enthält § 31 Abs. 3 eine **formale Definition des Privatkunden**; dies ist jeder Kunde, der nicht professioneller Anleger ist. Eine **materielle Definition** erfolgt nicht; Absatz 7 enthält weiterhin drei Kriterien, nach denen ein Privatanleger als professioneller Kunde eingestuft werden kann, sofern er zwei davon erfüllt: (1) mind. 10 Transaktionen in Finanzinstrumenten von erheblichem Umfang im letzten Jahr oder (2) ein frei verfügbares Vermögen von 500 tsd. Euro (3) oder umfassende fachliche und praktische Kenntnisse im Wertpapiergeschäft aufgrund einer entsprechenden beruflichen Betätigung. Bereits aus den Kriterien folgt, dass aus nur wenige Privatanleger hierfür in Frage kommen.

Inhaltlich haben die Wohlverhaltensregeln des WpHG durch die MiFID einige Elemente erhalten, die stärker in Richtung eines **Schutzes des Anlegers vor nicht sinnvollen Entscheidungen** weisen, ohne allerdings das **Primat der eigenverantwortlichen Kundenentscheidung** in Frage zu stellen. Verweigert der Kunde beispielsweise in einer Anlageberatung nach Abs. 4 die erforderlichen Angaben über seine Erfahrungen, Kenntnisse, Anlageziele und finanzielle Verhältnisse darf die beratende Bank nach Abs. 4 Satz 3 keine Empfehlung zu einem Finanzinstrument abgeben. Tut Sie es trotzdem, hat Sie neben dem aufsichtsrechtlichen Verstoß ein Haftungsrisiko, da dann regelmäßig die im Rahmen des Beratungsvertrages geschuldete anleger- und anlagegerechte Beratung kaum gewährleistet werden kann.[30] Kein Novum ist die **Geeignetheitsprüfung** nach § 31 Abs. 4; dahinter verbirgt sich die Verpflichtung zur anleger- und objektgerechten Beratung, d.h. die Anlage muss den Anlagezielen, Kenntnissen, Erfahrungen und finanziellen Möglichkeiten des Kunden entsprechen.[31] Im beratungsfreien Geschäft hat die Bank nach Abs. 5

---

28 Vgl. Regierungsbegründung BT-Drs. 16/4028, S. 66; umfassende Darstellung bei *Kosten*, BKR 2007, 261, 263 ff.

29 Einzelheiten bei *Fuchs*, WpHG, § 31a Rn. 46a f.

30 *Fuchs,* WpHG, § 31 Rn. 207.

31 Statt vieler *Ellenbert/Schäfer*, Fehlgeschlagene Wertpapieranlagen, 2006, S. 65 ff.

Satz 4 lediglich einen **Warnhinweis** zu geben, dass ihr eine Beurteilung der Angemessenheit des Geschäfts nicht möglich ist. Anschließend kann das Geschäft trotzdem getätigt werden, wobei die Angemessenheitsprüfung inhaltlich bedeutet, ob der Kunden die Risiken des jeweils in Rede stehenden Finanzinstruments angemessen beurteilen kann.[32] Es geht also wieder um dessen informierte und eigenverantwortliche Transaktionsentscheidung. In der Bankpraxis ist dies seit vielen Jahren durch die WpHG-Erfassungsbögen vorweg genommen worden, in denen die Kenntnisse und Erfahrungen der Kunden erfragt und dokumentiert werden. Der Kunde wird sodann in eine bestimme Risikoklasse eingestuft. Aufträge in höheren Risikoklassen werden dann nur nach einem entsprechenden Warnhinweis und einer zusätzlichen Aufklärung ausgeführt.[33]

Ebenfalls wenig Neues enthalten §§ 31 Abs. 2 und 3 mit **dem Gebot redlicher, eindeutiger und nicht irreführender Informationsunterlagen** und der Verpflichtung, alle für eine informierte Anlageentscheidung notwendigen Informationen rechtzeitig und in verständlicher Form zur Verfügung zu stellen, wobei nunmehr unstreitig ist, das letztere Verpflichtung durch die abstrakte Information über die Arten von Finanzinstrumenten erfolgen kann. Die Bankpraxis hat dies in der Basisinformation für Wertpapiergeschäfte umgesetzt; erst im Rahmen konkreter Dienstleistungen nach Abs. 4 oder 5 ist eine individuelle Produktaufklärung erforderlich.

Damit ist folgendes **Zwischenfazit** zu ziehen: Durch die MiFID ist es zwar zu einer formalen, nicht jedoch einer materiellen Definition des Privatkunden gekommen. Somit ist keine systematische Differenzierung zwischen Privatanlegern unterschiedlicher Bedarfs- und Kenntnisstufen möglich; dies geht nur im Rahmen der individuellen Beratung. Inhaltlich zeichnen sich auch die mit dem FRUG eingefügten Vorschriften dadurch aus, dass sie entweder wie bei den Regelungen zur Werbung und zur Information über Produktarten deren Durchführung (weiterhin) in **standardisierter Form** zulassen und im Hinblick auf den Empfängerhorizont auf einen „vernünftigen" Anleger (vgl. § 31 Abs. 3) abstellen, oder wie bislang konkret-individuelle Verhaltenspflichten normieren, z.B. bei der Prüfung der Geeignetheit oder Angemessenheit einer Anlage nach § 31 Abs. 4 und 5. Inhaltlich stellen die beiden letztgenannten Anforderungen wiederum keine Neuigkeiten für die Bankpraxis dar. Das Empfehlungsverbot des § 31 Abs. 4 sowie die Warnhinweispflicht nach § 31 Abs. 5, aber auch die vielfach sehr detaillierten Durchführungsbestimmungen zur MiFID und zum FRUG zeigen die Tendenz hin zu einer eher fürsorglichen Anlegerschutzkonzeption. In Summe hat indes auch die MiFID nichts am bisherigen Bild geändert: Die Wohlverhaltensregeln dienen einerseits der Beseitigung von Informationsasymmetrien und der Regelung von Interessenkonflikten zwischen Anlegern und Wertpapierdienstleistern, andererseits versuchen sie unter dem Gesichtspunkt des Anlegerschutzes den in der

32 *Clouth/Lang*, MiFID-Praktikerhandbuch, Rn. 196.

33 Gute Beschreibung des Systems bei *Lang*, Informationspflichten, § 17 Rn. 63 ff.

Lebenswirklichkeit typischerweise zu erwartenden Abweichungen im Verhalten des Durchschnittsanlegers vom rationalen Vorgehen zu begegnen.[34] Nicht gewollt ist dagegen die mit der Privatautonomie nicht vereinbare Beschränkung oder Bevormundung des Anlegers im Sinne eines Schutzes vor unvernünftigen Entscheidung. Unverändert gilt insoweit die Letztverantwortung des Anlegers für seine Anlageentscheidung; ist er ordnungsgemäß beraten worden und damit in der Lage, die Chancen und Risiken einer Anlage einzuschätzen, muss er jede Entscheidung treffen dürfen, auch eine wirtschaftlich Unvernünftige.[35]

c) Zusammenfassung und Würdigung aus Sicht der Bankpraxis

Das WpHG war in seiner ursprünglichen Konzeption durch ein **bewegliches Anlegerschutzkonzept** gekennzeichnet, dass in Anlehnung an die langjährige Rechtsprechung des BGH implizit – allerdings ohne eindeutige Regelung – von einem **verständigen Durchschnittsanleger** ausging und sodann z.B. bei den Explorations- und Informationspflichten der Institute auf die Situation des jeweiligen Anlegers abstellte. Der Fokus lag hierbei auf der ordnungsgemäßen Offenlegung und Handhabung von Interessenkonflikten und der Beseitigung von Informationsungleichgewichten zwischen Anlegern und Instituten. Der Anleger sollte auf dieser Grundlage eine eigenverantwortliche Entscheidung treffen können, deren ökonomische Folgen er dann auch zu tragen hat. Auf dieser Basis erfolgte in der Bankpraxis eine Einteilung in Kundengruppen, die mit unterschiedlichen Beratungsansätzen und Produkten bedient werden (dazu 4.). Durch die MiFID und die jüngsten Änderungen des WpHG hat dieser vergleichsweise stringente Ansatz gelitten. Die **rein formale Unterteilung** zwischen Privatanlegern und professionellen Kunden und die sich daran anknüpfenden Rechtsfolgen entsprechen nicht der Wirklichkeit des Bankgeschäfts; als echtes Defizit ist die fehlende Möglichkeit zur systematischen Differenzierung zwischen unterschiedlichen Privatanlegergruppen zu sehen, was die rechtlichen Anforderungen an Information, Aufklärung und Dokumentation betrifft. Gleichzeitig ist eine Tendenz zu einem Schutz des Kunden vor den wirtschaftlichen Risiken seiner Anlageentscheidungen zu erkennen, mit der nochmals erweiterte Informations- und Dokumentationspflichten einhergehen.

3. Kennen und Verstehen des Kunden

§ 31 Abs. 4 normiert die Verpflichtung zur anlegergerechten Beratung, d.h. eine empfohlene Anlage muss den Anlagezielen, Kenntnissen, Erfahrungen und finanziellen Möglichkeiten des Kunden entsprechen.[36] In Umsetzung dieser Vorgaben

---

34 *Fuchs*, WpHG, vor § 31 Rn. 69 m.w.N.

35 Ebenso die hM, vgl. BGH BB 2001, 1865, 1866; eine Grenze liegt bei einer Verleitung zur Selbstschädigung durch das beratende Institut, vgl. BGH ZIP 2004, 111.

36 Grundsätzlich zu den rechtlichen Anforderungen *Fuchs*, WpHG, § 31 Rn. 188 ff.

findet in allen Instituten eine umfassende und zumeist DV-gestützte **Exploration** des Kunden statt, in denen er nach seinen Kenntnissen, finanziellen Verhältnissen und Anlagezielen befragt wird; dies erfolgt zu Beginn der Kundenbeziehung und sodann regelmäßig, bei einer aktiven Kundenbeziehung idealerweise jährlich.[37] In diesem Kontext wird auch das Chance-/Risikoprofil des Kunden erstellt, d.h. geklärt, welche Anlagerisiken der Kunden tragen kann/möchte. Auf dieser Grundlage wird eine Musterdepotstruktur für den Kunden erstellt.[38]

Hier ist bereits die erste Sollbruchstelle in der Anlageberatung: Sind die Angaben des Kunden unrichtig bzw. unvollständig oder überschätzt er seine Anlagekenntnisse und Risikoneigung, wird dies regelmäßig erst im Lauf der Kundenbeziehung deutlich, zumeist, nachdem es bereits zu Enttäuschungen gekommen ist. Der Kundenberater kann den Kunden nur zu einer realen Selbsteinschätzung und Darstellung seiner Verhältnisse anhalten; bei offensichtlichen Zweifeln an der Kundendarstellung reagiert die Bank ohnehin.[39]

Verweigert der Kunden die erforderlichen Angaben darf die Bank nach § 31 Abs. 4 Satz 3 keine Empfehlung zu einem Finanzinstrument geben. Tut sie es dennoch, liegt hierin ein aufsichtsrechtlicher Verstoß und es wird ein haftungsrechtliches Risiko geschaffen.[40] Im beratungsfreien Geschäft nach Absatz 5 hat die Bank lediglich einen Warnhinweis zu geben, dass ihr eine Beurteilung der Angemessenheit des Geschäfts nicht möglich ist; daran anschließend kann die Kundenorder ausgeführt werden. Gegenstand der Angemessenheitsprüfung ist, ob der Kunde die Risiken des in Rede stehenden Finanzinstruments beurteilen kann.[41]

Die Kundenexploration ist die wesentliche Grundlage für eine hochwertige Beratung, da nur bei Kenntnis des Kunden und seiner Bedürfnisse passende Anlage- oder Finanzierungslösungen vermittelt werden können. Hierzu investieren viele Banken ständig in die Qualität ihrer Berater und der technischen Infrastruktur. Einige Institute bieten den Kunden zudem eine über die Erfassung der WpHG-Angaben hinausgehende Bedarfsanalyse an, in der in einem strukturierten Prozess sämtliche Bedürfnisse eines Kunden ermittelt werden, d.h. nicht nur die Anlage in Finanzinstrumenten, sondern auch Vorsorge, Versicherungsschutz und Finanzierung.[42]

---

37 Es gibt keine verbindliche rechtliche Vorgabe zur wiederholten Informationsverschaffung, allerdings wird aus der allgemeinen Interessewahrungspflicht des § 31 Abs. 1 Nr. 1 eine Verpflichtung zur Überprüfung in bestimmten Zeitabständen abgeleitet, vgl. *Kienle*, Bankrechtshandbuch, 2. Aufl., § 110 Rn. 27.

38 Siehe *Hirte/Möllers*, KöKo-WpHG, § 31, Rn. 181.

39 Dazu auch *Lang*, Informationspflichten, § 17 Rn. 31; *Nobbe*, Bankrecht 1998, S. 235, 253.

40 Ebenso *Fuchs*, WpHG, § 31 Rn. 207 m.w.N.

41 Siehe wiederum *Fuchs*, WpHG, § 31 Rn. 276.

42 Vgl. etwa die Bedarfsanalyse der Commerzbank unter www.commerzbank.de.

4. Produktauswahl und Information über in Frage kommende Anlagemöglichkeiten

Alle größeren Banken verfügen seit längerem über **Produktentwicklungs-, prüf- und -auswahlprozesse**, mit denen sichergestellt werden soll, dass nur Produkte mit einem belastbaren Leistungsversprechen und klar identifizierten Chancen und Risiken in den Vertrieb kommen. Weiterhin erfolgt die ständige Marktbeobachtung durch Spezialisten, die sodann Research, Prognosen und Produktvotierungen als Grundlage für die Kundenberatung in den Filialen erstellen. Basierend hierauf erfolgen dann die konkreten Produktempfehlungen. Den gelegentlich geforderten „Finanz-TÜV" haben viele Institute intern längst etabliert, zugeschnitten auf ihr Geschäftsmodell und ihre Kundengruppen. Eine gesetzliche Regelung wäre insofern wenig hilfreich, da die Prozesse bei einer international tätigen Universalbank mit breitem Privatkundengeschäft anders aussehen als bei einer Regionalbank.

Ebenfalls etabliert ist die **Zuordnung der Produkte** zur jeweiligen Musterdepotstruktur des Kunden, d.h. nach seiner Risikoneigung. Im Ergebnis werden damit bestimmte Produkte auch nur für definierte Kundengruppen empfohlen. Damit soll zum einen die Produktkenntnis der Berater sichergestellt, zum anderen die Produktauswahl entsprechend dem Chance-/Risikoprofil der Kunden erleichtert werden. Letztlich geht es um eine generelle Vorselektion von Produkten zu Kundengruppen, mittels deren erreicht wird, dass bestimmten Kundengruppen, z.B. konservativen Kunden ohne Aktienquote, von vornherein keine Produkte angeboten werden, die nicht zu ihrer Risikokategorie passen. Sofern ein Kunde im Einzelfall gleichwohl in ein solches Produkt investieren will, kann er dies nach ordnungsgemäßer Aufklärung tun, da seine Weisung Vorrang hat. Mit der **MiFID** hinzugekommen und umgesetzt sind einige weitere Anforderungen:[43]

- Die Best Execution-Verpflichtung nach § 33a normiert, jene Ausführungsplätze auszuwählen, auf denen für die Kunden das gleich bleibend beste Ergebnis hinsichtlich der Kosten, der Ausführungswahrscheinlichkeit und der Schnelligkeit der Ausführung darstellbar ist; dies hat primär für Geschäfte in Einzeltiteln Relevanz. Die Geschäfte müssen dabei so dokumentiert und archiviert werden, dass die Einhaltung der Best Execution und anderer MiFID-Bestimmungen gegenüber den Aufsichtsbehörden nachgewiesen werden kann.
- Die Kunden sind nach § 31d Abs. 1 Nr. 2 über Zuwendungen nach Abs. 2 zu informieren. Betroffen sind in erster Linie Bestandsprovisionen und Retrozessionen (Kick-backs) beim Produktvertrieb.

Auf **EU-Ebene** (im Rahmen der Novelle der Prospekt- und OGAW-Richtlinie) als auch national wird darüber hinaus an gesetzlichen Vorgabe für ein sogenanntes

43 Überblick bei *Fleischer*, BKR 2006, 386; *Spindler/Kasten*, WM 2007, 1245; *Weichert/Wenninger*, WM 2007, 627; zu Rückvergütungen *Rozok*, BKR 2007, 469; zur Best Execution *Zingel*, BKR 2007; 173.

Produktinformationsblatt (Key Information Document) gearbeitet.[44] Das PIB (auch *„Beipackzettel"* genannt) soll den Anlegern auf einen Blick die wesentlichen Eigenschaften, Chancen/Risiken und Kosten von Finanzprodukten erläutern und den Vergleich verschiedener Anlageprodukte erleichtern. Die Kreditwirtschaft hat auf Basis eines vom BMLeV veröffentlichten Musters, ein PIB entwickelt. Das Blatt untergliedert sich in folgende Kategorien: Produktbezeichnung, Produktart, Anbieter/Emittent, Produktbeschreibung, Risiken, Rendite, Kosten, Verfügbarkeit, Besteuerung, Sonstiges. Das PIB findet bereits Verwendung, wobei jedoch folgende Rahmenbedingungen zu bedenken sind: Es entbindet nicht von der Aufgabe, dem Kunden das für seine spezifische Situation geeignete Produkt zu empfehlen; aus dem PIB lässt sich mithin keine allgemeine Vermutung ableiten, dass ein Produkt für bestimmte Kunden per se geeignet oder ungeeignet ist[45]. Insofern sollte der Kunde stets die Beratung in Anspruch nehmen. Auch wenn dies das Ziel ist, aber nicht jedes Produkt lässt sich für Jeden verständlich und in Kürze darstellen; insoweit ist wiederum die Beratung wichtig. Es macht weiterhin unter Aufwandsgesichtspunkten keinen Sinn, für jedes Produkt, dass bei einer Bank oder Sparkasse erworben werden kann, ein PIB zu erstellen. Dies ist nur bei den aktiv vertriebenen Produkten geboten, weil auf diese das Gros der Geschäfte entfällt. Ferner gibt es bereits eine Diskussion über eine Erweiterung des PIB auf andere Produkte wie z.B. geschlossene Fonds; diesbezüglich ist Vorsicht angeraten, da der Ansatz der PIB schon aufgrund der Produktkomplexität an seine Grenzen gerät.[46]

5. Sorgfalt und Sachkunde in der Beratung

a) Grundsätzliches

Gemäß § 31 Abs. 1 Nr. 1 WpHG besteht u.a. die Verpflichtung, Wertpapierdienstleistungen mit der notwendigen Sachkenntnis, Sorgfalt und Gewissenhaftigkeit zu erbringen.[47] Das WpHG spiegelt insoweit die Anforderungen, die sich bereits aus den der jeweiligen Dienstleistung zugrundeliegenden vertraglichen und vorvertraglichen Rechtsverhältnissen ergeben.[48] Die Erfüllung dieser Kriterien werden maßgeblich durch die Information und Qualifikation der Berater, die Gestaltung der Beratungsprozesse und deren technische Unterstützung beeinflusst. Aufgrund des

---

44 Siehe den Bericht der EU-Kommision vom 8.7.2009, abrufbar unter www.ec-europa.eu/internal_market/investor_information_en; CESR Feedback Statement v. 19.4.2010, CESR/09-995, www.cesr.org; das Muster des BMLeV ist unter www.bmlev.de abrufbar.

45 Siehe auch FTD vom 27.05.2010, S. A3.

46 Insofern zu weitgehend der Diskussionsentwurf des BMF v. 3.5.2010, der die Verwendung eines PIB über alle Produktkategorien und alle Vertriebskanäle vorsah, abrufbar unter www.bmf.de.

47 Dazu umfassend *Fuchs*, WpHG, § 31 Rn. 20 ff.

48 Vgl. *Balzer*, ZBB 1997, 260, 264; *Reich*, WM 1997, 1601, 1602 ff.

sich ständig verändernden Marktumfeldes handelt es sich um eine Daueraufgabe für alle Marktteilnehmer. Gleichwohl gibt es einige aktuelle Entwicklungslinien: (1) die Beratungsansätze werden stärker auf eine gesamthafte Beratung des Kunden zur Identifikation und Abdeckung aller Kundenbedürfnisse ausgelegt, d.h. die Altersvorsorge und Finanzierungsthemen werden ergänzend zur Vermögensanlage betrachtet. (2) Hinzu kommt eine für Kunden und Berater möglichst komfortable und einfache EDV-Unterstützung des Beratungsprozesses. (3) Weiterhin werden die Beratungsaufträge für die einzelnen Beratergruppen noch stärker auf die von ihnen betreuten Kundengruppen ausgerichtet und (4) die Unterstützung der Berater durch Beratungsspezialisten, z.B. für Vorsorge und Wertpapiergeschäft, verstärkt.[49]

Zugleich muss in der laufenden rechtspolitischen Diskussion beachtet werden, dass der **Bankkunde genauso eigenverantwortlich** handelt wie etwa der Erwerber einer Immobilie oder eines Autos. So wie er sich in diesen Fällen häufig der Hilfe eines Beraters, z.B. eine Maklers, bedient, wendet sich der Bankkunde bewusst an einen Anlageberater, um entsprechende professionelle Anlageempfehlungen zu erhalten. Unbeschadet dessen trifft jedoch immer der Kunde die Anlageentscheidung und nicht der Berater, was diesen allerdings nicht von seiner Verpflichtung zur bestmöglichen Beratung im Kundeninteresse befreit. Gleichwohl sollte ein Kunde ein Produkt, dass er nicht versteht oder dessen Risiken er nicht abschätzen kann, nicht erwerben. Der Anleger sollte seinem Berater in diesem Fall mitteilen, dass er ein Produkt nicht nachvollziehen kann; gibt er seinem Berater keinen Hinweis, so kann dieser auch nicht entsprechend aufklären.

b) Einbeziehung aller Marktteilnehmer

Wird über die Qualität und Sachkunde in der Anlageberatung gesprochen, ist es wichtig, den gesamten Markt, d.h. alle Anbieter zu erfassen. Die jüngeren rechtspolitischen Forderungen betreffen das weite Feld der Wertpapierdienstleistungen und insbesondere der Anlageberatung nach § 2 Abs. 3 Nr. 9 WpHG. **Persönliche Adressaten** sind bislang aber nur die Banken und Sparkassen als Wertpapierdienstleister, wohingegen Fondsvermittler sowie gebundene Vermittler nach § 2a Abs. 1 Nr. 7, Abs. 2 ausgenommen sind.[50] Auch diese Anbieter bieten jedoch die Anlageberatung in für Privatkunden besonders relevanten Produkten wie Investmentfonds an. Gleichwohl unterliegen sie in Bezug auf Sachkunde, Interessenkonflikthandhabung, Explorations- und Informationspflichten keinen oder nur deutlich niedrigeren Standards als Wertpapierdienstleister.[51] Eine schlüssige Begründung

49 Siehe etwa den Beratungsansatz der Commerzbank im Privatkundengeschäft, www.commerzbank.de.

50 Dazu *Fuchs*, WpHG, § 2a Rn. 19 f., 40 f.

51 *Fuchs*, a.a.O.

hierfür ist nicht ersichtlich;[52] dementsprechend ist es nur konsequent, wenn der EU-Gesetzgeber für den Vertrieb sog. **Packaged Retail Products** gleiche Anforderungen an alle Anbieter solcher Produkte normieren will.[53] Ebenfalls positiv anzumerken ist in diesem Kontext, dass der Gesetzgeber nunmehr den Vertrieb geschlossener Beteiligungen dem WpHG unterstellen will.[54] Damit wird ein wesentlicher Teil des sog. Grauen Kapitalmarktes, der im Privatkundengeschäft eine erhebliche Rolle spielt, unter Aufsicht gestellt. Der Vertrieb dieser Produkte erfordert beim Anleger die gleiche Exploration und Information sowie Prüfung auf Geeignetheit wie bei Finanzinstrumenten, zu mal es sich regelmäßig um Beteiligungen mit unternehmerischen Risiken inkl. Kapitalnachschusspflichten handelt.[55]

7. Wahrung des Kundeninteresses

a) Überblick

Das WpHG normiert an mehreren Stellen den Vorrang des Kundeninteresses und konkretisiert dies unter anderem das Verhaltensgebot zum Interessenkonfliktmanagement des § 31 Abs. 1 Nr. 2 WpHG und Organisationsmaßnahmen nach § 33 Abs. 1 Satz 2 Nr. 3. Interessenkonflikte können (1) zwischen Kunden und Wertpapierdienstleister sowie (2) zwischen Kunden auftreten[56] Quellen für Interessenkonflikte der ersten Fallgruppe sind vor allem geschäfts- oder vergütungsbezogene Gegensätze, z.B. Erzielung finanzieller Vorteile zu Lasten des Kunden, Empfang von Zuwendungen Dritter für Dienstleistungen an den Kunden.[57] Zielsetzung der gesetzlichen Regelung ist die Vermeidung von Interessenkonflikten und wo dies nicht möglich ist, alle zumutbaren Anstrengungen zu unternehmen, um die Beeinträchtigung von Kundeninteressen zu vermeiden.[58]

In der Bankpraxis wird dies vor allem durch organisatorische Maßnahmen sowie die Kundenaufklärung über den jeweiligen Interessenkonflikt sichergestellt. Wichtige Fallgruppen sind das Vorliegen besonderer Provisionsinteressen aus der Vertriebspartnerschaft mit einem Dritten beim Vertrieb von Finanzprodukten oder die für den Kunden unsinnige Generierung einer Vielzahl kostenpflichtiger Transaktionen ohne Bezug zu einem vernünftigen Anlagezweck (Churning). Kon-

52 Der Gesetzgeber begründete die Ausnahme primär mit dem standardisierten Charakter der Investmentfonds, so dass kaum schutzwürdige Anlegerinteressen berührt würden, vgl. Regierungsbegründung, BT-Drs. 13/7142, S. 71 f.

53 Vgl. die Bekanntmachung der EU-Kommission v. 8.7.2009, a.a.O., Fn. 48.

54 Börsen-Zeitung vom 6.5.2010, S. 2.

55 Vgl. *Fuchs*, WpHG, Einl. Rn. 8.

56 Grundsätzlich *Fuchs*, WpHG, § 31 Rn. 45 ff.

57 Assmann/Schneider/*Koller*, WpHG, 4. Aufl., § 31 Rn. 31 ff.

58 *Fuchs,* a.a.O., Rn. 56; KöKo-WpHG-*Möllers*, § 31 Rn 111.

flikte können auch beim Vorliegen verschiedener Kundenaufträge zu einem Zeitpunkt entstehen, wenn diese nicht oder zu nicht vergleichbaren Bedingungen ausgeführt werden.[59]

b) Interessenwahrung und Vergütungsansatz bei der Beratung

Im Nachgang der durch die Finanzkrise ausgelösten Diskussion um die Beratungsqualität und die Vertriebspraxis der Banken, wird immer wieder die sog. **Honorarberatung** als Lösung für eine Beratung frei von Interessengegensätzen ins Feld geführt.[60] Sie zeichnet sich durch folgende Merkmale aus: (1) Der Grundsatz der Unabhängigkeit des Beraters wird in der Weise erfüllt, dass die Leistungserstellung nicht durch Eigeninteressen oder Interessen Dritter beeinträchtigt wird; Produktverkauf und Beratung wird klar getrennt. (2) Die Leistungen des Beraters bzw. des Beratungsunternehmens werden ausschließlich durch ein – vorab vereinbartes – Honorar vergütet, das der Kunde an den Berater bzw. das Beratungsunternehmen zahlt. (3) Leistungen Dritter, z.B. Provisionen, sind nicht Teil der Vergütung des Beraters bzw. des Beratungsunternehmens für die Leistungen für seinen Kunden. (4) Solche Leistungen Dritter werden – kommen sie in den Einflussbereich des Beraters oder Beratungsunternehmen – dem Kunden der Art und Höhe nach ausgewiesen und in geeigneter Weise rückvergütet. (5) Die Art und Höhe der Honorar erfüllt das Prinzip der Neutralität der Entlohnungshöhe vom Beratungsergebnis; dazu gibt es verschiedene Berechnungsmodelle: nach Beratungsumfang / Leistung, X-Prozent vom Volumen, monatliche/jährliche Pauschalen, erfolgsabhängige Provision (gemessen an Rendite- oder Risikokennziffern). Ein solches Leistungsangebot könne z.B. auch durch die Verbraucherschutzzentralen erbracht werden.

Hinter dieser Diskussion steht die Vermutung, dass die Banken bestimmte Produkte nicht im Kundeninteresse, sondern primär im Eigeninteresse vertrieben haben, um ihre Erträge zu maximieren, mithin vorstehend erörterte Wohlverhaltensregeln mit dem Vorrang des Kundeninteresses in ihrer Vertriebspraxis nicht beachten würden. Diesbezüglich ist indes eine Differenzierung geboten: (1) Zunächst gilt für Banken und Sparkassen wie für jedes andere Unternehmen, dass sich nur mit langfristig zufriedenen Kunden stabile und befriedigende Erträge erwirtschaften lassen. Daher sind Unterstellungen, dass Banken strukturell gegen ihre Kunden arbeiten, nicht seriös. (2) Die Diskussion zeigt gleichwohl ein Spannungsfeld auf, in dem sich die Banken bei der Anlageberatung befinden: der Kunde will einerseits eine professionelle, auf ihn persönlich zugeschnittene Beratung, die möglichst kostengünstig sein soll. Andererseits gibt es das legitime Interesse der Bank, aus der Kundenberatung Erträge zu erwirtschaften. Wie jedes

59 Überblick bei *Fuchs,* WpHG, § 31 Rn. 77 ff.

60 Vgl. „Unabhängige Berater gehen in die Offensive", Handelsblatt v. 15.6.2009, www.handelsblatt.com; „Die Vorzüge der Honorarberatung", FAZ v. 24.7.2008, www.faz.net.

andere Unternehmen auch, kann eine Bank ihre Leistungen nicht verschenken. In Deutschland hat sich daher über die Jahrzehnte hinweg ein System entwickelt, in welchem direkt gezahlte Beratungshonorare bei Banken kaum vorkommen. Vielmehr wird die Beratungsleistung durch Vertriebsprovisionen oder Rückvergütungen aus den Verwaltungsvergütungen der vertriebenen Produkte finanziert, was auch in anderen Branchen üblich ist, vgl. z.B. Versicherungen; dies wird dem Kunden umfassend transparent gemacht.[61]

Vergütungsmodelle, die eine direkte Bezahlung der Berater bzw. Banken vorsehen, sind am Markt bislang nicht etabliert und es bleibt abzuwarten, ob sich solche Modelle durchsetzen werden. Selbst die direkt nach der Finanzkrise und mit entsprechender Öffentlichkeit an den Markt gebrachten Modelle zeigen bisher keinen Erfolg. Im Übrigen ist davon auszugehen, dass sich eine Honorarberatung für den Kunden erst ab einer bestimmten Depotgröße und einer bestimmten Häufigkeit an Anlagegeschäften rechnen wird. Einem Privatkunden mit einem Wertpapierdepot von 50.000 EUR und zwei Anlagegeschäften jährlich wird kaum ein Honorar von 2 % seines Depotvolumens per anno zu vermitteln sein.

Vielmehr ist **unabhängig vom Vergütungsmodell** das **qualitativ hochwertige Beratungsgespräch** und der **Kundendialog** von zentraler Bedeutung. Nur so kann das Vertrauensverhältnis zwischen Kunde und Bank langfristig gepflegt werden[62]. Dies erfordert die regelmäßige und aktive Ansprache des Kunden und ein gutes Beratungsgespräch im Einzelfall; dieses muss so strukturiert und geführt werden, dass der Kunde im Hinblick auf seinen konkreten Bedarf wie auch das dazu in Betracht kommende Bankprodukt so beraten wird, dass er versteht, warum eine bestimmte Anlageentscheidung sinnvoll ist und worin deren Chancen und Risiken liegen. Ein weiteres von vielen Banken bislang nicht ausreichend genutztes Instrument ist der regelmäßige Kundendialog außerhalb der individuellen Kundenbeziehungen. Hierbei können fest installierte Foren wie etwa ein Kundenbeirat wertvolle Einblicke und Hinweise aus der Kundenperspektive geben.

8. Dokumentation der Anlageberatung

Diesbezüglich hat die zum 1.1.2010 eingeführte Verpflichtung zur Erstellung eines **Beratungsprotokolls** bei der Anlageberatung nach § 34 Abs. 2a WpHG zu weit reichenden Änderungen geführt. Es handelt sich zugleich um die bislang sichtbarste Reaktion des Gesetzgebers auf die im Zuge der Finanzkrise entstandene

---

61 Siehe zu den Anforderungen nach § 31d, *Fuchs*, WpHG, § 31 d Rn. 35 ff; *Rozok*; BKR 2007, 217 ff., wobei § 31d Abs. 4 eine Regelvermutung begründet, dass Zuwendungen im Kontext der Anlageberatung deren Qualität strukturell verbessern, sofern letztere trotz erfolgender Zuwendung unvoreingenommen erbracht wird. In den von vielen Banken mittlerweile eingesetzten PIBs gibt es einen separaten Abschnitt zu den Kosten, vgl. das Muster-PIB des BdB, abrufbar unter www.bdb.de.

62 „Rechnen hilft“, FTD v. 22.5.2010, S. A1.

Diskussion über die Beratungsqualität der Finanzdienstleister, mit welcher selbige und insbesondere die Beweislage der Kunden gegenüber den Instituten verbessert werden sollte.[63]

Danach müssen

- der Anlass der Anlageberatung,
- die Dauer des Beratungsgesprächs,
- Informationen zur „persönlichen Situation des Kunden“ (meint insbesondere die Angaben aus dem WpHG-Bogen),
- Informationen über die Wertpapiere und Dienstleistungen, die Gegenstand der protokollierten Anlageberatung waren sowie
- „die vom Kunden im Zusammenhang mit der Anlageberatung geäußerten wesentlichen Anliegen und deren Gewichtung“,
- Empfehlungen und die wesentlichen Gründe für diese Empfehlungen dokumentiert sowie vom Berater unterschrieben und an die Kunden übergeben werden.

Bei der telefonischen Anlageberatung gilt ferner ein Rücktrittsrecht von einer Woche nach Zugang des Protokolls beim Anleger für ein aufgrund der Anlageberatung getätigtes Wertpapiergeschäft, vgl. § 34a Abs. 2a Satz 4 WpHG.

Im Gesetzgebungsverfahren war unter anderem diskutiert worden, zwischen den Privatanlegern zu unterscheiden, bei denen eine Schutzbedürftigkeit zu vermuten ist, die das Protokoll sinnvoll erscheinen lässt, und jenen Anlegern, die umfassende Erfahrungen im Wertpapiergeschäft haben, so dass sie die Protokollierung eher als Bürokratie ohne Nutzen empfinden; hierzu zählen z.B. aktive Wertpapierkunden. Weiterhin erwogen wurde, den Instituten das Recht zu geben, die Protokollierungspflicht durch individuelle oder standardisierte Vereinbarung mit den Kunden abzubedingen, so dass der Kunde ein Wahlrecht gehabt hätte, ob er eine Protokollierung wünscht oder nicht. Keiner dieser Ansätze fand indes die Akzeptanz des Gesetzgebers.

Die ersten Erfahrungen mit dem Beratungsprotokoll bestätigen die im Gesetzgebungsverfahren gemachten Einwendungen gegen den schematischen Regulierungsansatz des Gesetzgebers. Insbesondere die nicht kleine Gruppe der Kunden mit hoher Affinität zum Wertpapiergeschäft empfindet die umfassende Protokollierung der Anlageberatung häufig als Bürokratie und Zeitverschwendung. So kann das jährliche Strategiegespräch, indem alle Depotpositionen durchgegangen werden, durch die Protokollierung gut ein Drittel mehr Zeit beanspruchen, ohne dass der Kunde dabei einen Mehrwert spürt. Da die Protokollierungspflicht für alle Anleger und alle Finanzinstrumente gilt, musste der zugrunde liegende Prozess als standardisierter Massenprozess ausgestaltet werden, mit nur begrenzten Individualisierungsmöglichkeiten im Hinblick auf Einzelkunden. Der Gesetzgeber

63 Siehe Regierungsbegründung, BT-Drs. 16/12814, S. 43.

hat den Instituten insoweit keine Wahl gelassen, was nun wiederum Gegenstand der Kritik von Medien und Verbraucherberatungen ist.[64]

IV. Ansatzpunkte für die Zukunft

Das europäische und nationale Aufsichtsrecht enthält ein umfangreiches, aber kein stimmiges **Anlegerschutzregime**; die formale Differenzierung zwischen Privatkunden und professionellen Kunden und der hieran jeweils anschließende Pflichtenkanon der Wertpapierdienstleister ist zu schematisch und entspricht nicht der Rechtswirklichkeit; hier besteht Handlungsbedarf. Erforderlich ist eine stärkere Differenzierung zwischen den unterschiedlichen Gruppen von Privatanlegern, vor allem bei den Informations- und Dokumentationspflichten. Ferner fehlt ein stringentes Anlegerleitbild; ist innerhalb der jeweiligen Anlegergruppe von einem durchschnittlich verständigen und eigenverantwortlich handelnden Anleger auszugehen, oder ist der völllig unerfahrene und unselbständige Anleger die „Benchmark"? Ansatzpunkt für eine Lösung könnte eine stärkere Rückbesinnung auf die Grundsätze der „Bond"-Rechtsprechung sein, die einen sinnvollen und in der Bankpraxis umsetzbaren Rahmen für die Anlageberatung gesetzt hat.

- Der zumindest auf nationaler Ebene bislang bestehende Konsens, dass die Anlageberatung so zu gestalten ist, dass der Kunde zu einer **eigenverantwortlichen Entscheidung** in der Lage ist, sollte beibehalten werden. Tendenzen zu einer Bevormundung des Kunden durch Handlungsgebote oder -verbote gegen den erklärten Kundenwillen, ist entgegen zu wirken. Ist der Kunde aufgeklärt und hat er das konkrete Produkt verstanden, muss es ihm frei stehen, jedwede Anlageentscheidung zu treffen. Es kann keine Verpflichtung zum Schutz des Kunden vor den wirtschaftlichen Folgen eigener Entscheidungen geben.
- Der **Anlegerschutz** hat durch die Wohlverhaltensregeln und insbesondere die Vorgaben des § 31 WpHG mittlerweile ein **hohes Niveau** erreicht. Es ist eine Vielzahl von Strukturen und Prozessen in den Instituten vorhanden, die der Wahrung der Kundeninteressen dienen; dies kommt in der rechtspolitischen Diskussion häufig zu kurz, da immer wieder aus Einzelfällen ein genereller Handlungsbedarf abgeleitet wird. Solche Fälle wird es in einem Mengengeschäft wie dem Wertpapiergeschäft mit Millionen von Kunden und Vorgängen indes immer wieder geben.
- Immer weiter gehende **Informations- und Dokumentationspflichten** führen nicht zwingend zu weiterem Nutzen, da häufig der Aufnahmewille der Kunden nicht mehr gegeben ist. Auch stellt sich die Frage des objektiv erzielbaren Zusatz-

64 Siehe Bericht der Verbraucherzentrale Baden-Württemberg v. 11.3.2010, www.ernaehrungsportal-bw.de; Cash-Online v. 22.2.2010 „Beratungsprotokoll stößt auf breite Zustimmung", www.cash-online.de; Finanztest v. 20.7.2010, „Die Blamage geht weiter", S. 25.

nutzens im Einzelfall; in gleicher Weise ist die Verhältnismäßigkeit der Kosten des Anlegerschutzes zu beachten.
- Von entscheidender Bedeutung für den Anlegerschutz ist die **Qualität der Kundenberatung**; hier hat der Gesetzgeber umfassende Vorgaben normiert. Entscheidend ist die Umsetzung in der Bankpraxis; hier haben viele Institute aus der Finanzkrise ihre Lehren gezogen und arbeiten an weitreichenden Verbesserungen.
- In diesem Zusammenhang ist auf die **Gleichbehandlung der Anbieter** zu achten, alle Dienstleister, die Finanzinstrumente nach dem WpHG vertreiben, sollten auch dessen Standards unterliegen.

2. Abteilung:

AGB in der Kreditwirtschaft

Leitung: Professor Dr. *Volker Vorwerk*, Karlsruhe

Grundsatzfragen der AGB-Kontrolle

Professor Dr. *Markus Stoffels*,
Osnabrück

I. Einleitung

Fast auf den Tag genau vor zwanzig Jahren fand in Frankfurt am Main der erste Bankrechtstag statt, veranstaltet von der gerade erst gegründeten Bankrechtlichen Vereinigung.[1] Der Bankrechtstag 1990 befasste sich mit zwei Themenkreisen: dem unmittelbar vor der Verabschiedung stehenden Verbraucherkreditgesetz sowie dem Verhältnis von AGB-Gesetz und Kreditwirtschaft. Das Eingangsreferat mit dem Titel „AGB-Gesetz und Kreditwirtschaft – rechtliche und wirtschaftliche Leitlinien“[2] hielt damals *Manfred Wolf*,[3] dem wir viele weitere gehaltvolle Beiträge zum Thema Banken und AGB-Recht verdanken.

Viele Gedanken seines damaligen Vortrags sind auch heute noch aktuell und einleuchtend. Wenn sich der Vorstand der Vereinigung gleichwohl entschieden hat, das Thema erneut auf die Tagesordnung zu setzen, so wohl deshalb, weil die Entwicklung der Rechtsprechung auf diesem Gebiet stürmisch vorangeschritten ist, sich neue Fragestellungen ergeben haben, wohl aber auch, weil die tradierten Erkenntnisse mitunter der erneuten Überprüfung bedürfen. Ich möchte mich im Folgenden der Thematik vom AGB-Recht kommend annehmen, also Stellungnahmen zu AGB-rechtlichen Grundproblemen formulieren und in einem zweiten Schritt die Folgen für die kautelarjuristische Bankenpraxis diskutieren.

II. Entwicklung der Allgemeinen Geschäftsbedingungen in der Kreditwirtschaft

Die AGB der Banken gehören zu den ältesten standardisierten, privaten Regelwerken.[4] Schon Ende des 19. Jahrhunderts entwickelten die damaligen Groß-

---

1 Der Tagungsband ist unter dem Titel Verbraucherkreditrecht, AGB-Gesetz und Kreditwirtschaft, hrsg. von *Hadding* und *Hopt*, 1991, erschienen.

2 Abgedruckt in Verbraucherkreditrecht, AGB-Gesetz und Kreditwirtschaft, hrsg. von *Hadding* und *Hopt*, 1991, S. 73 ff.

3 Nachruf von *Pfeiffer*, NJW 2007, 2535.

4 Näher hierzu *Haupt*, Die allgemeinen Geschäftsbedingungen der Deutschen Banken, 1937, S. 1 f. und *Kümpel*, Bank- und Kapitalmarktrecht, 3. Aufl. 2004, Rdn. 2.103 f.; allgemein zur Herausbildung Allgemeiner Geschäftsbedingungen *Pohlhausen*, Zum Recht der allgemeinen Geschäftsbedingungen im 19. Jahrhundert, 1978, passim.

banken sog. Regulative für häufig wiederkehrende Geschäfte.[5] Bekannt ist die Fassung der Deutschen Bank aus dem Jahre 1890 über „Allgemeine Bedingungen für den Verkehr zwischen der Deutschen Bank und ihren Geschäftsfreunden".[6] Seit dieser Zeit haben sich die Bankbedingungen stetig weiterentwickelt. Nicht nur sind aus „Geschäftsfreunden" „Kunden" geworden. Vor allem ist das Anwendungsgebiet der Bedingungswerke immer stärker ausgedehnt und sind ihre Regelungen kontinuierlich ausdifferenziert worden.[7] Schon 1935 konnte *Ludwig Raiser* konstatieren: „Im Bankwesen ist der Gebrauch von AGB heute überall eingedrungen. Sie dienten zunächst nur der Regelung des Kontokorrentverkehrs, doch erweiterte sich allmählich das Anwendungsgebiet dieser AGB auf alle gewöhnlichen Bankgeschäfte, und für Sonderfälle stehen besondere Bedingungen bereit."[8] Mit der Ausbildung AGB-rechtlicher Beschränkungen durch die Rechtsprechung, seit 1977 normativ abgesichert, ist die Kontrollfrage in den Mittelpunkt gerückt worden. Die kautelarjuristischen Bemühungen der Kreditwirtschaft sind vielfach überprüft worden und haben bedeutende BGH-Urteile hervorgebracht. Dies reicht von den Ende der 80er-Jahre ergangenen Urteilen zur nachschüssigen Zinsberechnung bei Hypothekendarlehen[9] und zur Wertstellung von Einzahlungen auf Girokonten,[10] mit denen das sog. Transparenzgebot aus der Taufe gehoben wurde, bis hin zur neuesten Entscheidung des XI. Zivilsenats aus dem vergangenen Jahr betreffend die sog. Zinsanpassungsklauseln,[11] mit der eine lang erwartete Rechtsprechungsänderung vollzogen worden ist.

III. Anwendungsbereich der §§ 305 ff. BGB – Qualifikation als AGB

Beginnen möchte ich mit einer der eigentlichen AGB-Kontrolle vorgelagerten Fragestellung. Diese betrifft den sachlichen Anwendungsbereich der §§ 305 ff. BGB, mithin die AGB-Qualität des Prüfungsgegenstandes.

---

5 Hierzu *Bunte*, in: Bankrechts-Handbuch, hrsg. von Schimansky, Bunte und Lwowski, 2. Aufl. 2007, Bd. 1, § 4 Rdn. 3; *Haupt*, Die allgemeinen Geschäftsbedingungen der Deutschen Banken, 1937, S. 9 f.; *Kümpel*, Bank- und Kapitalmarktrecht, (Fußn. 4), Rdn. 2.103 f.

6 *Mauthe* Bank-Betrieb 1968, 8 und *Steuer*, Zeitschrift für Sozialhilfe 1981, 98.

7 Knapper Überblick über die Entwicklung bei *Bunte*, in: Bankrechts-Handbuch, (Fußn. 5) § 4 Rdn. 2 bis 6.

8 *Raiser*, Das Recht der Allgemeinen Geschäftsbedingungen, 1935, unveränderter Nachdruck 1961, S. 34 f.

9 BGH NJW 1989, 222.

10 BGH NJW 1989, 582.

11 BGH NJW 2009, 2051.

Selbstverständlich sollen hier nicht die Anwendbarkeit der §§ 305 ff. BGB auf die Banken- und Sparkassen-AGB, die Sonderbedingungen und die von den Kreditinstituten verwandten Formularverträge in Frage gestellt werden.[12] Auch geht es mir nicht um die umstrittene Frage, ob zwischen der Bank und ihrem Kunden ein eigenständiger allgemeiner Bankvertrag besteht, der die einzelnen Geschäfte gleichsam wie eine rechtliche Glocke überwölbt und die Banken-AGB als konkretisierenden Bestandteil in sich aufnimmt.[13] Denn AGB-rechtliche Relevanz dürfte diese Kontroverse nicht aufweisen.[14] Vielmehr möchte ich Ihren Blick auf zwei Problemkreise lenken, zu denen in den vergangenen Jahren jeweils wichtige Entscheidungen des BGH ergangen sind. Die eine verdient Zustimmung, die andere hingegen erscheint mir aus AGB-rechtlicher Sicht nicht haltbar.

1. Interne Richtlinien einer Bank

Ich beginne mit der problematischen Entscheidung. Sie stammt vom XI. Senat und datiert vom 8.3.2005.[15] Zugrunde lag ihr eine in der Tat anstößige Praxis der beklagten Bank, die im Ergebnis darauf abzielte, ein als belastend empfundenes Diktum des BGH zu unterlaufen. Die Richter des XI. Senats hatten nämlich einige Jahre zuvor entschieden, dass die formularmäßige Festlegung von Entgelten für die Bearbeitung der Nichteinlösung von Lastschriften mangels Kontodeckung eine unangemessene Benachteiligung der Kunden darstelle.[16] Die beklagte Bank hatte daraufhin in einem internen Rundschreiben alle Geschäftsstellen angewiesen, jedes Kundenkonto im Falle der Rückgabe einer Lastschrift mangels ausreichender Deckung mit einem pauschalierten Schadensersatzbetrag in Höhe von 6 Euro zu belasten.

Die auf Unterlassung dieser Praxis gerichtete AGB-rechtliche Verbandsklage hatte Erfolg. Zwar verneinte der Senat den AGB-Charakter der unternehmensinternen Weisung, unterwarf sie aber gleichwohl der AGB-rechtlichen Inhaltskontrolle. Hierfür berief er sich auf das Umgehungsverbot des § 306a BGB. Dieses stehe einer Vorgehensweise entgegen, mit der die beklagte Bank die für unwirksam erklärte Entgeltklausel unter dem Deckmantel pauschalierten Schadensersatzes wirtschaftlich wirkungsgleich weiter fortführe.

---

12 Statt vieler *Bunte*, in: Bankrechts-Handbuch, (Fußn. 5) § 5 Rdn. 4.

13 Für schlicht überflüssig hält die Konstruktion eines allgemeinen Bankenvertrags BGH NJW 2002, 3695, 3696. Aus dem Schrifttum statt vieler *Hopt*, Kapitalanlegerschutz im Recht der Banken, 1975, S. 393 ff.; *Canaris*, Bankvertragsrecht, 1975, Rdn. 2 ff.; *Claussen*, in: FS für Peltzer, 2001, S. 55; *Claussen*, Bank- und Börsenrecht, 4. Aufl. 2008, § 1 Rdn. 193 ff.; *Köndgen*, NJW 2004, 1288, 1289 f.

14 So auch die Einschätzung von *Fuchs*, in: Ulmer/Brandner/Hensen 10. Aufl. 2006, Anh. § 310 BGB Rdn. 77.

15 BGH NJW 2005, 1645.

16 BGH NJW 1998, 309 mit abl. Anm. *Rohe*, NJW 1998, 1284; abl. auch *Canaris*, AcP 200 (2000), S. 341.

So verständlich das Bestreben des BGH ist, seiner Rechtsprechung zur Unwirksamkeit von Abreden über Bankgebühren für Lastschriftrückgaben in der Praxis Geltung zu verschaffen; die Einwände gegen die vom BGH befürwortete Einstufung dieser Praxis als Umgehung des AGB-Rechts liegen auf der Hand und sind im Ergebnis auch stichhaltig.[17] Höchst fragwürdig ist bereits, ob das Umgehungsverbot auch auf tatsächliche Verhaltensweisen ausgedehnt werden kann. Eine rechtliche Gestaltung, im Kontext der §§ 305 ff. BGB sogar eine „Gestaltung rechtsgeschäftlicher Schuldverhältnisse", erscheint mir unverzichtbar,[18] droht doch anderenfalls das Abgleiten in eine ufer- und konturlose allgemeine Missbrauchskontrolle. Vor allem verfehlt der Ansatz des BGH das Schutzanliegen des AGB-Rechts. Dieses wird allgemein darin gesehen, die rechtsgeschäftliche Entscheidungsfreiheit des Kunden zu stärken, ihn vor missbräuchlicher einseitiger Inanspruchnahme der Vertragsgestaltungsfreiheit zu bewahren.[19] Vorliegend geht es aber schlicht um die Beeinträchtigung der Vermögenssphäre der Kunden durch – intern koordinierte – unberechtigte Kontoabbuchungen und durch ggf. hinzutretende rechtlich unzutreffende Begründungsschreiben. Der Abwehr solcher Praktiken dient das Wettbewerbsrecht, das hier durchaus eine Handhabe geboten hätte (vgl. § 4 Nr. 11, § 5 bzw. § 3 sowie § 8 Abs. 3 Nr. 3 UWG).[20] Eine klare Abgrenzung im Sinne einer Beschränkung des AGB-Rechts auf seinen originären Schutzauftrag wäre der richtige Weg gewesen.

2. *AGB-Kontrolle von Wertpapierbedingungen?*

Kontrovers diskutiert wird ferner die AGB-Qualität von Wertpapierbedingungen bei den in der Praxis vorherrschenden Fremdemissionen.[21] Dabei geht es um Schuldverschreibungen und Genussscheine, die von einem Unternehmen begeben,

17 Kritisch auch *Borges*, ZIP 2005, 185; *ders.*, 2005, 225; *Freitag*, ZIP 2005, 2052; *Pfeiffer*, Anm. LMK 2005, 149701; *H. Schmidt*, in: Ulmer/Brandner/Hensen, (Fußn. 14) § 306a BGB Rdn. 6; *Lindacher*, in: Wolf/Lindacher/Pfeiffer, 5. Aufl. 2009, § 306a BGB Rdn. 8; zustimmend hingegen *Ulmer*, in: Ulmer/Brandner/Hensen, (Fußn. 14) § 305 BGB Rdn. 68a.

18 Ebenso *Borges*, BKR 2005, 228; *Lindacher*, in: Wolf/Lindacher/Pfeiffer, (Fußn. 17) § 306a BGB Rdn. 8.

19 BGH NJW 1994, 2825, 2826; 1999, 3558, 3559; 2004, 1454, 1455; *Ulmer*, in: Ulmer/Brandner/Hensen, (Fußn. 14) Einl. Rdn. 48; Palandt-*Grüneberg*, 69. Aufl. 2010, Überbl. v. § 305 BGB Rdn. 8; *Stoffels*, AGB-Recht, 2. Aufl. 2009, Rdn. 89.

20 So auch die Einschätzung von *Borges*, BKR 2005, 229 und *Freitag*, ZIP 2005, 2054 f.

21 Mit im Einzelnen unterschiedlichen Lösungsvorschlägen: *Assmann*, WM 2005, 1053; *Gottschalk*, ZIP 2006, 1121; *Joussen*, WM 1995, 1861 ff.; *Kallrath*, Die Inhaltskontrolle der Wertpapierbedingungen von Wandel- und Optionsanleihen, Gewinnschuldverschreibungen und Genussscheinen, 1993, passim; *Ekkenga*, ZHR 160 (1996), 59 ff.; *Siebel*, Rechtsfragen der internationalen Anleihen, 1997, S. 306 ff.; *M. Wolf*, in: FS für Zöllner, 1999, S. 651 ff.; *Masuch*, Anleihebedingungen und AGB-Gesetz, 2001, hierzu *Stoffels*, ZHR 166 (2002), S. 359 ff.

von einzelnen Emissionsbanken oder einem Emissionskonsortium dann fest übernommen und im Anschluss hieran am Anlagemarkt platziert werden. Aktien bleiben von vornherein außen vor, denn diese vermitteln dem Erwerber gesellschaftsrechtlich geprägte Mitgliedschaftsrechte (§ 310 Abs. 4 BGB). Der BGH hat in der sog. Klöckner-Entscheidung die Anwendung des AGB-Gesetzes hinsichtlich einer Genussscheinfremdemission ohne weiteres bejaht.[22]

Gegen die Überprüfung von Wertpapierbedingungen am Maßstab des AGB-Rechts sind im Schrifttum von Anfang an Vorbehalte geltend gemacht worden.[23] Das AGB-Recht werde den tatsächlichen Gegebenheiten bei Anleiheemissionen nicht gerecht und passe daher schlechthin nicht. Anleihebedingungen seien mangels normativer Kontrollmaßstäbe nicht oder nur eingeschränkt überprüfbar; ferner berücksichtige die AGB-Kontrolle die kollektiven Bezüge des Marktgeschehens nicht und stehe dem notwendigen Konditionenwettbewerb auf Kapitalnachfragerseite entgegen.

Demgegenüber wird man das Verhältnis des Emittenten zu den Anlegern in den Vordergrund rücken und es für unerheblich halten müssen, dass die Anleger den Begebungsvertrag, in welchen die Anleihebedingungen einbezogen werden, nicht selbst abschließen.[24] Denn auch auf den derivativen Eintritt der am Ende des Platzierungsvorgangs stehenden Anleger in die verbriefte Rechtsbeziehung zum Emittenten treffen die AGB-typischen Wertungsgrundlagen zu. Im Hinblick auf die Wertungsgrundlagen der Inhaltskontrolle muss es nämlich als entscheidend betrachtet werden, dass es den Anlegern zwar frei steht, sich für oder gegen einen Anleiheerwerb und die damit verbundene Maßgeblichkeit der Anleihebedingungen zu entscheiden, dass alleine diese Entscheidungsfreiheit jedoch keine Gewähr dafür bietet, dass die Anleihebedingungen den Interessen des jeweiligen Erwerbers ausreichend gerecht werden. Denn einerseits ist der Anleger damit überfordert, die Anleihebedingungen zu überprüfen, inwieweit sie mit seinen Interessen vereinbar sind und sich auf dieser Grundlage ggf. gegen einen Anleiheerwerb zu entscheiden, andererseits würden die Anleihebedingungen ohne wesentliches Gegengewicht den Emittenteninteressen entsprechend gestaltet. Diese Sichtweise wahrt zudem den Wertungsgleichklang gegenüber der unmittelbaren Platzierung, bei der es sich ja letztlich nur um eine andere Technik der Emission handelt.

---

22 BGH NJW 1993, 57; ebenso OLG Frankfurt, ZIP 1994, 26, 27. Bestätigt durch BGH NJW-RR 2009, 1641, 1642. Für die AGB-Eigenschaft der Anleihebedingungen im Falle der Fremdemission die wohl h.M., vgl. *Hopt,* in: FS für Steindorff, 1999, S. 364; *Lutter,* DB 1993, 2442; *Masuch,* Anleihebedingungen und AGB-Gesetz, 2001, S. 115ff.; a.A. zuletzt *Assmann*, WM 2005, 1057 f. und MünchKomm-*Habersack*, 5. Aufl. 2009, § 793 BGB Rdn. 44.

23 *Ekkenga,* ZHR 160 (1996) S. 59 ff.

24 *Masuch,* Anleihebedingungen und AGB-Gesetz, 2001, insbes. S. 149 ff.

Allerdings kommt nur eine eingeschränkte, modifizierte Anwendung des AGB-Rechts in Betracht.[25] Das kapitalmarktrechtliche Ziel, die Funktionsfähigkeit des Handels mit Wertpapieren zu sichern, darf nicht unterlaufen werden. Voraussetzung für einen funktionsfähigen Handel sind insbesondere standardisierte Rechtsinhalte der Wertpapiere. Denn wäre der Inhalt des verbrieften Rechts von den Umständen des Erwerbsvorgangs in der Person der Rechtsvorgänger abhängig, so wäre auch die Fungibilität der Wertpapiere nicht mehr gewährleistet. Aus diesem Grunde hat der BGH vor einigen Jahren zu Recht eine funktionale Reduktion des Anwendungsbereichs des § 305 Abs. 2 BGB für Anleihebedingungen von Inhaberschuldverschreibungen vorgenommen.[26] Für die Einbeziehung der Anleihebedingungen in den Vertrag mit einem Verbraucher genügt damit auch eine konkludente Einbeziehungsvereinbarung. Dieser Verzicht auf die besonderen, formalisierten Einbeziehungsvoraussetzungen ist auch unter dem Aspekt des Anlegerschutzes nicht zu kritisieren. Denn die Möglichkeit der Kenntnisnahme von den Anleihebedingungen wird schon durch die kapitalmarktrechtlichen Publizitätspflichten hinreichend abgesichert.

Die gerichtliche Inhaltskontrolle der einbezogenen Anleihebedingungen bleibt demgegenüber möglich und geboten.[27] Ein schönes Anwendungsbeispiel bietet das Urteil des XI. Senats vom 30. Juni 2009.[28] Gestritten wurde um den Barausgleich nach Ablauf der von der beklagten Bank emittierten Call-Optionsscheine auf Gold. Die Beklagte machte geltend, von einem Änderungsvorbehalt Gebrauch gemacht zu haben, der ihr die Korrektur offensichtlicher Fehler gestattete. Der BGH hielt diesen Vorbehalt im Verkehr mit Verbrauchern wie Unternehmern für unwirksam, da damit Inhalt und Umfang der Hauptleistung zur Disposition gestellt und eine einseitige Veränderung des Wertverhältnisses der im Austauschverhältnis stehenden Leistungen erlaubt werde, die Kunden jedoch gleichwohl an den Vertrag gebunden blieben.

Es bleibt die Frage, ob die bisherige Sichtweise im Hinblick auf das am 5. August vergangenen Jahres in Kraft getretene neue Schuldverschreibungsgesetz[29] revidiert werden muss.[30] Richtiger Ansicht nach führt das neue Schuldverschreibungsgesetz nur partiell zu einer Zurückdrängung AGB-rechtlicher Bewertungs-

---

25 Zum Folgenden eingehend *Masuch,* Anleihebedingungen und AGB-Gesetz, 2001, S. 149 ff.

26 BGH NJW 2005, 2917 mit zustimmender Anm. *Pfeiffer*, LMK 2005, 159621.

27 *Podewils*, ZHR 174 (2010), S. 198 ff. mit Diskussion typischer Klauseln aus Zertifikatebedingungen (insbesondere Bestimmungs-, Änderungs- und Kündigungsklauseln).

28 BGH 30.6.2009, NJW-RR 2009, 1641 mit Anm. *C. Weber*, BKR 2009, 516. In einer weiteren Entscheidung des III. Senats (19.11.2009, WM 2009, 2363) ging es um einen besonders gelagerten Fall, nämlich um die Inhaltskontrolle eines im Emissionsprospekt einer Fondsgesellschaft abgedruckten Mittelverwendungskontrollvertrages.

29 BGBl. I S. 2512 (vom 4.8.2009).

30 So in der Tat *Sester*, AcP 209 (2009), S. 628, der für eine Reduktion der Kontrolle auf die Übereinstimmung mit dem neu eingeführten Transparenzgebot (§ 3 SchVG) und anhand des Maßstabes der guten Sitten (§ 138 BGB) eintritt.

maßstäbe.[31] Zu denken ist vor allem an den Fall, dass die Emittenten in den Anleihebedingungen ein optionales Organisationsrecht der Gläubiger vorsehen und damit die §§ 5 bis 21 SchVG aktivieren. Diese erlauben die Aufnahme bestimmter Änderungsvorbehalte in die Anleihebedingungen. Diese gesetzgeberische Entscheidung stellt eine für das AGB-Recht verbindliche Vorgabe dar (§ 307 Abs. 3 BGB). Änderungsvorbehalte, die von vornherein in die Anleihe- oder Zertifikatebedingungen aufgenommen werden, sind hiervon nicht erfasst. Sie unterliegen in vollem Umfang der AGB-Kontrolle.[32]

Unabhängig von der Option des Emittenten für ein Gläubigerorganisationsrecht gilt sodann § 3 SchVG. Diese Vorschrift enthält eine spezialgesetzliche Normierung des Transparenzgebots im Hinblick auf die versprochene Leistung.[33] Den Referenzmaßstab bildet in persönlicher Hinsicht ein Anleger, der hinsichtlich der jeweiligen Art von Schuldverschreibungen sachkundig ist.[34] Durch die ausdrückliche Hervorhebung des anleihespezifischen Transparenzgebots erhofft man sich offenbar vor allem in dem sehr unübersichtlichen Bereich der verbrieften Derivate – vor allem bei den Zertifikatebedingungen – klarere Produkt- und Risikobeschreibungen.[35] Die Rechtsfolgen eines Verstoßes gegen das Transparenzgebot sind im Schuldverschreibungsgesetz nicht geregelt. Die Nichtigkeitsfolge dürfte sich über § 134 BGB begründen lassen,[36] beschränkt sich aber grundsätzlich auf die inkriminierte Klausel.[37] Allerdings dürfte durch den ersatzlosen Wegfall die in den Anleihebedingungen austarierte Risikoverteilung nicht selten empfindlich gestört werden, man denke etwa an eine intransparente Knock-out-Klausel. Von daher wird man sicherlich vermehrt über ergänzende Vertragsauslegung und notfalls auch über die Unwirksamkeit des Anleiheschuldverhältnisses insgesamt mit der Folge der Rückabwicklung nachdenken müssen.

Ein letzter Hinweis zu dieser Thematik: Auch wenn das allgemeine AGB-rechtliche Transparenzgebot (§ 307 Abs. 1 S. 2 BGB) durch § 3 SchVG verdrängt wird, bleibt es den Verbraucherverbänden unbenommen, gegen intransparente Klauseln in Anleihebedingungen mit der Verbandsklage vorzugehen.[38]

---

31 Wie hier auch *Horn*, BKR 2009, 446, 453; *ders.*, ZHR 173 (2009), S. 38.

32 *Podewils*, ZHR 174 (2010), S. 197.

33 Hinsichtlich der Nebenbedingungen verbleibt es beim allgemeinen AGB-Recht, so zutreffend *Podewils*, ZHR 174 (2010), S. 195.

34 Näher hierzu *Podewils*, ZHR 174 (2010), S. 195.

35 *Horn*, BKR 2009, 446, 453.

36 *Podwils*, ZHR 174 (2010), S. 196.

37 *Horn*, ZHR 173 (2009), S. 40.

38 So *Podewils*, ZHR 174 (2010), S. 200 allerdings verbunden mit der Einschätzung, dass sich daraus keine praktischen Auswirkungen ergeben.

IV. Schranken der Inhaltskontrolle

Ich verlasse diesen Themenkomplex und komme zur materiellen Inhaltskontrolle. Die Norm, an der sich das Schicksal vieler AGB-Bestimmungen im Bankenbereich entscheidet, ist § 307 Abs. 3 BGB. Inhalt und Tragweite der Vorschrift lassen sich aus ihrem wenig aussagekräftigen Wortlaut kaum erschließen. Die herrschende Meinung geht zutreffend davon aus, dass § 307 Abs. 3 BGB zum einen Leistungsbeschreibungen und Preisvereinbarungen und zum anderen rechtsdeklaratorische Klauseln für nicht kontrollfähig erklärt.[39] Hierfür spricht nicht nur die ratio legis der Norm; vielmehr liegt dieses Abgrenzungsmuster auch der EG-Richtlinie über missbräuchliche Klauseln in Verbraucherverträgen (93/13/EWG) zu Grunde. Art. 4 Abs. 2 der Richtlinie lautet: „Die Beurteilung der Missbräuchlichkeit der Klauseln betrifft weder den Hauptgegenstand des Vertrages noch die Angemessenheit zwischen dem Preis bzw. dem Entgelt und den Dienstleistungen bzw. den Gütern, die die Gegenleistung darstellen, sofern diese Klauseln klar und verständlich abgefasst sind."

Der Schwerpunkt soll im Folgenden auf den für das Bankwesen besonders wichtigen Bereich der Preis- und Leistungsbestimmungen gelegt werden. Die exakte Abgrenzung der kontrollfreien von den kontrollunterworfenen Abreden bereitet hier seit jeher erhebliche Schwierigkeiten. Die Diskussion leidet in weiten Teilen daran, dass sie den Normzweck des § 307 Abs. 3 BGB aus den Augen verliert und sich somit der wichtigsten Interpretationshilfe begibt. Die Gefahr ist dann groß, dass sich die Abgrenzungsdebatte in terminologischen, nicht mehr auf den Normzweck zurückweisenden Spitzfindigkeiten verliert und kein inhaltlich überzeugendes Konzept zuwege bringt.[40] Die Rechtsprechung scheint ihr mit ihrer unübersichtlichen und widersprüchlichen Kasuistik bereits erlegen zu sein. Weder die Testfrage, ob an die Stelle der Klausel dispositives Recht treten könnte,[41] noch das zirkulär wirkende Kriterium, ob die Klausel das Leistungsversprechen einschränke, modifiziere oder aushöhle,[42] lassen sich überzeugend am Normzweck des § 307 Abs. 3 BGB festmachen.

1. Konkretisierung anhand des Normzwecks

Für die zutreffende Weichenstellung, aber auch die Abgrenzung en detail, ist es unabdingbar, sich des gesetzgeberischen Grundes für die Freistellung des Leis-

39 Zusammenfassend zuletzt BGH NJW 1998, 383; OLG Karlsruhe BB 1997, 9; ferner *Fuchs*, in: Ulmer/Brandner/Hensen, (Fußn. 14) § 307 BGB Rdn. 14; *Palandt-Grüneberg,* (Fußn. 19) § 307 BGB Rdn. 54.

40 *Börner* (JZ 1997, 597) spricht zutreffend von überwiegend deskriptiven Abgrenzungskriterien, deren materielle Werthaltigkeit eher zweifelhaft sei.

41 BGH NJW 1994, 318; 1998, 383; zustimmend offenbar *Horn,* WM 1997 Beil. 1, S. 12 f.

42 BGH NJW 1987, 1931, 1935; 1993, 2369; 1998, 1069; 1999, 2279, 2280; kritisch *Staudinger-Coester,* 2006, § 307 BGB Rdn. 322.

tungsbereichs zu vergewissern. Wenn es richtig ist, dass der allein zur Normkonkretisierung geeignete Grundgedanke in der Anerkennung der regulierenden Wirkung von Markt und Wettbewerb als primäres Kontrollinstrument liegt, so bedeutet dies im Gegenschluss, dass eine materielle Angemessenheitskontrolle dort geboten ist, wo nicht auf eine funktionierende Marktregulierung verwiesen werden kann. Die Testfrage lautet also, ob die jeweilige Vertragsbedingung, deren Kontrolle in Frage steht, den Kräften von Markt und Wettbewerb in einer Weise ausgesetzt ist, dass damit gerechnet werden kann, der durchschnittliche Kunde werde sie zur Kenntnis nehmen und in seine Abschlussentscheidung einbeziehen.[43] Nur dann erscheint die Annahme begründet, der Markt werde regelmäßig schon für einen gerechten Ausgleich der Verwenderinteressen mit den Interessen des Kunden sorgen, so dass sich eine staatliche Intervention erübrigt.[44] Ich möchte das anhand einiger Fallgestaltungen exemplifizieren, die ich der Rechtsprechung entnommen habe.

Zuvor sei angemerkt, dass auch die Klauselverbote der §§ 308 oder 309 BGB gewisse Rückschlüsse auf die Kontrollfähigkeit erlauben und zwar auch dann, wenn nur eine thematische Nähe zu einem der Katalogtatbestände besteht. Wenn beispielsweise in § 309 Nr. 1 BGB Preiserhöhungsklauseln unter bestimmten Voraussetzungen für unwirksam erklärt werden, so folgt daraus, dass der Gesetzgeber diese Art von Klauseln, nämlich Preisanpassungsklauseln, generell, also nicht gebunden an den engen tatbestandlichen Geltungsbereich des Verbots, den kontrollunterworfenen Preisnebenabreden zugerechnet wissen will, die gerichtlichen Befugnisse auf diesem Feld somit nicht auf eine bloße Transparenzkontrolle beschränkt sind. Zutreffend hat der BGH beispielsweise entschieden, dass eine formularmäßige Klausel in einem Leasingvertrag, die dem Leasinggeber das Recht einräumt, bei einer Veränderung der Verhältnisse am Geld- und Kapitalmarkt, die ausstehenden Leasingraten kraft einseitiger Erklärung anzupassen, der Inhaltskontrolle nach § 307 BGB unterliegt.[45] Am Rande sei vermerkt, dass ein solcher Preisänderungsvorbehalt wohl auch kaum an den Kontrollmechanismen von Markt und Wettbewerb teilnehmen dürfte, seine Kontrollunterworfenheit auch unter diesem Gesichtspunkt gerechtfertigt ist.

---

43 Ähnlich auch *Fastrich,* Richterliche Inhaltskontrolle im Privatrecht, 1992, S. 265 und im Grundsatz auch *Fuchs*, in: Ulmer/Brandner/Hensen, (Fußn. 14) § 307 BGB Rdn. 43 ff. und 85 ff.

44 So ansatzweise schon *Canaris,* NJW 1987, 613 anlässlich der Diskussion um Zinsberechnungs- und Tilgungsverrechnungsklauseln und *Fastrich,* Richterliche Inhaltskontrolle im Privatrecht, (Fußn. 43) S. 263 ff.

45 BGH NJW 1986, 1355. Das Verbot kurzfristiger Preiserhöhungen kam nicht zum Zuge, da Dauerschuldverhältnisse von ihm ausgenommen sind (vgl. § 309 Nr. 1 Halbsatz 2 BGB).

2. Beispiele aus der Rechtsprechung

a) Entgelt für die Verwendung einer Kreditkarte im Ausland

In den Allgemeinen Geschäftsbedingungen eines Kreditkartenherausgebers wurden für die Verwendung der Kreditkarte im Ausland gesonderte Entgelte berechnet, die dann zu dem jährlichen Überlassungsentgelt hinzutreten sollten. Ob die streitgegenständliche Zusatzgebühr noch der kontrollfreien Preisvereinbarung zuzurechnen ist oder ob sie bereits eine kontrollunterworfene Preisnebenabrede darstellt, hängt nach hier vertretener Ansicht von ihrer Stellung im Markt- und Wettbewerbsgeschehen ab. Die Kernfrage muss lauten, ob die Gebührenklausel den regulierenden Kräften des Marktes und des Wettbewerbs ausgesetzt ist.[46] Davon darf jedenfalls dann grundsätzlich ausgegangen werden, wenn der durchschnittliche Kunde diesen Regelungspunkt inhaltlich zur Kenntnis nimmt und in seine Überlegungen einbezieht. Dies wiederum steht zu erwarten, wenn seine künftigen Dispositionsmöglichkeiten von der betreffenden Klausel, hier dem Gebührentatbestand, voraussichtlich nicht unerheblich berührt werden. Die Möglichkeit, die Kreditkarte auch im Ausland einzusetzen, dürfte in der heutigen Zeit als wichtiger Vorzug der Kreditkarte empfunden werden. Nicht wenige Kunden werden ihre Abschlussentscheidung bewusst auch im Hinblick auf diese Nutzungsmöglichkeit treffen und später über kurz oder lang auf dieses Angebot zurückkommen. Die besondere Vergütungspflicht für den Einsatz der Kreditkarte im Ausland stellt damit durchaus einen im Zentrum des Kundeninteresses stehenden Preisbestandteil dar. Genügt die Klauselgestaltung den Anforderungen des Transparenzgebots – in den Bedingungswerken der Kreditkartenunternehmen genügt meist ein kurzer Blick, um zu erkennen, dass diese Einsatzform der Kreditkarte besondere Gebühren verursacht –, so wird man von einem verständigen Durchschnittskunden erwarten dürfen, dass er die Preisaufspaltung[47] erkennt und die anfallenden Sondergebühren in Rechnung stellt. Hinzu kommt, dass Preisaufspaltungen und die Aufstellung von Preislisten – jedenfalls auf dem Sektor der Finanzdienstleistungen – nicht dazu führen, dass die so festgelegten Einzelpreise als abschlussentscheidende Daten nicht mehr wahrgenommen werden.[48] Denn hier

---

46 Ein normzweckfremdes Kriterium ist demgegenüber die Überlegung, ob der Verwender Aufwendungen für die Erfüllung gesetzlich begründeter eigener Pflichten auf den Kunden abwälzt (so aber BGH NJW 1998, 383). Da die Kontrollfähigkeit nach § 307 Abs. 3 BGB nicht durch das Abweichen von rechtsnormativen Wertungen begründet wird, führt auch die Überlegung in die Irre, ob bestimmte Leistungen nach dem Leitbild des Vertrages unentgeltlich zu erbringen sind (erwogen von *Meder*, NJW 1996, 1851 f.). Dieser Gedanke erlangt erst im Rahmen der Inhaltskontrolle Bedeutung.

47 Zur grundsätzlichen Kontrollfreiheit aufgespaltener Preise BGH NJW 1998, 383; *Staudinger-Coester*, (Fußn. 42) § 307 BGB Rdn. 329; *Fastrich,* Richterliche Inhaltskontrolle im Privatrecht, (Fußn. 43) S. 267 f.

48 Noch weiter geht *Fastrich,* Richterliche Inhaltskontrolle im Privatrecht, (Fußn. 43) S. 259. Seine These lautet, dass in allen Bereichen, in welchen die Entgeltbestimmungen häufiger

tragen vor allem die Medien, die Verbraucherverbände und sonstige Institutionen (z.B. Stiftung Warentest) durch gezielte Information und vergleichende Gegenüberstellungen zu einem funktionierenden Konditionenwettbewerb bei. Dies rechtfertigt die Annahme des BGH, dass sich diejenigen Interessenten, die sich über die Entgeltfrage überhaupt Gedanken machen – dies tut der verständige, umsichtig und kritisch prüfende Durchschnittsverbraucher – in aller Regel damit rechnen, für einen Auslandseinsatz der Kreditkarte ein zusätzliches Entgelt entrichten zu müssen.[49]

Aus ganz ähnlichen Überlegungen besteht entgegen der Ansicht des BGH[50] auch für Zinsregelungen bei Überziehung eines Girokontos kein Kontrollbedürfnis.[51]

b) Entgelt für die Bearbeitung von Pfändungs- und Überweisungsbeschlüssen

Als Gegenbeispiel lassen sich Entgeltfestsetzungen für die Bearbeitung von Pfändungs- und Überweisungsbeschlüssen anführen.[52] Anders als beim gerade erörterten Abschlussentgelt liegt diesem Gebührentatbestand eine nicht im Plan der Parteien liegende Sondersituation zugrunde. Der typische Durchschnittskunde dürfte nicht damit rechnen, dass gegen ihn Vollstreckungsmaßnahmen ausgebracht werden und sein Kreditinstitut als Drittschuldner hiervon betroffen sein wird. Mit der Anerkennung der Kontrollfähigkeit ist jedoch in keinster Weise die Entscheidung über die materielle Angemessenheit präjudiziert.

c) Entgelt für den Abschluss von Bausparverträgen

Besonders heftig wird gegenwärtig um die Zulässigkeit von Abschlussentgelten bei Bausparverträgen[53] gestritten. Angestoßen wurde die Kontroverse durch einen Beitrag des damaligen Vorsitzenden des BGH-Bankensenats, *Gerd Nobbe*.[54] Dort vertrat *Nobbe* die Auffassung, eine Abschlussgebühr von meistens einem Prozent der Summe sei AGB-rechtlich unzulässig. Der Vertragsabschluss als solcher und die Eröffnung des Bausparkontos seien keine Dienstleistungen für den Kunden.

---

oder gar üblicherweise durch Bezugnahme auf Preislisten erfolgt, der so festgelegte Preis Teil des Markt und Wettbewerbsgeschehens ist. Für weitgehende Kontrolle des „wuchernde(n), unkalkulierbare(n) Zweitentgeltsystem(s)“ der Banken jedoch *Derleder/Metz,* ZIP 1996, 577.

49 BGH NJW 1998, 383, 384.

50 BGH NJW 1992, 1751 f.; 1994, 1532, 1533 (betr. Kreditkarten-AGB).

51 Wie hier im Ergebnis *Steiner,* WM 1992, 429 f.; *Fuchs*, in: Ulmer/Brandner/Hensen, (Fußn. 14), § 307 BGB Rdn. 90; *Nobbe*, WM 2008, 187 und 190; *Cahn*, WM 2010, 1197 ff.

52 BGH NJW 1999, 2276; 2000, 651.

53 Musterbedingungen der privaten Bausparkassen in der Fassung vom 15.5.1997, abgedruckt in: *Schäfer/Cirpka/Zehnder*, Bausparkassengesetz und Bausparkassenverordnung, 5. Aufl. 1999, Anh. 19.

54 *Nobbe*, WM 2008, 193. Allerdings hat *Nobbe* seine Auffassung jüngst revidiert, vgl. seine Anmerkung zu LG Heilbronn WuB IV C. § 307 BGB 1.10.

Das werde deutlich, wenn die sog. „Abschlussgebühr" – wie üblich – ganz oder zum Teil als Provision an die Bausparkassenvertreter fließe. Es handele sich also um Vertriebskosten. Hierdurch animiert startete die Verbraucherzentrale Nordrhein-Westfalen eine bundesweite Abmahn- und Klageaktion gegen Bausparkassen, die ein solches Entgelt bei Abschluss der Bausparverträge in Rechnung stellen.[55] Die bislang ergangenen instanzgerichtlichen Urteile des OLG Hamm,[56] des OLG Stuttgart[57] und des LG Hamburg[58] haben unisono die von der Verbraucherzentrale NRW geltenden gemachten Unterlassungsansprüche verneint und die Klagen abgewiesen. Der BGH hat diese Sichtweise vor kurzem bestätigt.[59]

Auch die bislang zu verzeichnenden literarischen Stellungnahmen[60] teilen die gegen die Erhebung des Abschlussentgelts geltend gemachten Wirksamkeitsbedenken in der Mehrzahl nicht. Ganz überwiegend wird bereits die Kontrollunterworfenheit der Entgeltregelung verneint. Jedenfalls liege keine unangemessene Benachteiligung des Sparers entgegen Treu und Glauben vor.

Richtiger Ansicht nach unterfällt die streitgegenständliche Entgeltabrede von vornherein nicht der materiellen Angemessenheitskontrolle (§ 307 Abs. 3 BGB),[61] nach der Terminologie der Rechtsprechung, weil es sich um eine Preishauptabrede handelt.[62] Beim Abschluss von Bausparverträgen wird der Kunde im Allgemeinen

---

55 Vgl. Die Pressemitteilung vom 27.5.2008 auf den Internetseiten der Verbraucherzentrale NRW: http://www.vz-nrw.de/UNIQ127556072600825/BWF3886A/link429721A (zuletzt abgerufen am 3.6.2010).

56 OLG Hamm WM 2010, 702; Vorinstanz: LG Dortmund Urt. vom 15.5.2009 – 8 O 319/08, juris.

57 OLG Stuttgart WM 2010, 705 mit Anm. *Krepold*, BKR 2010, 108; die ausführlich begründete Entscheidung der Vorinstanz ist ebenfalls veröffentlicht: LG Heilbronn WM 2009, 603 mit zustimmenden Anmerkungen von *Nobbe*, WuB IV C. § 307 BGB 1.10; *Lentz*, BKR 2009, 214; *Wallner*, BB 2009, 1152; *Hoeren*, EWiR § 307 BGB 5/09, 261.

58 LG Hamburg BeckRS 2009, 19905.

59 BGH v. 7.2.2010, BeckRS 2011, 02338.

60 *Habersack*, WM 2008, 1857; *Bitter*, ZIP 2008, 1095 und 2155; *Haertlein/Thümmler*, ZIP 2009, 1197 ff.; *Krepold*, BKR 2010, 108; *Lentz*, BKR 2009, 214; *Wallner*, BB 2009, 1152; *Hoeren*, EwiR § 307 BGB 5/09, 261; aus verfassungsrechtlicher Sicht *Pieroth/Hartmann*, WM 2009, 677; a.A. (im Anschluss an den Beitrag von *Nobbe*, WM 2008, 185, 193) *Strube*, ZIP 2008, 2153 und wohl auch *Kronenburg*, in: Handbuch zum deutschen und europäischen Bankrecht, hrsg. von Derleder/Knops/Bamberger, 2. Aufl. 2009, § 17 Rdn. 10.

61 Zur Frage, ob die Abschlussentgeltregelung nicht sogar eine rechtsdeklaratorische und aus diesem Grunde nicht der Inhaltskontrolle unterworfene Klausel darstellt, siehe *Stoffels*, BKR 2010, 361.

62 Eine über die bloßen Vertragsschlussaufwendungen hinausgehende Leistung, die mit der Gebühr abgegolten wird, ist allerdings schon zu verlangen. Sie liegt beim Bausparvertrag in der Aufnahme des Kunden in die Gemeinschaft der Bausparer und in der damit einhergehenden Einräumung einer gesicherten Option auf ein Bauspardarlehen zu einem festen, marktunabhängigen Zinssatz bei bis zur Zuteilungsreife vertragsgerechtem Ver-

genau darauf achten, welche primären finanziellen Vorteile und Belastungen der Vertrag mit sich bringt. Das in den Bedingungswerken klar hervorgehobene Abschlussentgelt ist dabei ein wesentlicher Kostenfaktor, der in die Gesamtkostenrechnung und damit in die Auswahlentscheidung des Kunden gewöhnlich einfließt. Die Preisangabenverordnung (§ 6 Abs. 3 und 7) verlangt sogar, solche Einmalzahlungen in die Berechnung des effektiven Jahreszinses einzubeziehen.

Der Qualifizierung des Abschlussentgelts als wettbewerbsrelevantes Produktmerkmal lässt sich auch nicht entgegenhalten, in diesem Segment gäbe es de facto ohnehin keinen Wettbewerb, da die Gebühr doch von jeder Bausparkasse auf der Grundlage der einheitlichen ABB erhoben werde. Abgesehen davon, dass die Höhe der Abschlussgebühr in der Praxis durchaus differiert, steht das Produkt „Bausparvertrag" in direktem Wettbewerb zu alternativen Formen des Vermögensaufbaus – etwa langfristige Banksparpläne oder Fondsparen –, an die sich dann die Inanspruchnahme einer Immobilienfinanzierung anschließen würde. Die von der Stiftung Warentest herausgegebene Zeitschrift „Finanztest", aber auch zahlreiche weitere Periodika (Capital, Managermagazin etc.) sowie diverse Online-Dienste ermöglichen im Übrigen einen Vergleich der sich anbietenden Produkte des Finanzmarktes. Das Abschlussentgelt ist nach alledem den Kräften von Markt und Wettbewerb in einer Weise ausgesetzt, dass damit gerechnet werden kann, der durchschnittliche Bausparer werde es zur Kenntnis nehmen und in seine Abschlussentscheidung einbeziehen.[63] Damit ist dieser Entgelttatbestand nach § 307 Abs. 3 BGB der materiellen Inhaltskontrolle durch die Gerichte entzogen. Auf die Frage, wofür die Bausparkasse die konkret vereinnahmten Gelder intern verwendet, ob sie davon beispielsweise die Vertriebskosten bestreitet oder aber ihre Gewinnmarge erhöht, kommt es bei alledem nicht an.[64] Solche betriebswirtschaftlichen Entscheidungen sind von der grundgesetzlich geschützten unternehmerischen Freiheit gedeckt. Mittelverwendungsvorgaben qua AGB-Recht oder auch eine Verpflichtung zur Offenlegung der internen Kalkulationen lassen sich nicht rechtfertigen.[65]

Hinzu kommt, dass es auch an einem normativen Kontrollmaßstab für solche Preisaufspaltungen fehlt. Das hat übrigens auch der BGH in einer Entscheidung zu den AGB eines Handwerkers festgestellt, in denen sich neben der Vergütungsregelung für die zu erbringenden Werkleistungen noch eine Pauschale für die An-

---

halten des Kunden (so zutreffend OLG Hamm WM 2010, 702, 703; ähnlich LG Hamburg BeckRS 2009, 19905). Das Abschlussentgelt wird daher nicht zu Unrecht auch als „Eintrittsgeld" bezeichnet (*Krepold*, BKR 2010, 109). Anders ist daher zu entscheiden für eine Abschlussgebühr bei Miet- oder Arbeitsverträgen (richtig LG Hamburg Urt. vom 5.3.2009 – Az. 307 S 144/08 für eine Bearbeitungsgebühr bei Abschluss eines Mietvertrages).

63 *Pieroth/Hartmann*, WM 2009, 677, 682; *Habersack*, WM 2008, 1857, 1860.

64 So jetzt auch *Nobbe*, WuB IV C. § 307 BGB 1.10.

65 So auch *Fuchs*, in: Ulmer/Brandner/Hensen, (Fußn. 14) § 307 BGB Rdn. 350 m.w.N. im Hinblick auf die Anforderungen des Transparenzgebots.

fahrt zum Kunden befand. Diese Pauschale hielt der BGH für nicht kontrollfähig und führte dazu aus: „Mangels eines Kontrollmaßstabes für Vergütungsabreden macht es keinen Unterschied, ob der Unternehmer seine Werkvertragsleistung ohne Offenlegung der einzelnen Berechnungsposten zu einem Gesamtpreis anbietet oder ob er die Nachprüfung des Werklohns durch den Besteller mittels Aufschlüsselung seiner einzelnen Leistungen und Preise ermöglicht.“[66]

Für die Abschlussentgelte bei Bausparverträgen verbleibt es damit bei der Transparenzkontrolle. Da die Abschlussgebühr in den Allgemeinen Bedingungen für Bausparverträge (ABB), offen, klar und verständlich ausgewiesen wird, ja sogar in der Präambel ausdrücklich auf sie hingewiesen wird, dürfte den Transparenzanforderungen in vollem Umfang entsprochen sein.[67]

V. Maßstab der AGB-Kontrolle

1. Anforderungen an normative Leitbilder

Inhaltskontrolle bedarf normativer Leitbilder. Solche ergeben sich vielfach aus dem dispositiven Recht, können aber auch in ungeschriebenen Rechtsgrundsätzen gesehen werden. Voraussetzung dieser Erweiterung ist jedoch, dass sich der jeweilige Rechtsgrundsatz zuverlässig und in einem methodisch gesicherten Verfahren aus dem positiven Recht entwickeln lässt. Die bisweilen in der Rechtsprechung zu beobachtende Tendenz, ad hoc gebildete Argumente zur Verdeutlichung des das Angemessenheitsurteil tragenden Abwägungsgedankens in den Rang eines gesetzlichen Leitbildes zu erheben, muss daher zurückgewiesen werden.[68] Der Wortlaut des § 307 Abs. 2 Nr. 1 BGB – „Regelung“ – verlangt darüber hinaus, dass der in Aussicht genommene Rechtsgrundsatz eine rechtssatzförmige Struktur aufweist, also in einen Tatbestand und eine ihm zugeordnete Rechtsfolge zerfällt.[69]

Zu allgemein, um als Leitbild für die inhaltliche Kontrolle eines durch vertragliche Vereinbarung in bestimmter Weise geregelten Interessenkonflikts zu fungieren, sind Maximen wie

---

66 BGH NJW 1992, 688, 689; weitergehende Schlüsse aus dieser Entscheidung zieht *Canaris*, AcP 200 (2000), S. 336.

67 Die Erfüllung der Transparenzanforderungen konstatieren auch OLG Hamm WM 2009, 702, 704; OLG Stuttgart WM 2010, 705, 707; LG Hamburg BeckRS 2009, 1905; ferner *Habersack*, WM 2008, 1860 und *Haertlein/Thümmler*, ZIP 2009, 1203.

68 Vgl. etwa die Urteile BGH NJW 1991, 1953; 1993, 721, 722; 1994, 318, 319; wie hier auch *Fuchs*, in: Ulmer/Brandner/Hensen, (Fußn. 14) § 307 BGB Rdn. 213; ebenso im Rahmen des § 307 Abs. 3 BGB *Joost,* ZIP 1996, 1691; *Schlosser,* ZIP 1985, 452; *H. P. Westermann,* in: Zehn Jahre AGB-Gesetz, 1987, S. 152.

69 *Becker,* Auslegung des § 9 Abs. 2 AGB-Gesetz, 1986, S. 89.

- das „Verhältnismäßigkeitsprinzip“,[70]
- der „Grundsatz der Bindung beider Vertragspartner“ (pacta sunt servanda)[71]
- oder das Ideal der „Vertragsgerechtigkeit“.[72]

2. Fragwürdige Vorgaben für die Gestaltung der Nebenentgelte

In der Rechtsprechung zur Kontrolle von Nebenentgelten spielen vor allem drei Leitgedanken eine bedeutsame Rolle.[73] Der BGH bedient sich ihrer teilweise schon zur Begründung der Kontrollfähigkeit, im Übrigen aber – und hier liegt der Schwerpunkt – sollen sie Anforderungen an die Angemessenheit im Rahmen der materiellen Inhaltskontrolle statuieren. Da wäre zum einen der Satz, dass allgemeine Betriebskosten dem Kunden grundsätzlich nicht gesondert (anteilig) in Rechnung gestellt werden dürfen, sondern im Preis der Hauptleistung enthalten zu sein haben.[74] Ferner verwehrt der BGH den Banken die Erhebung von Gebühren für Tätigkeiten, zu deren Erbringung sie bereits gesetzlich oder auf Grund einer selbstständigen vertraglichen Nebenpflicht verpflichtet sind oder die sie vorwiegend im eigenen Interesse vornehmen.[75] Und schließlich sollen ganz allgemein solche Geschäftsvorfälle nicht bepreist werden dürfen, für die nach dispositivem Recht kein Entgelt verlangt werden könnte, insbesondere weil sie keine Dienstleistung für den Kunden darstellen.[76]

All diese Rechtssätze weisen einen hohen Generalisierungsgrad auf. Sie gehen teilweise in einander über und bergen allesamt die Gefahr einer intensiven Preiskontrolle in sich. Bei genauerem Hinsehen erweist sich die materielle Überzeugungskraft dieser Inhaltsbeschränkungen als brüchig. Insbesondere die Kollegen *Köndgen*,[77] *Horn*[78] und *Canaris*[79] haben die Einwände in mehreren Beiträgen sehr

---

70 So aber BGH NJW 1985, 3013, 3014; dagegen wie hier *Fuchs*, in: Ulmer/Brandner/Hensen, (Fußn. 14) § 307 BGB Rdn. 213; zum Verhältnismäßigkeitsprinzip als Bewertungsgrundsatz im Rahmen der Abwägung vgl. *Staudinger-Coester*, (Fußn. 42) § 307 BGB Rdn. 162; allgemein zum Thema „Verhältnismäßigkeit und Privatrechtsordnung“ *Medicus*, AcP 192 (1992), S. 35 ff.; *Bieder*, Das ungeschriebene Verhältnismäßigkeitsprinzip als Schranke privater Rechtsausübung, 2007; *Preis*, in: FS für Dieterich, 1999, S. 429 ff.

71 So aber BGH NJW 1984, 1182, 1183; BAG NZA 2005, 465, 467.

72 So aber BGH NJW 1985, 3013, 3014; wie hier *Fuchs*, in: Ulmer/Brandner/Hensen, (Fußn. 14) § 307 BGB Rdn. 213.

73 Hierzu im Einzelnen auch *Nobbe*, WM 2008, 187 ff.

74 BGH NJW 1994, 318, 319; zuvor schon BGH NJW 1991, 1953, 1954.

75 So zuletzt BGH NJW 2009, 2051, 2052; 2007, 3637, 3640; 2005, 1275, 1276; 2002, 2386, 2387; 2001, 1419, 1420; 1991, 1953, 1954; 1994, 318, 319; 1999, 2276, 2777; 2000, 651.

76 BGH NJW 1994, 318, 2009, 2051, 2052.

77 *Köndgen*, ZBB 1997, 133 ff.

78 *Horn*, WM 1997, Sonderbeil. Nr. 1.

79 *Canaris*, AcP 200 (2000), S. 327 ff.

pointiert formuliert;[80] ich muss hierauf aus Zeitgründen verweisen. *Canaris* hat nach meinem Dafürhalten im Ergebnis recht, wenn er dem BGH vorwirft, seine subjektiven Gerechtigkeitsvorstellungen von einer angemessenen unternehmerischen Preisgestaltung zu verwirklichen, ohne dafür eine überzeugungskräftige Grundlage im geltenden Recht zu haben.[81]

Die vorzugswürdige Alternative lehnt der BGH apodiktisch und ohne nähere Begründung ab. Zitat: „das so genannte Verursacherprinzip ist für die Preisgestaltung im nicht regulierten Wettbewerb rechtlich bedeutungslos."[82] Das Prinzip, demjenigen eine höheres Entgelt abzuverlangen, der den konkreten Kostenaufwand verursacht, ist hingegen nicht nur ein unmittelbar einleuchtendes Gebot der Gerechtigkeit, sondern in vielen Fällen auch der ökonomischen Effizienz. Es geht hier wohlgemerkt nicht darum, einen sonst nicht gegebenen Anspruch der Bank gegen ihren Kunden zu rechtfertigen, sondern den formularvertraglich begründeten Anspruch im Rahmen der Inhaltskontrolle nach § 307 BGB zu verteidigen und die Regelung vor dem Verdikt der Unangemessenheit zu bewahren.[83] Das verschiebt die Gewichte. Und weshalb – so meine abschließende Frage – soll der AGB-Verwender gehindert sein, Kosten, die konkret einem Geschäftsvorfall, also einem Kunden zugeordnet werden können, auch entsprechend zu bepreisen? Oder umgekehrt gefragt: Bleibt der Unternehmer von Rechts wegen tatsächlich darauf angewiesen, solche Kosten, will er nicht auf ihnen sitzen bleiben, auf die Gesamtheit der Kunden umzulegen, also eine Quersubventionierung zu betreiben? Weshalb soll ein „Mitglied der Solidargemeinschaft sorgfältiger Kontoinhaber",[84] indirekt für Kosten aufkommen, welche ihre Ursache in der Sphäre anderer Kunden haben, etwa fehlende Kontodeckung im Hinblick auf Überweisungen oder

80 Kritisch neben den Genannten auch Staudinger-*Coester*, (Fußn. 42) § 307 BGB Rdn. 329 und *Fuchs*, in: Ulmer/Brandner/Hensen, (Fußn. 14) § 307 BGB Rdn. 79 ff.

81 *Canaris*, AcP 200 (2000), S. 334.

82 BGH NJW 1999, 2276, 2277; BGH NJW 2001, 1419, 1420; BGH NJW 2005, 1275, 1276; ebenso *Nobbe*, WM 2008, 187. Zu recht kritisch und für die Berücksichtigung des Verursacherprinzips *Canaris*, AcP 200 (2000), S. 337 ff. Eine zu starke Vernachlässigung des „Veranlassungsprinzips" monieren auch *Bunte*, in: Bankrechts-Handbuch, (Fußn. 5) § 5 Rdn. 52h. und *Bitter*, ZBB 2007, 241 ff. Bemerkenswert ist übrigens die Entscheidung des BGH zur Zulässigkeit einer Klausel über ein maßvolles Zeichnungsentgelt trotz Nichtzuteilung neuer Aktien (NJW 2003, 1447), in dem der Verursachungsbeitrag in die Angemessenheitsbeurteilung sehr wohl Eingang gefunden hat: „Dagegen erscheint es nicht unangemessen, alle diejenigen, die sich an derartigen Zeichnungen beteiligen und damit ihre Chance auf eine – gerade bei erheblicher Überzeichnung häufig recht vorteilhafte – Aktienzuteilung wahren, zur Tragung der dadurch verursachten Kosten durch eine mäßige Pauschalgebühr heranzuziehen."

83 *Canaris*, AcP 200 (2000), S. 337; verkannt von *Nobbe*, WM 2008, 187.

84 *Rohe*, NJW 1998, 1285.

Verschuldung im Hinblick auf Pfändungen?[85] Das ist nicht nur ungerecht, sondern führt – ökonomisch betrachtet – zu ineffizienten Fehlsteuerungen.

Der BGH eröffnet sich durch diese normativ nicht abgesicherten Formeln bedenklich weitreichende Interventionsmöglichkeiten im Bereich der Preiskalkulation und -festsetzung.[86] Demgegenüber bleibt festzuhalten, dass die Preisgestaltung grundsätzlich keiner inhaltlichen Rechtfertigung bedarf, sondern sich im Wettbewerb behaupten muss.[87] Das positive Recht enthält kaum geeignete Maßstäbe für die Beurteilung der Angemessenheit von Entgeltabreden. Äußerste Grenzen markieren hier lediglich das Verschuldensprinzip, das Äquivalenzprinzip und das Verbot der Auferlegung der Vertragsauflösungs- oder Abwicklungskosten. Auf diese Punkte wird noch näher einzugehen sein. Im Übrigen bleibt neben der stets gebotenen Transparenzkontrolle im Wesentlichen nur das Aushöhlungsverbot (§ 307 Abs. 2 Nr. 2 BGB), soweit die Kontrollfähigkeit überhaupt bejaht werden kann. Die Entgeltbestimmung darf sich nicht in einen vertragszweckgefährdenden Widerspruch zur selbstgewählten Vertragsordnung setzen, also berechtigte Kundenerwartungen enttäuschen.[88]

3. Das haftungsrechtliche Verschuldensprinzip

Als normatives Leitbild ist in Rechtsprechung und Schrifttum das haftungsrechtliche Verschuldensprinzip anerkannt.[89] Es besagt, dass eine Verpflichtung zum Schadensersatz regelmäßig nur bei schuldhaftem Verhalten besteht. Der *BGH* bezeichnet diesen Grundsatz als Ausdruck eines Gerechtigkeitsgebots, das glei-

85 Kritisch zu Recht *Bitter*, ZIP 2008, 2156 f. Auch *Meder*, NJW 1996, 1854 Fn. 70 kritisiert, dass „durch solche Verlagerungen letztlich Transparenz und kostengerechte Preisgestaltung verhindert werden."

86 *Canaris*, AcP 200 (2000), S. 334. Staudinger-*Coester*, (Fußn. 42) § 307 BGB Rdn. 284 spricht von „richterlicher Intervention in betriebswirtschaftliche Kostenkalkulation und Preisbildungsfragen, die in der geltenden Verfassungs- und Privatrechtsordnung unzulässig sind."

87 Staudinger-*Coester*, (Fußn. 42) § 307 BGB Rdn. 284.

88 Übrigens kann umgekehrt eine Entgeltfestsetzung eine bestimmte, berechtigte Erwartung des Kunden begründen, die in den weiteren Bedingungen – etwa zur Haftung – nicht enttäuscht werden darf. Problematisch daher die Haftungseinschränkung in Nr. 3 Abs. 2 AGB-Banken beim weitergeleiteten Auftrag (zu Recht kritisch *Bitter*, ZBB 2007, 255 f. und *Baumbach/Hopt*, HGB, 33. Aufl. 2008, (8) AGB-Banken Nr. 3 Rdn. 6).

89 BGH NJW 1983, 159, 162; 1991, 1886, 1887; 1991, 2414, 2415; 1992, 1761, 1762; 1992, 3158, 3161; 1997, 1700, 1702; 2002, 1950, 1952; 2006, 47, 49; OLG Bamberg NJW 1993, 2813, 2814; *Fuchs*, in: Ulmer/Brandner/Hensen, (Fußn. 14) § 307 BGB Rdn. 214; *Dammann*, in: Wolf/Lindacher/Pfeiffer, (Fußn. 17) Klauseln H 4; *Nobbe*, WM 2008, 189. Damit geht einher die Ablehnung einer Risikoverteilung nach dem sog. „Sphärengedanken"; vgl. hierzu *Schimansky*, in: FS 50 Jahre BGH, 2000, S. 3 f.

chermaßen für vertragliche wie für gesetzliche Ansprüche gälte.[90] Die formularmäßige Begründung einer verschuldensunabhängigen Haftung des Vertragspartners ist daher nach Ansicht des *BGH* im Regelfall nach § 307 Abs. 2 Nr. 1 BGB unwirksam. Nur ausnahmsweise könne vom haftungsrechtlichen Verschuldensprinzip abgewichen werden, wenn dies durch höherrangige Interessen des AGB-Verwenders gerechtfertigt sei oder die den Vertragspartner benachteiligende Abweichung durch Gewährung anderer rechtlicher Vorteile kompensiert werde.[91] Eine Bestätigung dieser Sichtweise stellt auch die in der neuen Vorschrift des § 675v BGB vorgesehene Haftungsverteilung dar. Sie knüpft an ein Verschulden des Zahlers an und ist – wenn der Kunde Verbraucher ist – zu seinen Lasten nicht abdingbar (§ 675e BGB).

So erklärte der BGH unter Berufung auf das Verschuldensprinzip eine Klausel in den Scheckbedingungen für unwirksam, durch die das Fälschungsrisiko ohne Rücksicht auf ein Verschulden des Kontoinhabers auf diesen verlagert wurde.[92] Ferner verwarf der BGH eine Bedingung, derzufolge der Girokunde seiner Bank das Rücklastschriftentgelt zu erstatten hatte, das diese im Interbankenverhältnis schuldet, wenn sie eigene Forderungen gegen Kunden per Lastschrift von Girokonten der Kunden bei anderen Kreditinstituten einzuziehen versucht. Denn die Klausel erfasse in kundenfeindlichster Auslegung auch Fallgestaltungen, bei denen der Kunde die Rücklastschrift nicht zu vertreten hat, ihm also keine schuldhafte – die Erstattung rechtfertigende – Vertragsverletzung vorgeworfen werden kann.[93]

Der anhand dieser beiden Judikate aus dem Bereich der Kreditwirtschaft exemplarisch verdeutlichte Einsatz des haftungsrechtlichen Verschuldensprinzips als normativer Kontrollmaßstab vertraglicher Haftungsabreden dürfte den formulierten Anforderungen an ungeschriebene Leitbildregelungen gerecht werden. Der Verschuldensgrundsatz ist Ausfluss übergeordneter Grundgedanken des Bürgerlichen Rechts.[94] Ausgangspunkt ist die einen elementaren Gerechtigkeitsgehalt verkörpernde Grundregel, dass die Folgen eines zufälligen Ereignisses von demjenigen zu tragen sind, den sie treffen (casum sentit dominus). Die Überwälzung der Haftung stellt demgegenüber einen rechtfertigungsbedürftigen Eingriff in Freiheit und Eigentum des anderen dar. Die bedeutsamste Legitimationsgrundlage für die Ersatzpflichtigkeit eines anderen ist, dass dieser das schadenbringende Ereignis in

90 BGH NJW 1991, 2414, 2415; 1992, 1761, 1762.

91 BGH NJW 1991, 1886, 1887; 1991, 2414, 2415; 1997, 1700, 1702; 2002, 1950, 1951 f.

92 BGH NJW 1997, 1700.

93 BGH NJW 2002, 1950.

94 Zum Folgenden insbesondere *Larenz/Canaris*, Schuldrecht II/2, 13. Aufl. 1994, § 75 I, S. 351 f.; Staudinger-*Hager*, Vorbem. zu §§ 823 ff. BGB Rdn. 24; vgl. ferner *Deutsch*, Allgemeines Haftungsrecht, 2. Aufl. 1996, Rdn. 21 ff.; knappe rechtsgeschichtliche und rechtsvergleichende Hinweise ferner bei *Larenz*, Schuldrecht I, 14. Aufl. 1987, § 20 I, S. 277 f.

vorwerfbarer Weise herbeigeführt hat.[95] Hierfür hat er entsprechend dem Prinzip der Verantwortlichkeit der Person für ihr Verhalten einzustehen.[96] Zugleich akzentuiert der Verschuldensgrundsatz eine dem Gedanken der Selbstbestimmung verpflichtete Begrenzung der Haftung: das schädigende Ereignis kann dem Inanspruchgenommenen nur vorgeworfen werden, wenn es für ihn vermeidbar gewesen ist.[97] Die regelhafte Anknüpfung der Einstandspflicht an ein schuldhaftes Verhalten erschließt sich in Gesetzesform gegossen aus zahlreichen Vorschriften des Schuldrechts. Diese finden sich zum einen im Recht der Sonderverbindungen – dort insbesondere im Leistungsstörungsrecht (vgl. nur § 280 BGB) und im Deliktsrecht (§ 823 BGB).[98] Eine Bestätigung dieser Sichtweise stellt auch die in der neuen Vorschrift des § 675v BGB vorgesehene Haftungsverteilung bei missbräuchlicher Nutzung eines Zahlungsauthentifizierungsinstruments dar. Sie knüpft an ein Verschulden des Zahlers an und ist – wenn der Zahler Verbraucher ist – zu seinen Lasten nicht abdingbar (vgl. § 675e BGB). Dieses sich de lege lata präsentierende Gesamtbild erlaubt hinreichend zuverlässig den Schluss auf die Regel von der Abhängigkeit der haftungsrechtlichen Verantwortung vom Verschulden. Dieses Prinzip ist zudem auch konkret genug, um als Vergleichsmaßstab das Angemessenheitsurteil über vertragliche Haftungsabreden vorzubereiten.[99]

4. Das Äquivalenzprinzip

Leitbildqualität wird man dem in der Rechtsprechung in zahlreichen Entscheidungen als Vergleichsmaßstab bemühten Äquivalenzprinzip zuerkennen können;[100] jedenfalls dann wenn man es nicht einfach mit „Vertragsgerechtigkeit"

---

95 Neben dem dominierenden Verschuldensprinzip kommen weitere Zurechnungsgründe in Betracht: etwa der Gedanke einer Garantiepflicht, die Enttäuschung geweckten Vertrauens oder die Gefahrveranlassung und -beherrschung. Eingehend *Larenz*, JuS 1965, 374 ff. Für rechtsethische Überlegenheit des Verschuldensprinzips insbesondere gegenüber der Gefährdungshaftung zutreffend *Steffen*, NJW 1990, 1820; *Larenz/Canaris*, Schuldrecht II/2, (Fußn. 94) § 84 I, S. 608; vgl. ferner *Marburger*, AcP 192 (1992), S. 28 f.; anders hingegen *Kötz*, AcP 170 (1970), S. 39.

96 *Larenz/Wolf*, Allgemeiner Teil des Bürgerlichen Rechts, 9. Aufl. 2004, § 2 Rdn. 23 ff.

97 *Larenz/Canaris*, Schuldrecht II/2, (Fußn. 94) § 75 I, S. 351.

98 *Medicus/Lorenz*, Schuldrecht I, 18. Aufl. 2008, Rdn. 300.

99 Etwas zurückhaltender Staudinger-*Coester*, (Fußn. 42) § 307 BGB Rdn. 235, der von einem „recht allgemein(en)" Prinzip spricht, die auch von ihm erhobene Forderung nach hinreichender Konkretheit aber offenbar als erfüllt betrachtet.

100 BGH NJW 1982, 331, 332; 1985, 2270; 1986, 179, 180; 1988, 204, 206, NJW-RR 1988, 1077, 1081; 1997, 304; NJW 2001, 2635 (2637); zustimmend auch die ganz herrschende Lehre vgl. etwa *von Hoyningen-Huene*, Die Inhaltskontrolle nach § 9 AGB-Gesetz, 1991, Rdn. 251; *Fuchs*, in: Ulmer/Brandner/Hensen, (Fußn. 14) § 307 BGB Rdn. 214 f.; *Wolf*, in: Wolf/Lindacher/Pfeiffer, (Fußn. 17) § 307 BGB Rdn. 121; Staudinger-*Coester*, (Fußn. 42) § 307 BGB Rdn. 235; kritisch allerdings *Zöllner*, RdA 1989, 160.

gleichsetzt, sondern auf die §§ 320 ff. BGB zurückgeht und es auf den „Bestand der synallagmatischen Pflichten“[101] bezieht. Das typische, immer wieder beanstandete Grundmuster eines Verstoßes gegen das so verstandene Äquivalenzprinzip ist dadurch gekennzeichnet, dass die AGB dem Verwender unter bestimmten Voraussetzungen das Recht zugestehen, sich von seiner Leistungspflicht zu lösen, den Vertragspartner jedoch weiterhin unverändert an seiner Gegenleistungspflicht festhalten.[102]

Ein markantes Beispiel bietet insoweit die Rechtsprechung zum Leasingvertragsrecht.[103] Eine insbesondere in der „ersten“ und mit gewissen Nuancierungen auch in der „zweiten Generation“ der Leasingvertragsmodelle verbreitete Regelung sah eine Kumulierung der Rechte des Leasinggebers im Falle des Ausbleibens der geschuldeten Leasingraten vor. Der Leasinggeber sollte hiernach im Falle des Zahlungsverzugs des Leasingnehmers zunächst berechtigt sein, den Leasingvertrag fristlos zu kündigen. Zusätzlich räumte ihm der Leasingvertrag das Recht ein, die sofortige Zahlung aller während der Restvertragszeit anfallenden Leasingraten sowie die endgültige Rückgabe der Leasingsache zu verlangen. Der *BGH*[104] meinte, eine solche Regelung laufe darauf hinaus, dass der Leasinggeber nach Kündigung des Vertrages und Rücknahme des Leasing-Gegenstandes von seiner Leistungspflicht endgültig frei werde, der Leasingnehmer dagegen – sogar in erhöhtem Umfang, weil er die Restmieten sofort und ohne Abzinsung aufbringen müsse – leistungspflichtig bleibe. Eine Rechtfertigung für die von ihm konstatierte Abkehr vom Leitgedanken des gegenseitigen Vertrages konnte der *BGH* auch unter Berücksichtigung der besonderen Risiken des Leasinggebers beim Leasing-Geschäft nicht erkennen. Diese Rechtsprechung ist in der Folgezeit fortgeführt und ausgebaut worden. Sehr bald setzte sich sodann die Formel von der „mit dem Leitbild des Leasingvertrages unvereinbaren Äquivalenzstörung“ durch.[105] In dieser tatbestandlich eingegrenzten Form, inhaltlich beschränkt auf die Verknüpfung der synallagmatischen Pflichten, kann der Einsatz des Äquivalenzprinzips gutge-

---

101 So die treffende Kennzeichnung durch *von Hoyningen-Huene*, Die Inhaltskontrolle nach § 9 AGB-Gesetz, 1991, Rdn. 251.

102 BGH NJW 1986, 179, 180.

103 Das Äquivalenzprinzip ist in der gerichtlichen Entscheidungspraxis zum Leasingrecht eine feste Größe; vgl. neben den in den folgenden Fußnoten aufgeführten Nachweisen etwa BGH NJW 1986, 179, 180 und 1988, 204, 206.

104 BGH NJW 1978, 1432, 1434.

105 BGH NJW 1982, 870, 871; 1982, 1747 f.; WM 1982, 7, 9; NJW 1984, 2687. Im Schrifttum ist diese Rechtsprechung überwiegend auf Zustimmung gestoßen vgl. *H. Schmidt*, in: Ulmer/Brandner/Hensen, 10. Aufl. 2006, § 307 BGB Rdn. 546; *Stoffels*, in: Wolf/Lindacher/Pfeiffer, Klauseln Rdn. L 175; *Graf von Westphalen*, Der Leasingvertrag, 6. Aufl. 2008, Kap. K Rdn. 30; *Coester-Waltjen*, Jura 1980, 189 f.; *Esser/Weyers*, Schuldrecht II/1, 8. Aufl. 1998, § 24 II, S. 205; kritisch hingegen *Ziganke*, BB 1982, 706.

heißen werden.[106] Das Prinzip ist hinreichend konkret, seine Deduktion aus dem dispositiven Gesetzesrecht für jedermann nachvollziehbar.

5. Das Verbot der Auferlegung der Vertragsauflösungs- oder Abwicklungskosten

Allgemein anerkannt ist ferner, dass Entgelte für die Auflösung und Abwicklung des Vertragsverhältnisses regelmäßig auf eine unangemessene Benachteiligung des Kunden hinauslaufen, da sie seine Vertragspartnerwahlfreiheit ungebührlich einschränken (Wertungen der § 308 Nr. 7 und § 309 Nr. 6 BGB).[107] Ich nenne als Beispiele Entgelttatbestände für die Erteilung einer Löschungsbewilligung,[108] für die Kontoauflösung und für die Wertpapierübertragung bei Auflösung des Depots.[109] Hier ist die Bank ausnahmsweise von Rechts wegen verpflichtet, diese im Übrigen vorhersehbaren Kosten in ihre allgemeinen Leistungsentgelte einzustellen.

6. Die Häufung individueller Bagatellbenachteiligungen im Massenverkehr

Insbesondere bei der rechtlichen Beurteilung der Banken-AGB stellt sich mitunter die Frage, wann von einer relevanten Benachteiligung der Verwendergegenseite ausgegangen werden kann. Reicht hierfür auch ein Bagatellnachteil in Höhe von wenigen Cent oder Euro aus? Falls nein, ändert sich die Bewertung, wenn dieser geringfügige Nachteil massenhaft der gesamten Kundschaft oder jedenfalls einem größeren Teil aufgebürdet wird? Man denke etwa an die Wertstellungs- und Gebührenregelungen der Banken. Der BGH hat in seinen Werstellungsurteilen das Argument des Bagatellnachteils nicht gelten lassen, weil – so wörtlich – nicht unberücksichtigt bleiben darf, dass sich das Kreditinstitut durch die Summierung der so erzielten unberechtigten Wertstellungsgewinne zusätzliche Einnahmen in erheblicher Höhe erschließt.[110] *Coester* hat hierzu kritisch angefragt, woraus eigentlich die Legitimation einer Kontrolle und Begrenzung „unangemessener“ Gewinne folge.[111] Dem AGB-Recht ist eine solche Zielrichtung in der Tat ganz fremd. Auf der anderen Seite dient die AGB-Kontrolle anerkanntermaßen der Kompensation von Marktversagen, das bei der Zufügung von Bagatellnachteilen mangels zu erwartender Gegenwehr der Kunden[112] besonders augenfällig zutage tritt. Das AGB-Recht

---

106 Problematisch an dieser Rechtsprechung ist allerdings die mietrechtlich beeinflusste Bestimmung der den Leasinggeber treffenden Hauptleistungspflicht; kritisch aus diesem Grunde auch *Ziganke*, BB 1982, 706 ff.
107 *Köndgen*, ZBB 1997, 135; *Bitter*, ZIP 2008, 2156.
108 BGH NJW 1991, 1953.
109 BGH NJW 2005, 1275.
110 BGH NJW 1989, 582, 583; 1994, 318, 319; 1997, 2042.
111 Staudinger-*Coester*, (Fußn. 42) § 307 BGB Rdn. 92.
112 Hierzu *Derleder/Metz*, ZIP 1996, 577.

ist zwar auf Individualschutz angelegt. Es weist aber darüber hinausgehend eine institutionelle, wirtschaftsrechtliche Dimension auf (vgl. Verbandsklage, Transparenzgebot, Schranken der Inhaltskontrolle), die es gebietet, die Gesamtauswirkungen der Klausel im Verhältnis zur Marktgegenseite zu berücksichtigen.[113] *Fuchs* bemerkt hierzu treffend: „Ebenso wie das Rationalisierungsinteresse des Verwenders sich aus der Vielzahl der Einzelabschlüsse zusammensetzt, muss auch für die Überwälzung kleinerer Nachteile auf die Marktgegenseite eine Zusammenrechnung erfolgen und in der Summe in die Abwägung einfließen.“[114]

V. Das Transparenzgebot und seine Grenzen

Ein bedeutsamer Prüfstein für die Bedingungswerke der Banken stellt schließlich das Transparenzgebot dar, dem auch die ansonsten der Inhaltskontrolle entzogenen Preis- und Leistungsabreden unterfallen. Ich möchte an dieser Stelle vor allem die Grenzen des Transparenzgebots akzentuieren. Zwar möchte ich nicht so weit gehen und von einer Hypertrophie des Transparenzgebots sprechen. Nach meiner Beobachtung ist es allerdings den Gerichten bislang nicht immer gelungen, die Transparenzanforderungen auf das vom Normzweck gebotene Maß zu beschränken. Den XI. Senat möchte ich von diesem Tadel allerdings ausdrücklich ausnehmen.

1. Das Schutzanliegen des Transparenzgebots

Von daher scheinen mir einige vertiefende Überlegungen zum Schutzanliegen des Transparenzgebots angebracht. Das Transparenzgebot ist – wie auch das Instrument der materiellen Inhaltskontrolle – in einem höheren Sinne auf die Kompensation von Funktionsdefiziten der Privatautonomie gerichtet. Die häufig fehlende Marktransparenz und die prohibitiv hohen Transaktionskosten, die den Kunden davon abhalten, die Vertragsbedingungen zu studieren, in Frage zu stellen bzw. nach einem Marktvergleich auf einen günstigeren Anbieter auszuweichen, lassen einen wirksamen Konditionenwettbewerb in der Regel nicht aufkommen. Letztlich bewirkt die durch die asymmetrische Informationslage ausgelöste adverse Selektion der Kunden ein „race to the bottom“.

Das AGB-Recht reagiert auf dieses Marktversagen[115] im Grunde genommen auf zweierlei Weise: zum einen durch heteronomen, hoheitlichen Eingriff in Form

113 Zutreffend *Fuchs*, in: Ulmer/Brandner/Hensen, (Fußn. 14) § 307 BGB Rdn. 132.

114 *Fuchs*, in: Ulmer/Brandner/Hensen, (Fußn. 14) § 307 BGB Rdn. 131.

115 Zum Zusammenhang zwischen Informationsasymmetrien und Marktversagen *Grundmann*, JZ 2000, 1133, 1136 ff., *Kötz*, JuS 2003, 212 f. Ein konkretes Informationsgefälle zwischen den AGB verwendenden Anbietern und der Marktgegenseite konstatiert auch *Dauner-Lieb*, Verbraucherschutz durch Ausbildung eines Sonderprivatrechts für Verbraucher, 1983, S. 72. Aus ökonomischer Sicht grundlegend *Akerlof*, The Market of

materieller Inhaltskontrolle und zum anderen – gleichsam flankierend –[116] indem es den Kunden durch verständliche Vertragsgestaltung in die Lage versetzt, seine Interessen und Marktchancen selbst zu verfolgen.[117] Die Auferlegung von Informationspflichten ist gegenüber der Einschränkung von Regelungsspielräumen der die Privatautonomie schonendere und daher grundsätzlich vorrangige Eingriff.[118] Folgerichtig ist daher die Entscheidung des Gesetzgebers, die Hauptleistungsabreden von der materiellen Inhaltskontrolle auszunehmen. Denn regelmäßig ist die Beschreibung der Hauptleistungspflichten für die Abschlussentscheidung des Kunden wichtig, findet seine Aufmerksamkeit und nimmt auf diese Weise am marktmäßigen Wettbewerb teil. Marktregulierung und selbstverantwortliche Interessenwahrnehmung gehen staatlicher Regulierung und Kontrolle hier grundsätzlich vor.[119] Grundvoraussetzung für die Funktionsfähigkeit der Marktmechanismen ist dann allerdings ein Mindestmaß an Informiertheit über die Grunddaten von Preis und Leistung. In diesem Bereich ist somit eine Transparenzkontrolle geradezu gefordert. Sie ist gleichsam eine „Vorbedingung der Kontrollfreiheit".[120]

Das Gebot, die Vertragsbedingungen klar und verständlich zu formulieren, verwirklicht sich auf zwei Ebenen. Zum einen soll es die Abschussentscheidung des Kunden sichern,[121] ihm jedenfalls die Möglichkeit marktgerechten Verhaltens offen halten. Auf der anderen Seite ist der Vertrag auch eine Informationsquelle im Stadium der Abwicklung. Der Kunde begehrt Auskunft über seine Rechte und Pflichten, um ggf. die Chancen der gerichtlichen Geltendmachung richtig beurteilen zu können. Über diese auf Individualschutz angelegten Gebote der Abschluss- und Abwicklungstransparenz[122] wird zugleich tendenziell der Konditionenwettbe-

---

„Lemons" Quality Uncertainty and the Market Mechanism, Quaterly Journal of Economics Vol. 84 (1970), 488 ff.; ferner *Schäfer/Ott*, Lehrbuch der ökonomischen Analyse des Rechts, 4. Aufl. 2005, S. 499 ff. Kritisch zu Akerlofs Erklärungsansatz *Leuschner*, AcP 207 (2007), S. 491, 502 f.

116 *Gottschalk*, AcP 206 (2006), 555, 564 („Inhaltskontrolle und Informationsmodell stehen nicht im Gegensatz zueinander, sondern ergänzen sich gegenseitig.").

117 *Drexl*, Die wirtschaftliche Selbstbestimmung des Verbrauchers, 1998, S. 543 ff.; *Gottschalk*, AcP 206 (2006), 561; im Grundsatz zustimmend Staudinger-*Coester*, (Fußn. 42) § 307 BGB Rdn. 315; ausführlich zum Verhältnis der Inhaltskontrolle und Informationsmodell *Kreienbaum*, Transparenz und AGB-Gesetz, 1998, S. 220 ff. Kritisch zur Geeignetheit von Aufklärung als Mittel zur Kompensation der subjektiv-intellektuellen Unterlegenheit des mit AGB konfrontierten Kunden *Dauner-Lieb*, Verbraucherschutz durch Ausbildung eines Sonderprivatrechts für Verbraucher, 1983, S. 74.

118 *Dreher*, JZ 1997, 167, 177 f.; *Martinek*, in: Grundmann (Hrsg.), Systembildung und Systemlücken, 2000, S. 520.

119 Staudinger-*Coester*, (Fußn. 42) § 307 BGB Rdn. 285.

120 So auch die Formulierung in der Begründung des Regierungsentwurfs, BT-Drucks. 14/6040, S. 154.

121 *Gottschalk*, AcP 206 (2006), S. 555, 563.

122 Zu dieser Unterscheidung grundlegend *Koller*, in: FS für Steindorff, 1990, S. 667, 671 ff.; ferner Staudinger-*Coester*, (Fußn. 42) § 307 BGB Rdn. 176 f.; *Fuchs*, in: Ulmer/

werb als solcher stimuliert. Man kann diesbezüglich auch von einem wettbewerbsunterstützenden, marktbezogenen Ansatz des Transparenzgebots sprechen.[123] Das Transparenzgebot ist damit eine Ausprägung des Informationsmodells,[124] das ja auch im Übrigen dem europäischen Verbraucherschutzrecht zugrunde liegt.

2. Grenzen des Transparenzgebots

Eine deutlichere Begrenzung ist aus zwei Gründen geboten: Zum einen erweist sich eine ausufernde Ausweitung der Transparenzanforderungen im Ergebnis als kontraproduktiv;[125] die Klauselgestaltung läuft nämlich Gefahr, schon wegen ihrer schieren Länge und Detailgenauigkeit den Kunden zu überfordern. Transparenz bedeutet nämlich auch „Fokussierung der dargebotenen Informationen auf einige zentrale Parameter oder den Kern einer Regelung".[126] Außerdem dürfen auch die berechtigten Interessen des Verwenders nicht aus den Augen verloren werden. Die Offenlegung seiner internen Kalkulationen oder gar der Gewinnmarge[127] kann daher beispielsweise grundsätzlich nicht verlangt werden.[128]

3. Beispiele aus der Rechtsprechung

a) Einseitige Bestimmungsrechte (Zinsanpassungsklauseln im Kreditgeschäft)

Auch das sog. Bestimmtheitsgebot, dem vor allem vertraglich vorbehaltene Leistungsbestimmungsrechte des Verwenders unterfallen, stellt kein unbedingtes Optimierungsgebot dar. Es verlangt, die tatbestandlichen Voraussetzungen und die Rechtsfolgen so genau zu beschreiben, dass keine ungerechtfertigten Beurteilungsspielräume für den Verwender entstehen.[129] Der jeweilige rechtlich gebotene Konkretisierungsgrad setzt mithin eine Wertung voraus. Es gibt mit anderen Worten auch gerechtfertigte Beurteilungsspielräume. Weder müssen alle denkbare Eventualitäten erfasst, noch müssen Selbstverständlichkeiten in den Text aufgenommen

---

Brandner/Hensen, (Fußn. 14) § 307 BGB Rdn. 326 ff.; *Fastrich*, Richterliche Inhaltskontrolle im Privatrecht, (Fußn. 43) S. 321 ff.; kritisch hingegen *Heinrichs*, in: FS für Trinkner, 1995, S. 157, 166.

123 *Köndgen*, NJW 1989, 943; 946 ff.; *Fuchs*, in: Ulmer/Brandner/Hensen, (Fußn. 14) § 307 BGB Rdn. 326; *Kreienbaum*, Transparenz und AGB-Gesetz, 1998, S. 220, 223 f.

124 *Heiderhoff*, Grundstrukturen des nationalen und europäischen Verbrauchervertragsrechts, 2004, S. 368; *Drexl*, Die wirtschaftliche Selbstbestimmung des Verbrauchers, 1998, S. 364; *Gottschalk*, AcP 206 (2006), 555, 561 f.; *Pfeiffer*, in: Grabitz/Hilf, Kommentar zur Europäischen Union, A 5, Art. 5 RiLi 93/13/EWG Rdn. 1.

125 Auf diesen Zusammenhang hinweisend BGH NJW 1993, 2052, 2054.

126 So prägnant *Fuchs*, in: Ulmer/Brandner/Hensen, (Fußn. 14) § 307 BGB Rdn. 349.

127 OLG Frankfurt 29.7.2009 – 23 U 76/08, juris.

128 *Fuchs*, in: Ulmer/Brandner/Hensen, (Fußn. 14) § 307 BGB Rdn. 350.

129 BGH NJW 2004, 1598, 1600; 2006, 996, 997 f.; *Fuchs*, in: Ulmer/Brandner/Hensen, (Fußn. 14) § 307 BGB Rdn. 338.

werden.[130] Berechtigte Flexibilitätsinteressen des Verwenders gehen in diese wertende Betrachtung ebenfalls ein. Und der Sinn einer flexiblen Regelung besteht gerade darin, auch solche Fälle zu erfassen, an die bei Vertragsschluss noch nicht gedacht wurde oder die sich aufgrund der Ungewissheit zukünftiger Entwicklungen noch gar nicht absehen lassen.[131] Entscheidend sind letztlich die Komplexität des Sachverhalts und die spezifischen Gegebenheiten des Regelungsgegenstandes in der jeweiligen Branche.

Ein wichtiger Teilbereich, in dem seit vielen Jahren über das gebotene Maß an Bestimmtheit gestritten wird, ist der Banken- und Sparkassensektor mit seinen Entgeltregelungen. Im Brennpunkt standen zuletzt wieder einmal die sog. Zinsanpassungsklauseln im Kreditgeschäft.[132] Der 11. Senat des BGH hat hier in seinem grundlegenden Urteil vom 21. April 2009 seine bisherige, überaus großzügige Rechtsprechung[133] aufgegeben.[134] Bei der Beurteilung von Zinsänderungsrechten fällt auf, dass sich der Übergang von der materiellen Angemessenheitskontrolle zur Transparenzkontrolle als fließend erweist. Die Wahrung des Äquivalenzverhältnisses und das Gebot der Symmetrie von Zinserhöhung und -senkung gehören zur materiellen Angemessenheitskontrolle. Unter Transparenzgesichtspunkten sind vor allem drei Anforderungen zu formulieren,[135] die ich hier nur schlagwortartig in den Raum stellen kann:

- die Angabe von Änderungsgründen: dazu gehören nicht nur die kapitalmarktbedingten Änderungen der Refinanzierungskosten, sondern im Hinblick auf Basel II auch Änderungen der Bonität des Kreditnehmers;
- die Angabe geeigneter Bezugsgrößen, um den Änderungsbedarf zu identifizieren (vgl. auch § 675g Abs. 3 BGB);
- die Begrenzung des Umfangs der möglichen Anpassung, etwa durch Festlegung von Erheblichkeitsschwellen.

Wie der Verwender die Transparenz in diesen Punkten konkret bewerkstelligt, ist rechtlich nicht determiniert. Die Anforderungen dürfen auch hier nicht überspannt werden. Eine vollständige Offenlegung der Kriterien eines bankinternen Ratingverfahrens kann daher nicht verlangt werden. Ausreichend ist hier ein

---

130 *Fuchs*, in: Ulmer/Brandner/Hensen, (Fußn. 14) § 307 BGB Rdn. 341.

131 *Joppich*, Die Kodifikation des Transparenzgebots in § 307 BGB, 2009, S. 108.

132 Zu Zinsanpassungsklauseln bei Spareinlagen vgl. BGH NJW 2004, 1588 und BGH NJW 2010, 42; ferner *Förster*, Die Vereinbarung variabler Zinssätze in AGB, 2010.

133 BGH NJW 1986, 1803; 1992, 1751, 1752 f., 2000, 2580, 2582; vorsichtig abrückend zuletzt dann aber BGH NJW 2004, 1588, 1589; kritisch äußerten sich *Bruchner/Metz*, Variable Zinsklauseln, 2001, Rdn. 305 ff.; *Metz*, BKR 2001, 21, 22 ff.; *Habersack*, WM 2001, 753, 755 ff.; *Schimansky*, WM 2001, 1169, 1172; *ders.*, WM 2003, 1449, 1450; *Derleder*, WM 2001, 2029, 2031.

134 BGH NJW 2009, 2051.

135 Zum Folgenden vgl. *Fuchs*, in: Ulmer/Brandner/Hensen, (Fußn. 14) Anh. § 310 BGB Rdn. 1089 ff.

ergebnistransparentes Modell, das sich auf die Nennung der wesentlichen ergebnisrelevanten Parameter beschränkt.[136]

b) Hochkomplexe Finanzderivate (strukturierte Zinsswaps)

Sehr konkret sind hingegen die Zinsberechnungsklauseln bei Finanzderivaten, insbesondere bei den sog. Swapgeschäften, abgefasst. Diese sind allerdings häufig derart komplex, dass sie für den Anleger nur mit großem Aufwand zu durchschauen sind. Das OLG Stuttgart spricht sogar von „intransparenten synthetischen Finanzinstrumenten".[137] Derzeit wird bekanntlich erbittert um die Verteilung der Verluste gestritten, die aus solchen oftmals hochriskanten Geschäften entstanden sind.[138] Mehrfach ist in diesem Zusammenhang auch die mangelnde Transparenz der Bedingungswerke gerügt worden, bislang allerdings durchweg ohne Erfolg. M.E. ist hier in der Tat Zurückhaltung geboten, wenn die Berechnungsformel als solche richtig ist.[139] Swap-Verträge werden typischerweise von regelmäßig am Geschäftsverkehr teilnehmenden Kunden abgeschlossen, bei denen aufgrund ihrer Geschäftserfahrung von besseren Erkenntnis- und Verständnismöglichkeiten ausgegangen werden kann. Eine unangemessene Risikoverteilung im Preis-/Leistungsbereich kann in krass gelagerten Fällen sittenwidrig (§ 138 Abs. 1 BGB) sein.[140] Im Übrigen wird man die vor die Gerichte getragenen Rechtsstreitigkeiten nach den Kriterien über die Haftung wegen fehlerhafter Anlageberatung zu lösen haben, die nicht durch eine extensiv gehandhabte Produktkontrolle überspielt werden sollten.[141] Zur Frage, ob die Bank dem Kunden gegenüber verpflichtet ist, bei Abschluss von Swapgeschäften ihre Gewinnmarge offen zu legen, trägt das Transparenzgebots mithin nichts bei. Dies richtet sich allein danach, wie weit der Kreis der Beratungspflichten der Bank abgesteckt wird, vor allem ob man die Rechtsprechung des BGH zur Aufklärung über verdeckte Rückvergütungen[142] erstens für richtig und zweitens für übertragbar hält.

---

136 Wie hier auch *Fuchs*, in: Ulmer/Brandner/Hensen, (Fußn. 14) Anh. § 310 BGB Rdn. 1098 f.

137 OLG Stuttgart ZBB 2010, 162.

138 OLG Naumburg WM 2005, 1313; OLG Bamberg, WM 2009, 1082; OLG Frankfurt WM 2009, 1563; OLG Koblenz ZBB 2010, 153; OLG Stuttgart ZBB 2010, 162.

139 Wie hier *Köndgen/Sandmann*, ZBB 2010, 92; Transparenzverstoß abgelehnt auch von OLG Bamberg WM 2009, 1082, 1087; OLG Frankfurt a.M. WM 2009, 1563 f.; anders noch LG Frankfurt a.M. WuB IV C. § 307 BGB 1.09 mit abl. Anm. *Fischer/Schneider*.

140 Ein deutliches Ungleichgewicht allein genügt allerdings noch nicht, vgl. OLG Bamberg WM 2009, 1082 (1086 f.).

141 *Köndgen/Sandmann*, ZBB 2010, 92.

142 BGH NJW 2001, 962; 2007, 1876; 2009, 1416; 2009, 2298 (sog. Kick-back-Rechtsprechung); kritisch *Edelmann*, BB 2010, 1163; Überblick über den Diskussionsstand bei *Rößler*, NJW 2008, 554; weiterführend *Spindler*, WM 2009, 1821; *Koch*, BKR 2010, 177; *Habersack*, WM 2010, 1245.

AGB-Kontrolle von Leistungsentgelten und Preisanpassungsklauseln

Hartmut Strube,
Rechtsanwalt[1]

Betrachtet ein Feuerwehrmann die Diskussion um Leistungsentgelte, würde ihn dies schier zur Verzweiflung treiben. Mal lodern die Flammen hoch auf. Wenn er meint, sie gelöscht zu haben, bilden sich Schwelbrände. Die Rauchentwicklung ist beträchtlich. Und ab und an erfolgt durch einen unverhofften Windstoß ein erneutes Aufflammen der Glut. Betrachten wir also erneut das trockene Holz der Bankentgelte und bringen mit frischem Wind die Flammen erneut zum Lodern. Zuletzt zündelte ausgerechnet der damalige Vorsitzende des XI. Bankensenats des BGH mit seiner „Nobbe-Liste" an den Bankentgelten.[2] Bemerkenswert für einen Bundesrichter war dabei, dass er kein Blatt vor den Mund nahm und die mögliche Unzulässigkeit einzelner bisher wenig oder gar nicht problematisierter Entgelte breiten Raum in der Publikation einnimmt.

Die „Nobbe-Liste"

Die Unzulässigkeit einiger Entgeltpraktiken, die *Nobbe* schildert, sollte eigentlich unstreitig sein. Dass die Eintragung einer Vollmacht durch die Hausbank keine Leistung für den Kunden darstellt, obwohl sie auf dessen Wunsch hin erfolgt, ergibt sich daraus, dass das Kreditinstitut an der Erteilung dieser Vollmacht nicht beteiligt ist. Sie bildet eine reale Änderung der Geschäftsbeziehung ab, was keine Leistung gegenüber ihrem Vertragspartner darstellt.

Auch Kontoauszüge oder Rechnungsabschlüsse sind in aller Regel keine Leistungen für den Kunden. Die Bank ist zur ordnungsgemäßen Rechnungslegung verpflichtet. Der Kunde hat das Recht, jederzeit Rechnungslegung zu fordern. Entweder werden ihm die entsprechenden Kontoauszüge am Schalter ausgehändigt, oder er erhält kostenfreien Zugriff an Kontoauszugsdruckern. Nur Abweichungen

1 Der Verfasser, Fachanwalt für Bank- und Kapitalmarktrecht, war lange Zeit wissenschaftlicher Mitarbeiter der Verbraucher-Zentrale Nordrhein-Westfalen und dort u.a. für Abmahnverfahren im Bereich der Bankentgelte zuständig. Der Beitrag verzichtet bewusst auf eine umfassende Wiederholung der bereits vielfach erfolgten Darlegung der Entgeltrechtsprechung nebst allseits bekannter Fußnoten und legt in Anknüpfungen an die Ausführungen von *Nobbe* in WM 2008, 185 ff. den Schwerpunkt auf bisher ungeklärte Entgelt- und Umgehungspraktiken sowie die gesetzlichen Neuregelungen.

2 Nobbe, WM 2008, 185 ff.

von diesem Ablauf, die auf Wunsch des Kunden erfolgen, können bepreist werden. Wünscht der Kunde trotz anderweitiger, kostenfreier Zugriffsmöglichkeit die Übersendung von Kontoauszügen oder die Aushändigung in einem Bankfach, stellt dies eine Sonderleistung dar, die bepreist werden kann.

Entgelte oder auch Auslagen für die unverlangte Zusendung von Auszügen zu verlangen, ist unzulässig. Will der Kunde nicht informiert werden, darf ihm die Information nicht aufgedrängt werden. Auch wenn er seine Kontoauszüge regelmäßig ansehen sollte, um missbräuchlichen Buchungen auf die Spur zu kommen, besteht dazu keine Pflicht. Der Rechnungsabschluss erfolgt in ihrem eigenen Interesse des Instituts, da sich mit ihm die Beweislast für die Richtigkeit einzelner Buchungen zu Lasten des Kunden verschiebt. Deshalb kann die zwangsweise Zusendung von Rechnungsabschlüssen nicht bepreist werden, auch nicht mit Auslagenersatz für Portokosten eines „Überlaufauszugs".[3]

Das Kreditinstitut hat die Pflicht zur ordentlichen Kontoführung. Bis zum Rechnungsabschluss muss sie dem Kunden die Richtigkeit einzelner Buchungen auf dessen Wunsch hin belegen und beweisen. Für eine Buchungsreklamation des Kunden kann deshalb kein Entgelt verlangt werden, auch wenn sich diese als unberechtigt herausstellt.[4]

Die Bearbeitung nicht gedeckter Überweisungs- und Daueraufträge oder Scheckaufträge muss seitens der eigenen Bank ohne Kostenerhebung erfolgen. Sie prüft jeweils im eigenen Sicherheitsinteresse, ob solche Aufträge durchgeführt oder Schecks eingelöst werden. Eine Tätigkeit im eigenen Sicherheitsinteresse kann auf Seiten des Kunden keine Entgeltpflicht begründen. Die Nichtausführung eines Auftrags ist zudem keine Leistung für den Kunden.[5]

Bei der Bearbeitung einer Verpfändungsanzeige ist zu unterscheiden, ob diese rechtmäßig oder unrechtmäßig erfolgt. Nur bei einer rechtmäßigen Verpfändungsanzeige kann ein Entgelt verlangt werden, da sich die Bearbeitung aus keiner gesetzlichen Pflicht ableiten lässt und ihre Ursache in einer Verfügung des Kunden findet, die Bearbeitungsaufwand zu Lasten der das Girokonto führenden Bank verursacht. Die Klausel hat eine entsprechende Unterscheidung vorzusehen und sich auf die Fälle der Bearbeitung einer rechtmäßigen Verpfändungsanzeige zu beschränken.

Dass eine verzugsbegründende Mahnung nicht mit Kosten belastet werden kann, dürfte nicht mehr umstritten sein. Der Verzugsschaden kann erst nach Eintritt des Verzugs geltend gemacht werden, nicht jedoch durch die verzugsauslösende Handlung. Danach sind angemessene Kosten für Mahnungen möglich, werden jedoch durch die Schadensminderungspflicht des § 254 BGB begrenzt. Zum einen erscheint eine Kostenhöhe für automatisierte Mahnungen von mehr als 2,00 €

---

3 So bezeichnet eine rheinische Sparkasse unverlangt zugesandte Kontoauszüge für ein Online-Geldmarktkonto.

4 LG Köln 26 O 30/00, Urt. v. 16.8.2000 rk.

5 OLG Celle WM 2008, 1213, 1215.

kaum begründbar. Die Mahnkostenklausel muss für ihre Wirksamkeit zudem die Möglichkeit einräumen, dass der Kunde einen niedrigeren Schaden nachweisen kann.[6] Zum anderen können nicht durch ständige Mahnungen neue Kosten ausgelöst werden. Reagiert der Schuldner auf eine Mahnung nicht, wird auch die zweite Mahnung an seinem Verhalten nichts ändern. Sie verstößt gegen die Schadensminderungspflicht und muss nicht vom Schuldner bezahlt werden.

Soweit Entgelte im Fall einer Kontokündigung oder Kontoauflösung verlangt werden, folgt dies wohl nicht selten der Gedanken, den „untreuen" Kunden abzustrafen. Da eine vertragliche Kontoauflösung und damit die Vertragsbeendigung rechtlich ohne Einschränkung zulässig ist, darf diese mit Entgelten nicht erschwert werden. Es handelt sich um keine Leistung für den Kunden, sondern um die Erfüllung eines vertraglichen Anspruchs.

Kommt es trotz gewisser Vorbereitungsleistungen des Instituts nicht zu einem Vertragsabschluss, kann der Interessent nicht mit einem Nichtabschlussentgelt bestraft werden.[7] Es gehört zum allgemeinen, unternehmerischen Risiko, dass Vertragsvorlaufkosten auch dann entstehen, wenn der Interessent letztlich von einem Vertragsabschluss nicht überzeugt werden kann. Die rechtmäßige Alternative wäre die Vereinbarung entgeltpflichtiger Beratungsverträge, was nach Ansicht der Kreditwirtschaft am Markt nicht durchsetzbar ist.

Zu beobachten ist zunehmend, dass im Zusammenhang mit Kreditverträgen und Baufinanzierungen Kontoführungsentgelte berechnet werden. Dies ist unzulässig. Der Darlehensnehmer ist zur Zahlung der Monatsrate verpflichtet, die regelmäßig im Wege des Einzugsermächtigungsverfahrens von der Bank eingezogen wird. Wo und wie sie den eingezogenen Betrag verbucht, ist nicht Problem des Kunden, sondern folgt aus der Pflicht der Bank zur vertragsgemäßen Leistungsverbuchung. Die Öffnung eines eigenständigen Kontos ist dafür nicht notwendig, zumal dies keinerlei Zahlungsfunktion hat.

Unzulässig ist auch ein Kreditauszahlungsentgelt. Wird der Darlehensvertrag von der Bank angenommen, hat sie die vorhergehende Prüfung in ihrem eigenen Sicherheitsinteresse durchgeführt und folgt mit der Auszahlung lediglich der vertraglichen Hauptpflicht.

Diskutiert wird, ob Bearbeitungsentgelte bei Kreditverträgen verlangt werden können. Dies war jahrelang üblich.[8] Durch die „Nobbe-Liste" hat die Diskussion neue Impulse erhalten. Das Oberlandesgericht Celle hält die Ausweisung von Bearbeitungsentgelte bei Kreditverträgen für zulässig.[9] Die Begründung überzeugt nicht. So soll der Kunde ein Interesse an der Prüfung haben, weil sich die Zinshöhe

6 OLG Brandenburg ZIP 2007, 860, 861.
7 OLG Dresden 7 U 2238/00, Urt. v. 8.2.2001.
8 BGH NJW 1981, 2181; NJW 1985, 1831; NJW-RR 1989, 947, 949.
9 OLG Celle 3 W 109/09, B. v. 2.2.2010 = NJW 2010, 2141; so auch OLG Stuttgart NJOZ 2010, 558, 559; MüKo-BGB/Kieninger, 5. A. 2007, § 307 Rn. 223; dagegen Strube WuB.

an seiner Bonität orientiert und bei einer guten Bonität ein günstiger Zins erreicht werden kann. Da bei einer schlechten Bonität ein höherer Zins zu zahlen ist, was regelmäßig nicht im Interesse des um ein Darlehen nachsuchenden Verbrauchers liegt, überzeugt der Bonitätsansatz nicht. Tatsächlich erfolgt die Bonitätsprüfung im eigenen Sicherheitsinteresse der Bank und diese lässt sich letztlich als deren Ergebnis ihr unterschiedliches Risiko durch differenzierte Zinshöhen bezahlen. Auch in der Preisangabenverordnung findet ein Bearbeitungsentgelt keine Stütze. Die Preisangabenverordnung ist eine Ordnungsvorschrift, jedoch keine gesetzliche Ermächtigungsgrundlage für Entgelte. Verstöße werden durch die kommunalen Ordnungsbehörden belangt. Eine ordnungsrechtliche Vorschrift trifft keine Aussage darüber, ob ein dort verlangtes Entgelt zivilrechtlich dem Grunde nach zulässig oder unzulässig ist. Das Landgericht Düsseldorf[10] begründet die Zulässigkeit der Bearbeitungsgebühr damit, es handele sich um eine nicht prüffähige Hauptpreisabrede. Denn die Gebühr werde in die Berechnung des effektiven Jahreszinses einbezogen und sei Teil der Gesamtkalkulation der Kreditkosten. Verkannt wird, dass der kalkulatorische Wunsch des Anbieters nicht entscheidend für eine nach den §§ 305 ff. BGB vorzunehmende Prüfung einer Klausel ist. Der Begriff der Leistung steht nicht zur Disposition eines Anbieters, sondern ist anhand von § 307 Abs. 3 S. 1 BGB zu prüfen. Bei einem Darlehensvertrag ist die Gegen(haupt)-leistung für die Bereitstellung des Darlehens der Zins. Bei dem in diesem Zusammenhang entstehenden sonstigen Aufwand eines Kreditinstituts handelt es sich Sowieso-Kosten. Wenn es den Kreditwunsch nicht bearbeitet, verfehlt es seinen Unternehmenszweck. Die Ausweisung des Zinssatzes folgt der gesetzgeberischen Vorgabe nach Preis- und Kostentransparenz. Sie soll dem Darlehensnehmer letztlich ermöglichen, eine Entscheidung über einen möglichen Widerruf zu treffen. Der Gesetzgeber trägt bei einer reinen Transparenzvorgabe den Marktgegebenheiten Rechnung, schafft jedoch keine Ermächtigungsgrundlage für die Einführung einer Gebühr. Richtigerweise hat deshalb das Landgericht Karlsruhe ein Bearbeitungsentgelt bei Kreditverträgen für unzulässig erklärt.[11] Es stellt darauf ab, dass die Bearbeitung im Interesse des Darlehensgebers erfolgt, der mögliche Forderungsausfälle bei der Kreditvergabe minimieren möchte.

Die von der „Nobbe-Liste“ angestoßene Diskussion über die Abschlussgebühr bei Bausparverträgen hat die Branche offensichtlich kalt erwischt. Die klagende nordrhein-westfälische Verbraucherzentrale sah sich schon kurze Zeit nach den ausgesprochenen Abmahnungen einem massiven Lobbying der Bausparkassen ausgesetzt, die es sogar schafften, die Mehrheitsfraktionen eines Bundeslandes zu veranlassen, eine erfolglose Bundesratsinitiative zur Bestätigung der Rechtmäßigkeit der Gebühr zu inszenieren. Erweckt wurde der irrige Eindruck, beim Durchgreifen der Abmahnungen zu den Abschlussgebühren bei Bausparverträgen sei der

---

10 LG Düsseldorf 23 S 377/09, U. v. 6.10.2010.
11 LG Karlsruhe 10 O 554/09, Urt. v. 30.11.2009.

Bestand einzelner Bausparkassen gefährdet. Diese Polemik ist wirtschaftlich abwegig und nicht gerade ein Ruhmesblatt deutschen Unternehmertums. Bei dem Bausparvertrag handelt es sich um ein Produkt, das sich in zwei Phasen gliedert. Auf die Ansparphase folgt die Darlehensphase. Der Bausparer überlässt der Bausparkasse zunächst Kapital gegen einen niedrigen Sparzins. Damit erkauft er sich einen späteren Anspruch auf ein Darlehen zu vermeintlich günstigen Zinsen. In der Werbung für das Produkt werden natürlich die vermeintlich niedrigen Darlehenszinsen hervorgehoben und als Argument gegen alternative Finanzierungsmöglichkeiten hervorgehoben. Eigen ist dem Produkt, dass es mit erheblichen Vertriebsbemühungen in den Markt gebracht werden muss. Fällt die Abschlussgebühr weg, hätte dies lediglich zur Folge, dass das Produkt neu und realistischer kalkuliert werden muss. Eventuell würde in der Ansparphase ein niedrigerer Sparzins gezahlt und/oder in der Darlehensphase eine leichte Zinserhöhung zu verzeichnen sei – wenn überhaupt. Niemand gibt sich bei Entgeltdiskussionen der Illusion hin, dass die Unzulässigkeit eines Entgelts automatisch zu einer finanziellen Entlastung des Kunden führt. Akzeptiert ein Institut die Kostenausfälle durch den Wegfall eines unzulässigen Entgelts nicht, kann es immer versuchen, diesen Ausfall durch die Anpassung der Hauptpreise zu kompensieren, soweit der Marktwettbewerb dies zulässt. Gleichwohl sind Entgeltdiskussionen sinnvoll, weil unzulässige und nicht im Blickfeld des Kunden stehende Nebenentgelte eliminiert werden und das Produkt so insgesamt kostenehrlicher wird.

Die Bausparkassen sind in den Abmahnverfahren auf erhebliche Begründungsschwierigkeiten für die Legitimation der Abschlussgebühr gestoßen. Der Begriff „Abschlussgebühr" ist nichtssagend. Kein Bausparer, der dieses Entgelt als quasi Gott gegeben hinnimmt, hat eine Vorstellung, was damit gemeint ist. In den Verbandsklageverfahren wurden verschiedene und widersprüchliche Erklärungen geboten. So soll die Abschlussgebühr dazu dienen, ein „Eintrittsgeld" in die Solidargemeinschaft der Bausparer zu sein. Wenn der von einer Verbandsklage betroffene Marktführer angibt, 7 Millionen Verträge zu betreuen, mutet der Begriff „Solidargemeinschaft" romantische an. Von diesem Gründungsmythos haben sich die Bausparkassen längst verabschiedet. Wer, wie der Marktführer, neben Bausparverträgen Darlehen für private Immobilienfinanzierungen gewährt, Darlehen dritter Banken für Immobilienfinanzierungen vermittelt, diverse „Produkte der regionalen genossenschaftlichen Banken" ebenso vertreibt wie „Versicherungsprodukte der R+V Versicherung" und „Investmentfonds der Union Investment", agiert als weltweiter Allfinanz-Konzern. Spätestens nach den Badenia-Urteilen des Bundesgerichtshofs sollte jedem Außenstehenden klar sein, dass Bausparkassen in vielfältigen und auch umstrittenen Geschäftsfeldern unterwegs sind und ihre Tätigkeit zunehmend weniger auf die „Häuslebauer" beschränken.

Tatsächlich handelt es sich bei der angeblich unverzichtbaren Abschlussgebühr nicht um ein „Eintrittsentgelt", sondern um die Kosten, die die Bausparkasse für den Vertrieb ihrer Produkte aufwenden muss. Diese sind erheblich. Der Marktführer gibt im Mai 2004 die Kosten wie folgt bekannt: „Die an die Kreditgenossenschaften gezahlten Provisionen für die Bausparvermittlung erhöhten sich um 42 Prozent auf 260 Mio. EUR." Der Vertrieb wird sofort bezahlt. In den Verbandsklageverfahren wurde damit argumentiert, dass bei Wegfall der zu vereinnahmenden Vertriebsgebühr nicht mehr genug Neukunden geworben werden können. Dies ist allerdings nicht das Problem des Neukunden, sondern das ureigene Problem jedes Unternehmens, das im Wettbewerb auf dem Vertriebsweg um Kundschaft buhlt. Der Begriff „Abschlussgebühr" lässt nicht erkennen, dass damit Vertriebskosten gemeint sind, die an Dritte fließen. Die Bausparverträge werden regelmäßig durch verbundene Finanzinstitute angeboten und verkauft. So ist die LBS die Bausparkasse der Sparkasse. Verkauft ein Sparkassenmitarbeiter einen Bausparvertrag der LBS, aus dem seinem Haus aus der Abschlussgebühr eine Vertriebsprovision zufließt, muss er dies nach inzwischen gefestigter Rechtsprechung offenlegen. Es liegt eine klassische, verdeckte Rückvergütung vor. Aus der Begriffsbezeichnung kann der Kunde nicht entnehmen, dass möglicherweise ein besonderes Interesse des Bausparkassenmitarbeiters daran besteht, ihm gerade diese Baufinanzierungsvariante anzubieten und nicht eine alternative Kombination aus Sparvertrag und Kredit. Es verwundert vor diesem Hintergrund, dass Bausparkassen bisher nicht von unzufriedenen Kunden in die Diskussion um versteckte Rückvergütungen verstrickt worden sind.

Erwägenswert wäre der Begriff einer „Eintrittsgebühr" allenfalls beim Eintritt in eine echte „Solidargemeinschaft" beispielsweise in der Form einer KG oder GbR, wie es bei geschlossenen Fonds üblich ist. Hier ist eine vorzeitige Kündigung regelmäßig ausgeschlossen und dem Kommanditisten steht lediglich, selbst wenn er durch arglistige Täuschung zum Beitritt veranlasst wurde, nach ständiger Rechtssprechung des BGH aus Rücksicht auf die Mitkommanditisten das Auseinandersetzungsguthaben zu. Einem Bausparvertrag ist dieser gesellschaftsrechtlich begründete Solidargedanke bei einer KG oder GbR rechtlich fremd.

Handelt es sich bei der Abschlussgebühr um eine reine Bearbeitungsgebühr für die Vorbereitung des Bausparvertrags, ist sie aus derselben Überlegung heraus unzulässig, wie die Kreditbearbeitungsgebühren. Die Vorbereitung des Abschlusses des Bausparvertrages erfolgt im ureigenen Interesse der Bausparkasse. Auch wenn sich *Nobbe*, der die Diskussion um die Bausparkassen-Abschlussgebühr angestoßen hat,[12] inzwischen infolge der lautstarken Kritik[13] von seiner Rechtsansicht zu distanzieren scheint, ändert dies nichts an seinem richtigen Ansatz. Bearbeitungs- und Vertriebskosten sind außerhalb von gesellschaftsrechtlichen Sondergestaltungen bei geschlossenen Fonds keine im Interesse des Kunden aufgebrachten Kosten, sondern sie gehören zu den allgemeinen Betriebskosten eines im Wirtschaftsleben stehenden Unternehmens, das um die einzelne Vertraganbindung des

12 Zustimmend Strube ZIP 2008, 2153.

13 Habersack WM 2008, 1857, 1860 ff.; Bitter ZIP 2008, 2155, 2157 f.; Hartmann/Pieroth WM 2009, 677; Lentz BKR 2009, 214.

Verbrauchers kämpft. Die Rechtsprechung ist dem bisher nicht gefolgt.[14] Der BGH hat die Abschlussgebühr bei Bausparkassen schließlich „abgesegnet" (BGH, Urteil v. 7.12.2010 – XI ZR 3/10).

Einen eindeutigeren Ausgang nimmt die neu entflammte Diskussion um die Wertermittlungskosten. Auch diese wurden jahrelang unbeanstandet verlangt. Bei der Wertermittlung klärt das darlehensgebende Institut, ob das angebotene und finanzierte Objekt zur Sicherung der verauslagten Darlehensmittel ausreichend geeignet erscheint. Eine solche Erklärung erfolgt deshalb im ureigensten Sicherheitsinteresse des Darlehensgebers. Dies kann nicht zu Kosten beim Darlehensnehmer führen. Die jüngere Rechtsprechung hat sich dieser Sichtweise durchweg angeschlossen.[15] Es war schon immer Meinung des Bundesgerichtshofs, dass die Abklärung der Sicherheiten und auch der Werthaltigkeit der Objekte im eigenen Sicherheitsinteresse der Bank erfolgt und ein Verstoß gegen Bewertungsgrundsätze keinen Schadensersatzanspruch des Kunden auslöst. Virulent wurde diese Diskussion im Zusammenhang mit den sogenannten Schrottimmobilien. Hier hätten sich viele Darlehensnehmer gewünscht, dass der Wert der finanzierten Schrottimmobilie äußerst kritisch vom Institut geprüft wird. Bekanntlich war dies in tausenden Fällen nicht der Fall, ohne dass einer der Geschädigten bisher daraus beim BGH Gewinn gezogen hätte. Eine rechtskonforme Behandlung der Wertermittlungskosten kann daran etwas ändern. Die Bank ist nicht daran gehindert, es zur Voraussetzung einer Prüfung des Darlehensantrags zu machen, dass der Kunde den Wert des Objekts durch entsprechende Unterlagen oder auch ein Wertgutachten nachweist. Diese vorbereitende Tätigkeit des Kunden, die etwa der Übergabe von Gehaltsbescheinigungen oder sonstigen Bonitätsunterlagen entspräche, müsste der Kunde finanziell bezahlen. In den Schrottimmobilien-Fällen dachten die Kunden vielfach, wenn eine vermeintlich seriöse Bank die Darlehensmittel vollständig und ohne die Forderung nach Eigenkapital vergibt, ist dies ein Qualitätssiegel für das Objekt und dieses den Betrag in jedem Fall wert. Diese Fehleinschätzung ließe sich vermeiden, wenn der Kunde selbst sich Gewissheit über den Wert verschaffen muss. Soweit Banken in diesem Zusammenhang dem Kunden allerdings bestimmte Gutachter vorschreiben, begeben sie sich in eine neue Gefahr. Fehlbegutachtungen könnten sich durchaus haftungsbegründend auch gegen die Bank wenden, die einen Gutachterzwang ausgeübt hat. Es sollte deshalb den Kunden freigestellt werden, einen von der Industrie- und Handelskammer benannten, vereidigten Sachverständigen für eine selber vorzunehmende Wertermittlung zu bestellen.

---

14 OLG Stuttgart 2 U 30/09, Urt. v. 3.12.2009, dazu Krepold BKR 2010, 108; LG Heilbronn WM 2009, 603; LG Hamburg WM 2009, 1315; LG Dortmund 8 O 319/08, Urt. v. 15.5.2009; OLG Hamm 31 U 130/09, Urt. v. 1.2.2010.

15 OLG Düsseldorf 6 U 17/09, Urt. v. 5.11.2009; das OLG Celle 13 W 49/10 legte der BHW Bausparkasse AG eine Ordnungsstrafe von 100.000 EUR wegen Verstoßes gegen eine entsprechende Unterlassungserklärung auf; zahlreiche Institute haben aufgrund von Abmahnungen der Verbraucherzentrale Nordrhein-Westfalen strafbewehrte Unterlassungserklärungen abgegeben; LG Stuttgart 20 O 9/07, Urt. v. 24.4.2007 = WM 2007, 1930 ff.

Umgehungstatbestände

Umgehungsversuche gehören zur BGH-Rechtsprechung zu Entgelten, seit es diese gibt. Aktuell wurde dies bei der Einzugsermächtigung wieder einmal deutlich. Dass für die Bearbeitung von Rücklastschriften kein Entgelt verlangt werden kann, auch nicht in der Form einer Bearbeitungsgebühr oder von Schadensersatz, hat der BGH mehrfach entschieden. Ein westfälisches Institut kam daraufhin auf die Idee, ein Entgelt für die Bearbeitung der Einlösung der Lastschrift zu verlangen. Es sei doch eine Leistung für den Kunden, wenn die Lastschrift nicht zurückgewiesen würde, obwohl gewisse Zweifel an seiner Solvenz beständen. Diese Überlegung übersieht, dass beides, die Einlösung und die Zurückweisung der Einzugsermächtigung, auf dem gleichen Prüfungs- und Gedankengang des Instituts beruhen. Sie prüft in beiden Fällen in gleicher Weise, ob im eigenen Sicherheitsinteresse eine Einlösung vorgenommen wird oder nicht. Kommt sie zum Ergebnis, die Einlösung zuzulassen, entspricht dies ihren eigenen Sicherheitsüberlegungen und kann nicht mit einem Entgelt belastet werden. Nachdem das OLG Hamm dies ebenso ausgeurteilt hat, wurde eine Entscheidung des Bundesgerichtshofs durch Rücknahme der Revision seitens der beklagten Sparkasse verhindert.[16]

Bewegt sich der Kunde außerhalb einer vereinbarten Überziehung seines Dispositionskredits, kann das Institut dies dulden oder nicht. Diese Entscheidung trifft es unter Sicherheitsgesichtspunkten. Für die geduldete Überziehung werden mit Billigung des BGH erheblich höhere Zinsen als für den vereinbarten Überziehungsrahmen verlangt. Einer Großbank war dies nicht genug. Zusätzlich wollte sie für jede Verfügung aus der geduldeten Überziehung 5 Euro extra. Das OLG Frankfurt[17] untersagte diese Praxis, weil das höhere Ausfallrisiko für die geduldete Überziehung bereits mit dem Zinsaufschlag abgedeckt ist.

Pfändungsmaßnahmen sind nicht nur für den betroffenen Kunden, sondern auch für seine Hausbank ärgerlich. Der Bundesgerichtshof entschied, die kontoführende Bank müsse bei einer Pfändung im Interesse des Gläubigers jeweils sehr genau den Überziehungsrahmen des Kontos beobachten. Werde dieser vom Kunden durch eine Verfügung in Anspruch genommen, müsse die Hausbank dafür Sorge tragen, dass der Betrag nicht an den Kunden, sondern unmittelbar an den Pfändenden abfließe. Sonst mache sie sich schadensersatzpflichtig. Dies führte zunächst dazu, dass entsprechenden Kundenkreisen von den Instituten der Dispositionsrahmen genommen wurde, um den Überwachungsaufwand und Haftungsrisiken zu vermeiden. Nicht selten wurde dem Kunden angedroht, dass eine Kontokündigung erfolgt, wenn er die Pfändung nicht binnen kurzer Zeit zur Erledigung bringt.

---

16 OLG Hamm 31 U 55/09, Urt. v. 21.9.2009, rk durch Zurücknahme der Revision XI ZR 310/09 vor der vorgesehenen Verhandlung am 27.4.2010.

17 OLG Frankfurt 23 U 157/09, Urt. v. 4.8.2010.

Wird der Kunde aktiv und einigt sich mit dem Gläubiger, war eine neue Entgeltvariante zu beobachten. Der Gläubiger, der das Institut auffordert, die ausgebrachte Pfändung auszusetzen oder ruhend zu stellen, verlangt eine Leistung von der kontoführenden Bank. Statt nun ihn zu belasten, wie es zulässig und naheliegend wäre, wurde seitens der kontenführenden Bank ein Aussetzungsentgelt vom Schuldner verlangt. Das Landgericht Leipzig hat dies rechtskräftig für unzulässig erklärt.[18] Die Begründung überzeugt allerdings nicht. Das beanstandete Entgelt beinhaltet die Möglichkeit, dass eine Aussetzung und Ruhendstellung der Pfändung auch ohne und gegen den Willen des Schuldners möglich sei. Die Klausel sei deshalb bei kundenfreundlichster Auslegung zu eng gefasst und damit unzulässig. Dabei wird verkannt, dass kaum ein Schuldner etwas dagegen haben wird, wenn die Pfändung ruhend gestellt wird. Richtigerweise ist bei Entgelten auf die ihnen zugrundeliegende Leistungsbeziehung abzustellen. Wendet sich ein Dritter an die kontoführende Bank und verlangt eine Leistung oder Auskunft, muss die kontoführende Bank das dann mögliche Entgelt in diesem Rechtsverhältnis berechnen. Ob der Dritte es im Rahmen seiner Vertragsbeziehung auf den Kontoinhaber abwälzt, ist ein anderes Thema. Jedenfalls geht es nicht, dass Anforderungen Dritter unmittelbar auf den Kontoinhaber abgewälzt werden können. Die kontoführende Bank erbringt nicht für diesen, sondern für einen Dritten die Leistung. Deshalb kann sich daraus keine Leistungspflicht des Kontoinhabers gegenüber seiner Bank ergeben.

Zu einer neueren Umgehungsform im Zusammenhang mit der Lösung von Grundschulden konnte sich der Bundesgerichtshof nicht äußern, weil das damit befasste Oberlandesgericht Köln trotz Bitten beider Prozessbevollmächtigter keine Revision zuließ.[19] Die Löschungsbewilligung hat kostenfrei zu erfolgen. Kreditinstitute sind in diesem Zusammenhang jedoch auf die Idee gekommen, bei der Umfinanzierung von Baudarlehen sogenannte Treuhandgebühren vom Kunden zu verlangen. Auch *Nobbe* hält dies für zulässig. Was liegt dieser Diskussion zugrunde? Marktwirtschaftlich ist es erwünscht, dass Kunden bei Auslaufen der Zinsbindung günstigere Finanzierungsalternativen suchen. Der Abwicklungsaufwand für den Kredit wird durch den vereinbarten Zins abgedeckt.[20] Dies beinhaltet auch den Aufwand bei Kündigung. Der Wettbewerb wird jedoch durch die Schwerfälligkeit der Abwicklung behindert, die letztlich den Kunden in einen Kreislauf ohne von ihm beeinflussbare Lösungsmöglichkeit zwingt. Das neue Institut, das er sich ausgesucht hat, gibt ihm die Umfinanzierungsmittel aus Sicherheitsgründen nur, wenn es grundpfandrechtlich abgesichert wird. Das alte Institut wiederum ist aus Sicherheitsgründen nur bereit, bei Vereinnahmung der Umfinanzierungsmittel die grundpfandrechtliche Sicherung freizugeben und zu-

18 LG Leipzig 8 O 2211/09, Urt. v. 10.3.2010 rk.
19 OLG Köln 13 U 202/08, Urt. v. 27.05.2009 rk.
20 BGH WM 1991, 1131; OLG Brandenburg ZIP 2007, 860, 861.

zulassen, dass das neue Institut im Grundbuch an die erste Rangestelle rückt. Für den Kunden entsteht so ein Patt. Da letztlich alle baufinanzierenden Institute daran kein Interesse haben, wurden untereinander Abwicklungsmöglichkeiten entwickelt, um diesen Patt zu umgehen. Die an der Umfinanzierung beteiligten Institute bezeichnen es als „Treuhandauftrag", wenn das alte Institut die Grundschuld im Vertrauen darauf freigibt, dass das neue Institut in diesem Moment den Ablösebetrag überweist. An dieser Vereinbarung ist letztlich der Kunde nicht beteiligt. Mit ihm wird kein Treuhandauftrag geschlossen. Er hat es auch nicht in der Hand, wann der Ablösebetrag fließt und welche Auswirkungen dies wann auf die Grundschuld hat. Wird er gleichwohl damit belastet, erfolgt dies weder in seinem Auftrag noch in seinem Interesse. Vielmehr liegt es im Interesse der beteiligten Institute, wechselseitig die grundpfandrechtlich bedingte Blockade bei Umfinanzierungen durch entsprechende Vereinbarungen untereinander zu umgehen. Der vermeintliche Sicherheitsgedanke bei der Umfinanzierung entfällt gänzlich, wenn der Alt- und Neukunde beim selben Institut Kunde sind. Hier ist die Ablösung eine hausinterne Geldumbuchung ohne einen grundpfandrechtlichen Gefährdungstatbestand. Dies hindert Institute jedoch nicht daran, auch bei hausinternen Umschuldungen eine unzulässige Treuhandgebühr zu verlangen.

Umgehungspraktiken der Kreditwirtschaft zeigen sich beim Zahlungsverkehr besonders bei den wirtschaftlich schwächsten Kunden. Pfändungen sind dabei ein Dauerthema, seit der BGH die Bearbeitung einer Pfändung entgeltfrei gestellt hat.[21] Daran hat das pfändungsfreie P-Konto[22] nichts geändert. Es wird jedoch zum Anlass genommen, an der Kostenschraube zu drehen. Die Probleme beim P-Konto beginnen schon damit, dass es nur in einer laufenden Kontobeziehung eingerichtet werden muss. Kündigt die Bank vorher und stellt den Kunden kontofrei, ist sie zur Neueinrichtung nicht verpflichtet. Denn die Kreditwirtschaft hat es bis heute vermocht, einen gesetzlichen Zwang zur Einrichtung von Girokonten und damit auch von P-Konten zu verhindern. Dass diese Konten weniger oder zumindest gleich teuer wie normale Girokonten bleiben, war ein naiver Traum der Politiker. Diese gingen von der eigentlich richtigen Annahme aus, dass ein P-Konto dem Kreditinstitut erhebliche Überwachungskosten spart und so einen deutlichen Kostenvorteil bringt. Tatsächlich ist festzustellen, dass Kreditinstitute für P-Konten höhere Kontoführungspreise als für Normalkonten verlangen. Ein Rechtsgrund ist dafür nicht erkennbar. Zwar gibt es keine gesetzliche Preiskontrolle und den Instituten ist es grundsätzlich freigestellt, diese bis zur Grenze der Sittenwidrigkeit festzusetzen. Dass für ein P-Konto, das regelmäßig einen geringeren Bearbeitungsaufwand als ein Normalkonto hervorruft, ein höherer Preis verlangt wird, kann zumindest gegen das gesetzliche Umgehungsverbot des § 306a BGB ver-

21 BGH WM 1999, 1271 u. WM 1999, 2545, 2546.

22 Eingeführt mit dem Gesetz zur Reform des Kontopfändungsschutzes vom 23.4.2009, BGBl. I 1707, in Kraft getreten am 1.7.2010.

stoßen. Die Annahme eines höheren Bearbeitungsaufwands für ein P-Konto muss im Streitfall begründet werden. Begründet werden kann dies praktisch nur mit etwaigen Kosten für eine Pfändung oder für gehäuftere Rücklastschriften. Beides darf jedoch nicht extra mit Entgelten belegt werden. Entsprechend können diese Entgelte auch nicht in einem scheinbar höheren Hauptpreis versteckt werden. Geschieht dies dennoch, verstößt die Preisgestaltung gegen das gesetzliche Umgehungsverbot, da der Preis sich tatsächlich aus dem Normalpreis und aufgeschlagenen Sonderentgelten für von der Bank zu tragende Tätigkeiten zusammensetzt.

Dies gilt auch für andere in diesem Zusammenhang sichtbare Umgehungsversuche. So schreibt eine Sparkasse an einen Kunden, *„die Aufwendungen, die der S…sparkasse bei der Führung Ihres o.g. Girokontos entstehen, liegen deutlich über dem Durchschnitt"*. Großzügig erklärt sie sich weiter zur Kontoführung bereit, allerdings nicht zu den bisherigen Kontoführungspreisen. Das Entgelt soll auf einen Monatspreis von 12,00 € ansteigen, der bis dahin nur für Kunden des hauseigenen „Exklusivkontos" gilt. Bei Ablehnung dieses Ansinnens wird gleichzeitig die Kündigung des Girokontos erklärt. Das bei einem Hartz-IV-Empfänger die Aufwendungen über dem Durchschnitt liegen, ist ziemlich unwahrscheinlich. Im Zweifel hat er wegen seiner rudimentären Einnahme erheblich weniger Zu- und Abbuchungen auf dem Girokonto zu verzeichnen, wie der den Kauf seines Hauses durch diverse Darlehen finanzierende Geschäftsführer, der zusätzlich die Einnahmen aus seinen Mietwohnungen verbuchen lässt. Die angeblich höheren Aufwendungen bei dem Hartz-IV-Empfänger wären deshalb gesondert zu begründen. Lassen sich diese im Ergebnis nur aus einer Pfändung oder gewesenen Rücklastschriften ableiten, wäre der höhere Kontoführungspreis auf den Normalpreis herabzusetzen, da er die Kostenfreiheit der Bearbeitung von Pfändungen und Rücklastschriften zu umgehen versucht.

Unzulässig ist es auch, die Unzulässigkeit von Rücklastentgelten durch Buchungsposten zu umgehen. Wird eine Lastschrift verbucht und später rückgebucht, ist dies keine Leistung gegenüber dem Kunden. Daran ändert auch die vorläufige Abbuchung des Betrages nichts, soweit erst später eine Belastungsprüfung erfolgt. Dies ist eine den technischen Besonderheiten der Kreditinstitute geleistete Reihenfolge. Eine Rücklastschrift ist keine Leistung für den Kunden und deshalb eine unzulässige Buchung.

Unzulässig ist es ebenfalls, wenn neben einem möglichen Barauszahlungsentgelt, dies ist nach neuem Recht ein bepreisbarer Zahlungsauftrag, zusätzlich Geld für einen Buchungsposten verlangt wird. Hier hat die bestehende Rechtsprechung des Bundesgerichtshofs zu den fünf Freiposten für Unklarheiten gesorgt. Die Entscheidung des Bundesgerichtshofs war seinerzeit vom Bemühen geprägt, in einem bestimmten Umfang Auszahlungen vom eigenen Konto nicht zu bepreisen. Tatsächlich muss bei einem Einlagengeschäft jederzeit die Möglichkeit bestehen, die Einlage zurückzufordern. Dies mit fünf freien Buchungsposten zu gewährleisten, verkennt, dass die interne Verbuchung kein Preisbemessungsfaktor sein kann. Die Bank ist zur ordnungsgemäßen Verbuchung verpflichtet. Dies ist keine

Leistung gegenüber dem Kunden, sondern eine betriebsinterne Notwendigkeit. Kontomodelle mit Buchungsposten sind deshalb nach Meinung des Verfassers unzulässig, egal, ob freie Buchungsposten gewährt werden oder nicht. Das Institut kann an eine tatsächliche, gegenüber dem Kunden erfolgende Handlung bzw. Leistung ein Entgelt verknüpfen, neuerdings auch an eine Barauszahlung in der Filiale, nicht jedoch an rein betriebsintern notwendige Abläufe.

Umstritten ist die Höhe von Fremdabhebungsentgelten am Geldautomaten. Insbesondere Sparkassen, die unter dem Schutz ihrer öffentlichen Gewährträgerschaft entsprechend ihrem öffentlichen Auftrag ein engmaschiges Netz an Geldautomaten aufgestellt haben,[23] ärgert es gewaltig, wenn auf diese Automaten Kunden der verhassten Direktbanken zurückgreifen. Abzuwehren versuchen nicht wenige Institute dies mit Fremdabhebungskosten für die unbotmäßigen Kunden in Höhe von bis zu 15,00 € und schließlich sogar mit der Sperrung der Geldautomaten für Fremdkunden von Direktbanken. Dass Entgelte für Automatenabhebungen verlangt werden können, dürfte unstreitig sein, solange der eigene Kunde die Möglichkeit hat, bei seiner Hausbank kostenlos Bargeld abzuheben.[24] Es handelt sich um eine Zusatzleistung. Um so mehr gilt dies, wenn der Abhebende gar nicht Kunde des Automatenbetreibers ist. Der Sperrung hat das Oberlandesgericht München wegen einer kartellrechtlich unzulässigen Diskriminierung und wegen der Ausübung einer marktbeherrschenden Stellung zu Recht einen Riegel vorgeschoben.[25] Dem ist zuzustimmen. Es kann nicht angehen, dass die langjährig durch die öffentliche Hand abgesicherten Institute ihren Versorgungsauftrag mit Bargeld nunmehr unterlaufen. Das Automatennetz der Sparkassen wurde im öffentlichen Interesse geschaffen. Es verbietet sich deshalb, einzelne Teile der Öffentlichkeit davon auszuschließen. Eine andere Frage ist allerdings die Höhe der Fremdabhebungsentgelte. Hier befindet sich die Branche im Streit mit dem Bundeskartellamt, das die neu zu gestaltende Höhe der Entgelte unzureichend begründet ansah, soweit 3,00 oder 5,00 € pro Fremdabhebung gefordert werden. Tatsächlich kostet eine Fremdabhebung am Geldautomaten bei Vollamortisation nach Auskunft einer Direktbank weniger als 1 €. Es stellt sich hier erstmals deutlich die Frage nach einem möglichen Preiswucher bei Entgelten. Der Bundesgerichtshof hat in jüngeren Entscheidungen mehrfach betont, dass sich Entgelte an den tatsächlichen Kosten und Kostenänderungen zu orientieren haben. Auch der Gesetzgeber hat diesen Ansatz aufgenommen. Dass bei Vollamortisationskosten von weniger als 1,00 € ein Entgelt von 3,00 oder 5,00 € sich vollständig von den tatsächlichen Kosten abkoppelt, liegt auf der Hand. Im Zusammenhang mit einer marktbeherrschenden Stellung wird so auch die Entgelthöhe zivilrechtlich brisant. Die Sparkassen, die seit Jahren den Preiskampf an den Geldautomaten anführen,

23 Immerhin 25.700 Geldautomaten bei Sparkassen und Landesbanken.
24 BGH WM 1996, 1080.
25 OLG München U (K) 1607/10, Urt. v. 16.6.2010: vgl. dazu auch Kapp/Rauhut WM 2010, 1111 ff.

wären gut beraten, hier wieder auf den Teppich der früheren, einheitlichen und maßvollen Institutsvereinbarung zu den Geldautomaten zurückzukehren und sich vom Strafgedanken zu verabschieden. Der Wettbewerb zwischen den Instituten entscheidet sich sicherlich nicht am Geldautomaten. Sonst werden sich Stimmen verstärken, die eine gesetzliche Regulierung des Automatennetzes im Allgemeininteresse der Bargeldversorgung fordern.

Immerhin hat die Diskussion eine rechtsdogmatisch richtige Konsequenz bei der Bewertung des Auszahlungsvorgangs. Die Sparkassen kündigen an, ihre eigenen Kunden mit Kosten für die Fremdabhebung nicht mehr zu belasten. Stattdessen kann der Automatenbetreiber des Fremdautomaten ein Entgelt verlangen, dass er vor der Abhebung am Geldautomaten anzeigen muss. Zwischen dem Abhebenden und dem Betreiber kommt damit ein entgeltpflichtiger Abhebungsvertrag zustande. Dies schafft zumindest mehr Kostentransparenz am Geldautomaten.

Entgelte in anderen Branchen

Die Entgeltrechtsprechung beschränkt sich inzwischen nicht nur auf Kreditinstitute. Zu beobachten ist, dass andere Branchen, wie die Telekommunikationsunternehmen oder Fluggesellschaften die umfänglichen Leistungskataloge von Kreditinstituten kopieren. Partiell hat dies bereits Gerichte beschäftigt. So hat der Bundesgerichtshof es für unzulässig erklärt, dass eine Fluggesellschaft bei einer Rücklastschrift ein pauschaliertes Rücklastentgelt von 50,00 € verlangt.[26] Grundsätzlich ist bei einer nicht gedeckten Einzugsermächtigung eine Schadensersatzforderung des Gläubigers möglich. Denn der Kunde hat gegenüber diesem die Pflicht, sein Konto bei ordnungsgemäßem – das heißt weder verfrühtem noch verspätetem – Einzug gedeckt zu halten. Ein Entgelt von 50,00 € orientiert sich jedoch tatsächlich nicht am entstehenden Aufwand und folgte offensichtlich der Idee des Billig-Fliegers, eine neue Einnahmequelle zu erschließen. Dass die Kosten einer Rücklastschrift teurer sind, als ein Flug von Köln nach Barcelona, ist reichlich abwegig. Zu beachten ist in diesem Zusammenhang auch, dass durch die Rücklastschrift nicht automatisch Zahlungsverzug eintritt. Eine verzugsbegründende Mahnung ist dafür notwendig. Denn bei der Einzugsermächtigung rechnet der Gläubiger nicht mit einer sicheren und kalendermäßig bestimmten Zahlung.

Ebenfalls gegen eine Fluggesellschaft hat der Bundesgerichtshof festgestellt, dass ein gesondertes Entgelt für den Einsatz der Zahlungskarte bei der Zahlung nicht möglich ist, wenn keine Barzahlungsmöglichkeit angeboten wird.[27] Die Entscheidung hat deshalb Bedeutung, weil gerade bei Internet-Abwicklungen festzu-

26 BGH Xa ZR 40/08, Urt. v. 17.9.2009.
27 BGH Xa ZR 68/09, Urt. v. 20.5.2010.

stellen ist, dass die für Anbieter bequeme und meist unproblematische Abwicklung mittels Kreditkarte mit Sonderentgelten belastet wird.

Entgelte und neues BGB

War bisher der Zugriff auf das eigene Guthaben im Rahmen einer Barauszahlung entgeltfrei,[28] kann sich dies unter neuem Recht ändern. Für einen Zahlungsdienst kann ein vereinbartes Entgelt verlangt werden, § 675f Abs. 4 S. 1 BGB. Die Ausführung eines Zahlungsvorgangs ist ein Zahlungsdienst, § 675f Abs. 1 BGB. Die Bereitstellung, Übermittlung und Abhebung eines Geldbetrags ist ein Zahlungsvorgang, § 675f Abs. 3 S. 1 BGB. Darunter fällt auch die Barabhebung in der Filiale.[29] Nicht darunter fällt die Bareinzahlung als Kontoeinlage oder, bei einem überzogenen Konto, als jederzeit mögliche Tilgungszahlung.

Selbst nach bisheriger Rechtsprechung wäre es unter neuem Recht unzulässig, Buchungsposten ohne die vom BGH geforderten Freiposten zu bepreisen, was gleichwohl geschieht. Die Buchung ist kein Zahlungsdienst im Sinne von § 675f Abs. 1 BGB. Dies steht im Gegensatz zu der tatsächlichen Abhebung am Schalter. Die vom Gesetzgeber nicht einbezogene Buchung als Zahlungsdienst bestätigt im Übrigen, dass es sich dabei um eine bankinterne Notwendigkeit handelt, die gegenüber dem Kunden keine Entgeltpflicht auslöst. Bei Buchungspostenmodellen sind, soweit sie überhaupt zulässig erscheinen, nach wie vor Modelle ohne die vom Bundesgerichtshof geforderten Freiposten unzulässig. Für eine Bareinzahlung kann nach wie vor kein Buchungsposten verlangt werden.[30]

Das neue BGB, das infolge der Umsetzung der Zahlungsdiensterichtlinie 2007/64/EG erstmalig eine Ermächtigungsgrundlage für Entgeltregelungen vorsieht, bietet eine viel eingeschränktere Rechtsgrundlage für Entgelte, als von der Kreditwirtschaft erhofft. So ist beispielsweise zu beobachten, dass einzelne Sparkassen nunmehr glauben, bei mangels Deckung nicht ausgeführten Lastschriften ein Benachrichtigungsentgelt fordern zu können (z.B. mit der Formulierung „*Einzugsermächtigungslastschrift: Wiedergutschrift und Unterrichtung über die berechtigte Ablehnung der Einlösung einer Lastschrift*“). Nach der Rechtsprechung des Bundesgerichtshofs war dies unzulässig. Es ist dies nach wie vor. Der Zahlungsauftrag gemäß § 675f Abs. 3 Satz 2 BGB ist jeder Auftrag, den ein Zahler seinem Zahlungsdienstleister zur Ausführung eines Zahlungsvorgangs entweder unmittelbar oder mittelbar über den Zahlungsempfänger erteilt. Daraus folgt, dass dem Gläubiger kein Zahlungsauftrag erteilt wird, wenn der Schuldner ihm eine Einzugsermächtigung ausstellt. Denn die Zahlung ist bis zur Genehmigung durch den

---

28 BGH WM 1993, 2237.
29 So auch BT-Drucksache 16/11643 S. 161.
30 BGH WM 1996, 1080.

Schuldner („Genehmigungstheorie“) nicht autorisiert, sondern eine unberechtigte Abbuchung vom Schuldnerkonto.[31] Das Benachrichtigungsentgelt bei der Rücklastschrift soll aus § 675o Abs. 1 BGB abgeleitet werden. Eine Einzugsermächtigung ist gerade kein Zahlungsauftrag an den Zahlungsdienstleister. Bei der bis heute praktisch nicht üblichen SEPA-Lastschrift mag dies einmal anders sein. Ebenso bei einem Abbuchungsauftrag (Beispiel einer Klauselformulierung: „*Abbuchungsauftragslastschrift: Wiedergutschrift und Unterrichtung über die berechtigte Ablehnung der Einlösung einer Lastschrift*“). Eine Einzugsermächtigung jedoch fällt nicht unter § 675o Abs. 1 BGB, sodass die dortige Entgeltgrundlage für die Einzugsermächtigung nichts hergibt.

Nach § 675p BGB ist eine Überweisung ein in aller Regel unwiderruflicher Zahlungsauftrag und kann bepreist werden. Lehnt der Zahlungsdienstleister die Ausführung des Auftrags berechtigt ab, muss er den Kunden darüber unterrichten, § 675o Abs. 1 BGB. Dafür kann ein reines Unterrichtungsentgelt vereinbart werden, § 675o Abs. 1 S. 4 BGB, z.B. mit folgender Formulierung: „*Unterrichtung über die berechtigte Ablehnung der Ausführung eines Überweisungsauftrags*“. Das Entgelt muss angemessen sein *und* sich an den tatsächlichen Kosten orientieren, § 675f Abs. 4 S. 2 BGB. Mit diesem Maßstab wäre zu prüfen, ob in dem Entgelt unzulässige Kosten für die Bearbeitung versteckt worden sind. Praktisch wirksam kann die Unterrichtung nur bei einem papiergebundenen Auftrag werden, da der Online-Auftrag für den Nutzer sofort sichtbar ausgeführt wird oder nicht.

Unzulässig ist eine pauschale Entgeltforderung für die „*Bearbeitung eines Überweisungswiderrufs nach Zugang des Überweisungsauftrags*“. Bekanntlich kann dieser nach Zugang nicht widerrufen werden. Die Formulierung suggeriert dem Kunden eine rechtliche Möglichkeit, die es nicht gibt. Ein solches Entgelt wäre nur dann eine Sonderleistung, wenn der Widerruf noch von Erfolg gekrönt ist. Der erfolgreiche Überweisungswiderruf nach Zugang wäre im Rahmen des § 675p Abs. 4 BGB sicherlich eine vom Kunden zu bezahlende Leistung. Dieser Besonderheit muss die Klausel dann jedoch auch Rechnung tragen.

Zu Recht in der Diskussion sind die geplanten 22-stelligen Nummernkombinationen für Überweisungen. Der Sparkassenverband kritisiert dies und fordert eine Beibehaltung des nationalen Systems für Inlandsüberweisungen. Schließlich machen grenzüberschreitende Überweisungen weniger als 1 % der Überweisungsgesamtzahl aus und es ist nicht einzusehen, gerade ältere Kunden mit dem Risiko von Zahlendrehern zu belasten. Denn nunmehr ist, entgegen der bisherigen BGH-Rechtsprechung, die Überweisung bei einem Zahlendreher nach neuem BGB gültig und der Kunde hat dies gegen sich gelten zu lassen, § 675r Abs. 1 BGB. Ein Blick in neuere Preisverzeichnisse zeigt die Auswirkungen der Problematik auf die Entgelte. Für die „Bemühung“ der Bank von Wiederbeschaffung von Überweisungen mit fehlerhafter Angabe der Kundenkennung des Zahlungsempfängers durch

31 Vgl. auch die Gesetzesbegründung BT-Drucksache 16/11643 S. 162.

den Kunden, zu der sie grundsätzlich gem. § 675y Abs. 3 S. 2 BGB verpflichtet ist, sollen so 35,00 € verlangt werden, für die Nachlieferung von Daten für die Zahlungsempfängerbank weitere 30,00 €. Der Zahlendreher kann so 75,00 € kosten. Bei dieser von den Kosten abgekoppelten Strafgebühr, die dem Grunde nach gem. § 675y Abs. 3 S. 3 BGB zulässig ist, erscheint es verständlich, warum die Bankkunden – und nicht nur diese – den EU-Neuerungen durchaus skeptisch gegenüberstehen.

Preis- und Zinsanpassungsklauseln

Erhebliche Auswirkungen hat die neue Rechtsprechung des Bundesgerichtshofs zu Preis- und Zinsanpassungsklauseln, auch wenn dies noch nicht überall in der Praxis angekommen zu sein scheint.[32] Nach dem Grundsatzurteil des BGH aus dem Jahre 2009[33] ist die Musterklausel zur Preisfestsetzung *und* Preisanpassung der Sparkassen mit folgendem Wortlaut unzulässig: „*Soweit nichts anderes vereinbart ist, werden die Entgelte im Privat- und Geschäftskundenbereich von der Sparkasse unter Berücksichtigung der Marktlage (zum Beispiel Veränderung des allgemeinen Zinsniveaus) und des Aufwandes nach gemäß § 315 des Bürgerlichen Gesetzbuches nachprüfbaren billigen Ermessen festgelegt und geändert.*“

Die Klausel beinhalte zum einen eine Rechtsgrundlage für die Festsetzung. Zum anderen beinhaltete sie die auch notwendige Rechtsgrundlage für die Änderung von Entgelten.

Der Bundesgerichtshof vertritt die Meinung, dass Festsetzungsrecht sei unzulässig formuliert, da auch unzulässige Entgelte bei kundenfeindlichster Auslegung in ein Preisverzeichnis eingesetzt werden können.

Der zweite Teil der Klausel zum Änderungsrecht sei unzulässig, da die Voraussetzungen für die Änderung unklar sind und eine Pflicht zur *Preis*- und Zinssenkung bei sinkenden Kosten fehlt. Dieser Ansatz ist deshalb brisant, weil der Bundesgerichtshof Preisänderungen unmittelbar an sinkende bzw. steigende Kosten anknüpft. Er führt, wörtlich bezogen auf den Preis, weiter aus, es sei unzulässig, wenn es die Klausel ermöglicht, über die Abwälzung konkreter Kostensteigerungen hinaus den zunächst vereinbarten Preis ohne Begrenzung anzuheben und so nicht nur eine Gewinnschmälerung zu vermeiden, sondern einen zusätzlichen Gewinn zu erzielen. Knüpft das Institut seinen Preisänderungswunsch an die Marktanlage und den Aufwand an, reicht dies nicht. Der Bundesgerichtshof fordert ausdrücklich eine Bindung an den Umfang des eigenen Kostenanstiegs, die Unterlassung der Erzielung zusätzlicher Gewinne und die in der Preisklausel sichtbar werdende bindende Pflicht, gesunkene eigene Kosten als Preissenkung an den

32 Ausführlich dazu Metz BKR 2010, 265.
33 BGH XI ZR 78/08, Urt. v. 21.4.2009.

Kunden weiterzugeben. Damit wird eine gerichtliche Preiskontrollbefugnis eingeführt, die abmahnfähigen Verbraucherverbänden untersagt ist.

Die infolge des BGH-Urteils eingeführten Preisanpassungsklauseln zur Konditionenänderung beim Girokonto werden dieser Rechtsprechung nicht gerecht. So formuliert der DG-Verlag im November 2009 eine Musterklausel so: „*Änderungen von Entgelten für solche Leistungen, die vom Kunden im Rahmen der Geschäftsverbindung typischerweise dauerhaft in Anspruch genommen werden (zum Beispiel Kontoführung) werden dem Kunden spätestens zwei Monate vor dem vorgeschlagenen Zeitpunkt ihres Wirksamwerdens in Textform angeboten … Die Zustimmung des Kunden gilt als erteilt, wenn er nun seine Ablehnung nicht vor dem vorgeschlagenen Zeitpunkt des Wirksamwerdens der Änderung angezeigt hat.*“

Die Klausel betrifft die Änderung von Entgelten und beschreibt den technischen Vorgang. Dem Kunden wird das geänderte Entgelt mitgeteilt. Seine Zustimmung dazu wird fingiert. Was jedoch in dieser Klausel komplett gegenüber der früheren Formulierung fehlt, ist eine Aussage zu dem „Warum“ der Änderung. Der Bundesgerichtshof hat dies an konkrete Kostenänderungen geknüpft. Die neue Preisanpassungsklausel beschreibt dagegen nur das „Wie“, schafft jedoch keine Rechtsgrundlage für die Änderung eines Entgelts der Höhe nach. Denn es fehlt an jedem Preisanpassungsmaßstab.

Solange die Kreditwirtschaft die Vorgaben des BGH nicht umsetzt und in ihren Bedingungen eine klare Formulierung dafür findet, unter welchen Voraussetzungen eine Änderung zulässig ist, fehlt es an jeder Rechtsgrundlage für nachträgliche Preisänderungen. Die auffällige Lücke in der Empfehlung ist offensichtlich dem Umstand geschuldet, dass die Rechtsprechung des Bundesgerichtshofs sehr richtig als deutliche Einschränkung der Preisgestaltungsfreiheit der Kreditinstitute begriffen wird. Dies kann jedoch nicht dadurch ausgesessen werden, dass stillschweigend auf jede Rechtsgrundlage für eine Änderung verzichtet wird. Denn so schafft die Kreditwirtschaft bei jeder technisch richtig abgewickelten Preisänderung eine Angriffsmöglichkeit des Kunden hinsichtlich der tatsächlichen Preishöhe, weil sie diese nicht mit einer Kostensteigerung begründet und auch nicht erkennen lässt, bei einer Kostensenkung in einer anderen Richtung ändern zu wollen. Die Preisänderung erfolgt somit nach der neugestalteten Klausel ohne Rechtsgrund.

Im Gegensatz zu den Preisen ist es bei der Zinsanpassung zumindest mit zeitlicher Verzögerung zu entsprechenden Zinspreisänderungsklauseln gekommen. Bei Zinsanpassungsklauseln hält der Bundesgerichtshof Änderungsformulierungen „nach … billigem Ermessen“ nicht für ausreichend. Zinsänderungsklauseln werden im Aktiv- und Passivgeschäft nunmehr ausdrücklich wie Preisänderungsklauseln behandelt. Nach der Rechtsprechung des BGH ergibt sich eine Pflicht zur Bindung an den Kostenanstieg (Sicherung des Äquivalenzverhältnisses). Kostenminderungen müssen an den Kunden weitergegeben werden. Diese Rechtsprechung erstreckt sich ausdrücklich auf Dispositionskredite wegen der Verletzung von § 493 Abs. 1 Satz 2 Nr. 3 BGB. Es ergibt sich eine Pflicht zur Unterrichtung über die Bedingungen, unter denen der Zinssatz geändert werden kann. Im Gegensatz zu den Preisen beim Girokonto versucht die Kreditwirtschaft bei den neuen Änderungsklauseln für Dispo-Zinsen den Bedingungen des Bundesgerichtshofs gerecht zu werden.

So formuliert eine Sparkasse nunmehr in einem Kundenhinweis wie folgt:

> *„Wichtiger Hinweis zur Zinsanpassung*
> *Der Soll-Zinssatz für die Inanspruchnahme von Dispositionskrediten beträgt zurzeit 13,24 v.H. pro Jahr. Sofern keine Kreditlinie vereinbart oder diese überschritten wird, berechnen wir Überziehungszinsen von zurzeit 18,49 v.H. pro Jahr. Die genannten Zinssätze sind veränderlich. Damit Sie künftig Zinsanpassungen besser nachvollziehen können, nehmen wir die Änderungen des Verbraucherkreditrechts zum 11. Juni 2010 zum Anlass, Ihnen das Verfahren zur Zinsanpassung zu erläutern. Anpassungen der o.g. Zinssätze richten sich nach einer Veränderung des folgenden Referenzzinssatzes: Gleitender Euribor Drei-Monats-Geld. Maßgeblich ist der am ersten Bankarbeitstag im Quartal ermittelte Wert des Referenzzinsatzes. Die Entwicklung wird die Sparkasse regelmäßig quartalsweise überprüfen. Hat sich zu diesem Zeitpunkt der Referenzzinssatz um mindestens 0,25 Prozentpunkte gegenüber seinem maßgeblichen Wert für den März 2010 bzw. bei der letzten Anpassung verändert, sinken oder steigen diese um ebenso viele Prozentpunkte mit Wirkung zum 15. des Monats. Sie werden mit jedem Rechnungsabschluss über die aktuellen Zinssätze informiert. Die Höhe des Referenzzinssatzes ist in unseren Geschäftsräumen einsehbar."*

Im Gegensatz zu den Girokonten findet sich in dieser Klausel ein konkreter und objektiver Anpassungsmaßstab. Für die Änderung der Dispo-Zinsen gibt es damit einen vom Kunden objektiv überprüfbaren Maßstab. Eine Änderung ist damit, im Gegensatz zu den Preisen beim Girokonto, möglich. An der Klausel ist nur zu beanstanden, dass die Anpassung abgekoppelt von der Marktentwicklung quartalsweise überprüft werden soll. Richtiger wäre es, wenn die Sparkasse sich verpflichtet, eine Änderung ohne starre Zeitvorgabe dann vorzunehmen, wenn seit der letzten Anpassung der Referenzzinssatz um mindestens 0,25 Prozentpunkte gestiegen bzw. gesunken ist. Die Entkopplung von der tatsächlichen Änderung und das Abstellen auf einen starren Zeitabstand macht die Klausel rechtlich angreifbar.

Dass auch ältere Zinsanpassungsklauseln, die infolge der BGH-Rechtsprechung umgestaltet worden sind, bis heute dieser nicht entsprechen, verwundert schon.

Der DG-Verlag formuliert im November 2009 für variable Zinsanpassungen wie folgt:

> *„5 Anpassung von Zinsen und Entgelten: Soweit nicht anderes vereinbart ist, ist die Bank berechtigt, einen veränderlichen Soll-Zinssatz den Veränderungen ihrer wechselnden und Vertragsabschluss oft nicht überschaubaren künftigen Refinanzierungsmöglichen anzupassen. Zinsschwankungen am Geldmarkt werden an den sich ändernden Durchschnittssätzen für Euribor-Drei-Monats-Geld erkennbar, die jeweils für den vorausgehenden Monat in den Monatsberichten der Deutschen Bundesbank veröffentlicht werden. Die Bank überprüft den Soll-Zinssatz spätestens zum Ende eines jeden Monats. Erhöht sich der letzte veröffentlichte Monatsdurchschnitts über dem Euribor-Drei-Monats-Geld gegenüber dem bei Vertragsschluss bzw. bei der letzten Konditionenanpassung bzw. bei Ablauf der Soll-Zinsbindung ermittelten Monatsdurchschnitt um mindestens 0,25 Prozentpunkte, so kann die Bank den Soll-Zinssatz unter Berücksichtigung*

ihrer Refinanzierungsmittel nach billigem Ermessen (§ 315 BGB) anheben; entsprechend wird die Bank den Soll-Zinssatz nach billigem Ermessen senken, wenn sich der Monatsdurchschnitt für Euribor-Drei-Monats-Geld um mindestens 0,25 Prozentpunkte ermäßigt hat. Bei der Leistungsbestimmung wird sich die Bank an der Zinsgestaltung orientieren, die bei Vertragsabschluss bestanden hat."

Richtig an der Klausel ist zunächst, dass sie – entgegen der neuen Dispo-Zinsklausel – an starre Zeitabläufe („quartalsweise") nicht anknüpft. Falsch an der Klausel ist, dass sie die Änderung „nach billigem Ermessen" durchführen will. Bei Änderungen des Marktes ist für billiges Ermessen kein Raum mehr. Die Bank muss senken. Sie kann anheben, soweit der Wettbewerb dies opportun erscheinen lässt. In dieser Form ist die übliche Zinsänderungsklausel für variable Darlehen unzulässig.

Klarheit hat der BGH zu der ebenfalls umstrittenen Frage geschaffen, was es eigentlich für eine praktische Konsequenz hat, wenn die variable Anpassungsklausel unwirksam ist.[34] Ausgangspunkt war eine nicht rechtmäßige Zinsanpassungsklausel bei variabel verzinsten Sparplänen.[35] Es bleibt grundsätzlich dabei, dass es bei einem variablen Zins bleibt. Dessen Ausgestaltung ist durch ergänzende Vertragsauslegung zu klären. Weder das Institut noch der Kunde haben ein einseitiges Leistungsbestimmungsrecht. Es müssen ein aussagekräftiger Referenzzinssatz und zeitlich präzise Parameter gefunden werden. Die ergänzende Vertragsauslegung unterliegt der uneingeschränkten Nachprüfbarkeit durch das Revisionsgericht.

Ohnmacht der Entgeltprüfung und notwendige Regulierung

Warum in der Praxis die Vorgaben der Rechtsprechung so wenig Widerhall bei Verbrauchern finden und für die Institute unzulässige Klauseln finanziell weitgehend folgenlos bleiben, soll an einem Beispiel erläutert werden. In der Beratungspraxis meldet sich ein Vater, der seit vielen Jahren Gelder für seine Kinder auf einem Prämiensparbuch anspart, das bei üblicher Kündigungsfrist erhebliche Prämienvorteile dann zulässt, wenn die Gelder über viele Jahre bei dem Institut belassen werden. Es handelt sich um Einzahlungen von 150,00 DM bzw. 76,69 €. Über die Jahre werden 16.000,00 € Einlage angespart. Der Vater ist nun, weil er von der Unzulässigkeit von Zinsanpassungsklauseln gelesen hat, unsicher, ob bei dem Prämiensparbuch die Zinsen richtig angepasst worden sind. Zulässige Zinsänderungskriterien enthält die beim Prämiensparbuch verwendete Klausel nicht. Sie ist unwirksam. Es wäre nach einem objektiven Anpassungsmaßstab zu suchen, auf den sich beide Parteien ersatzweise geeinigt hätten. Für eine solche Überprü-

34 BGH XI ZR 197/09, Urt. v. 13.4.2010 = BKR 2010, 300; zuvor: einseitiges Leistungsbestimmungsrecht des Kreditinstituts, so Habersack WM 2001, 753, 760 versus Wegfall des Bestimmungsrechts, so Schimansky WM 2001, 1169, 1175.

35 Vgl. dazu BGH WM 2004, 825; BGH WM 2008, 1493.

fung des Vertrages müsste der Sparer, um sich Gewissheit zu verschaffen, zunächst eine Neuberechnung des Einzahlungs- und Zinsverlaufs bei einem Verbraucherverband oder Gutachter in Auftrag geben. Ob eine falsche Zinspassung vorliegt, weiß er vorher nicht. Es kann durchaus sein, dass die Investitionen in die Prüfberechnung dann verloren sind, wenn sich herausstellt, dass der Zinssatz vertretbar angepasst wurde. Anderenfalls steht nach der vielfach zu beobachteten Praxis selbst bei einer falschen Berechnung noch lange nicht fest, ob sich das betroffene Institut einer berechtigten Reklamation beugt. Dem Familienvater steht also möglicherweise ein Rechtsstreit mit erheblichem Kostenrisiko bevor, obwohl es im Ergebnis vielleicht um falsche Zinsabrechnungen von 100,00 € oder mehr geht. Das Institut, das tausende solcher Prämiensparverträge unterhält, ist bei der Ausgangssituation anders betroffen, als der Sparer. Denn dieser riskiert bei einem verlorenen oder auch nur vergleichsweise beendeten Rechtsstreit, dass die Kosten nicht nur die Zinsvorteile aufzehren, sondern diese übersteigen. In der Regel wird er von einer Neuberechnung und einer gerichtlichen Überprüfung Abstand nehmen.

Gerade bei der Auseinandersetzung um unzulässige Anpassungsklauseln bei Bonus-Sparverträgen hat sich gezeigt, dass nur sehr wenige Verbraucher bei den Instituten reklamiert haben. Diese behalten so im Ergebnis fast sämtliche wirtschaftlichen Vorteile, die sie auf der Basis unzulässiger Klauseln erlangen. Der Gesetzgeber gibt Verbraucherverbänden in diesem Zusammenhang kein realistisches Instrumentarium in die Hand, Institute zum Einlenken zu bewegen. Ein Anspruch auf Gewinnabschöpfung ist bei unzulässiger Werbung möglich, nicht aber bei unzulässigen Klauseln. Selbst bei unzulässiger Werbung fließt der abgeschöpfte Gewinn nicht an den klagenden Verbraucherverband, der das Kostenrisiko trägt und die Gelder gut für seine Arbeit gebrauchen könnte, sondern ganz allgemein an die Staatskasse.

Die erhebliche und sicher bewusst offen gelassenen Regelungslücke bei der Verbandsklagebefugnis zu Allgemeinen Geschäftsbedingungen veranlasst Anbieter vielfach, Rechtsprechung des Bundesgerichtshofs zu ignorieren, berechtigte Reklamationsschreiben von Kunden teilweise bewusst irreführend zu beantworten und im Ergebnis erfolgreich darauf zu vertrauen, dass sich die betroffenen Kunden nicht im Wege des Individualverfahrens wegen relativ geringer und für die Anwaltschaft unattraktiver Streitwerte zur Wehr setzen.

Die Finanzaufsicht ist den Verbrauchern in diesem Zusammenhang keine Hilfe. Ihr fehlt jede Rechtsgrundlage für ein Einschreiten. Was wäre die Alternative? Der Gesetzgeber könnte Verbraucherverbänden die Möglichkeit einräumen, in vereinfachten Spruchverfahren nach Grundsatzurteilen des Bundesgerichtshofs flächendeckend für eine Marktbereinigung zu sorgen. Würde dies mit einer Gewinnabschöpfung verknüpft, die den Verbraucherverbänden zugute kommt, wäre dies auch praktisch eine ausreichende Drohkulisse, um unzulässigen Klauseln flächendeckend schon vorgerichtlich den Garaus zu machen.

Die Alternative wäre, eine staatliche Preis- und Zahlungsnetzaufsicht zu etablieren. Dies ist unpopulär, weil „Deregulierung“ eine Zeitlang zu einem negativ besetzten Kampfbegriff gegen alles gewendet wurde, was staatlichen Einfluss zugunsten der Kunden betrifft. Allerdings gibt es diese anerkannten und notwendigen Kontrollmöglichkeiten im Telekommunikations- und Energiebereich in Form von Regulierungsbehörden. Es ist kein sachlicher Grund dafür erkennbar, die Kreditwirtschaft und den Zahlungsverkehr davon auszunehmen. Dass die Selbstregulierung der Branche regelmäßig versagt, zeigen die ausbleibenden Reaktionen auf die entsprechenden BGH-Entscheidungen seit über 20 Jahren. Es ließen sich endlose Beispiele dafür aneinanderreihen, mit welchen Mitteln erfolgreich versucht wurde und wird, Urteile des höchsten Zivilgerichts zu Preis-, Entgelt- und Zinsklauseln zu unterlaufen. Ohne eine wirksame Unterstützung der nur punktuellen Bemühungen von Verbraucherverbänden, in dieses Regelungsdickicht einzelne Lücken zu schlagen, werden die Bemühungen der Rechtsprechung im Entgelt- und Zinsanpassungsbereich ohne durchschlagenden Erfolgt bleiben. Dies ist umso bedauerlicher, als die Pionierarbeit des Bankensenats beim Bundesgerichtshof in diesem Bereich inzwischen auf andere Rechtsgebiete ausstrahlt. So wurde mit ähnlichen Bedenken, wie sie der Bundesgerichtshof bei Zinsanpassungsklauseln formuliert hat, Anpassungsklauseln der Strom- und Gasanbieter für unzulässig erklärt. Von diesen Diskussionen sind Millionen von Kunden betroffen. Werden diese in dem Gefühl zurückgelassen, der Rechtsstaat funktioniere nicht, weil sich infolge der verbraucherfreundlichen Rechtsprechung in ihrem Einzelfall praktisch nichts ändert, wird Staats- und Politikverdrossenheit Vorschub geleistet.

Das neue Zahlungsverkehrsrecht und dessen Umsetzung in den kreditwirtschaftlichen Bedingungswerken

Roger Dippel,
Abteilungsdirektor, Bundesverband Öffentlicher Banken Deutschlands

I. Einleitung
Das neue Zahlungsverkehrsrecht und die formularmäßige Ausgestaltung der Bedingungen in der Kreditwirtschaft

A. Das neue Zahlungsverkehrsrecht

1. Ausgangspunkt: SEPA – Der neue Euro-Zahlungsverkehrsraum[1]

Die „Single Euro Payments Area" (SEPA) – der einheitliche Euro-Zahlungsverkehrsraum – ist das Ergebnis der politischen Initiative des europäischen Gesetzgebers sowie der Anstrengungen der europäischen Kreditwirtschaft. Vor dem Hintergrund der Schaffung des europäischen Binnenmarktes im Jahr 1993 und der Einführung des Euro als Währung der europäischen Wirtschafts- und Währungsunion im Jahr 1999 sollte auch für den unbaren Zahlungsverkehr in der Europäischen Union (EU) ein einheitlicher Binnenmarkt geschaffen werden. Mit der Einführung des Euro als Bargeld im Jahr 2002 und vor dem Hintergrund der Lissabon-Strategie mit dem Ziel, die EU bis 2010 zum wettbewerbsfähigsten und dynamischsten, wissensbasierten Wirtschaftsraum der Welt zu machen, wurde der Druck auf die Kreditwirtschaft erhöht, den gesamten bargeldlosen Zahlungsverkehr europaweit zu vereinheitlichen. Die einheitliche europäische Währung stand nach Ansicht der Politik im Widerspruch zum bargeldlosen Zahlungsverkehr in der EU, der durch nationale Zahlungssysteme dominiert wurde.

Ende 2001 verabschiedete der europäische Gesetzgeber die Verordnung (EG) Nr. 2560/2001, welche die Höhe der Entgelte für grenzüberschreitende Zahlungen in Euro auf maximal die Höhe der Entgelte für nationale Zahlungen in Euro beschränkte. Die unterschiedlichen Infrastrukturen im europäischen Zahlungsverkehr oder die tatsächlichen Kostenunterschiede bei nationalen und grenzüberschreitenden Zahlungen waren nicht Gegenstand der Regelungen. Um die Infrastruktur des europäischen Zahlungsverkehrs an die Anforderungen eines europäischen Binnenmarktes für Zahlungen anzupassen, wurde durch die Europäische Kreditwirtschaft im Jahr 2002 das „European Payments Council" (EPC) gegründet. Ziel war die Bündelung der Bemühungen der Kreditwirtschaft zur Schaffung der SEPA.

---

1 Eine umfassende Beschreibung der Hintergründe von SEPA findet sich bei Hellner/Steuer, Bankrecht und Bankpraxis, 20/1 ff.

Das EPC setzte sich das ambitionierte Ziel bis 2010 die SEPA zu vollenden.[2] Kern der Arbeit des EPC war und ist die Schaffung und Etablierung von europäischen Zahlverfahren für die Überweisung und die Lastschrift sowie die Erarbeitung von einheitlichen (politischen) Vorgaben für Kartenzahlungssysteme. Als erstes SEPA-Verfahren wurde im Januar 2008 das vom EPC entwickelte SEPA-Überweisungsverfahren gestartet. Im November 2009 folgte die SEPA-Lastschrift mit den zwei Verfahren: der SEPA-Basislastschrift und der SEPA-Firmenlastschrift.[3] Seit November 2010 sind Kreditinstitute und andere Zahlungsdienstleister, die inländische Lastschriften für ihre Kunden abwickeln, aufgrund Artikel 8 Absatz 1 der Verordnung (EG) Nr. 924/2009 verpflichtet, auch für grenzüberschreitende Lastschriften erreichbar zu sein. Für deutsche Kreditinstitute bedeutet dies, dass sie zumindest für SEPA-Basislastschriften erreichbar sein müssen, sofern sie Einzugsermächtigungs-Lastschriften entsprechend der Vorgaben des Lastschriftsabkommens für ihre Kunden abwickeln.

Für Zahlungskarten gilt das SEPA Cards Framework als politische Zielsetzung. Im Dezember 2009 wurde die Version 2.1 des SEPA Cards Frameworks vom EPC veröffentlicht.

Um den neuen grenzüberschreitenden Zahlungsinstrumenten der SEPA-Überweisung und der SEPA-Lastschrift zum Durchbruch zu verhelfen, waren europaweit einheitliche Bestimmungen insbesondere für den Bereich der Lastschrift erforderlich. Die SEPA-Verfahren bestimmen das Rechtsverhältnis der Zahlungsdienstleister untereinander. Die Vollendung der SEPA benötigt aber einheitliche, europaweit gültige rechtliche Vorgaben für die Rechtsbeziehung zwischen Kunde und Bank.[4] Dieser einheitliche Rechtsrahmen wurde mit der Richtlinie 2007/64/EG über Zahlungsdienste im Binnenmarkt geschaffen.

2. Die Richtlinie 2007/64/EG über Zahlungsdienste im Binnenmarkt[5]

Die am 13. November 2007 endgültig verabschiedete und am 5 Dezember 2007 im Amtsblatt der EU veröffentlichte Richtlinie über Zahlungsdienste im Binnen-

---

2 Vgl. die sog. Roadmap des EPC von 2004, veröffentlicht auf der Webseite des EPC unter www.europeanpaymentscouncil.org

3 Eine detaillierte Erläuterung der SEPA-Lastschriftverfahren finden sich im Beitrag von Hartmann in: Habersack/Mülbert/Nobbe/Wittig, Rechtliche Aspekte des neuen SEPA-Lastschriftverfahrens – Finanzmarktkrise und Umsetzung der Verbraucherkreditrichtlinie, Bankrechtstag 2009, S. 62 ff.

4 In der Diktion der Zahlungsdiensterichtlinie die Begriffe Zahlungsdienstnutzer (Kunde) und Zahlungsdienstleister (Kreditinstitute, Zahlungsinstitute und andere Dienstleister).

5 Eine umfassende Darstellung des durch die Zahlungsdiensterichtlinie neu geschaffenen Rechts finden sich u.a. bei Koch, in: Fischer/Klanten, Bankrecht 4. Auflage 2010, Rn. 10.1 ff.; Schürmann, in: Habersack/Mülbert/Nobbe/Wittig, Die Zivilrechtliche Umsetzung der Zahlungsdiensterichtlinie – Finanzmarktkrise und Umsetzung der Verbraucherkreditrichtlinie, Bankrechtstag 2009, S. 11 ff.; Derleder NJW 2009, 3195 ff.; Ellenberger/Findeisen/Nobbe (Hrsg.); Kommentar zum Zahlungsverkehrsrecht.

markt wählt einen für den Zahlungsverkehr neuartigen Regulierungsansatz: Die Vorschriften der Richtlinie gelten nicht etwa wie die Richtlinie 97/5/EG nur für ein Zahlungsinstrument (grenzüberschreitende Überweisungen) sondern für unterschiedliche Arten von Zahlungen: Der Anwendungsbereich erfasst sowohl Überweisungen, Lastschriften sowie Kartenzahlungen als auch andere Zahlungsdienste wie Finanztransfergeschäfte. Dabei wird nur in Ausnahmefällen – wenn eine Unterscheidung zwischen den verschiedenen Zahlungsinstrumenten unerlässlich ist, wie beispielsweise bei den Bestimmungen zur Haftung für fehlerhaft ausgeführte Zahlungen – zwischen sog. „Push"-Zahlungen (vom Zahler angestoßen, wie beispielsweise Überweisungen) und „Pull"-Zahlungen (vom Zahlungsempfänger angestoßen, wie beispielsweise die Lastschrift) differenziert.

Besondere Regelung bestehen darüber hinaus bei besonderen Instrumenten oder Verfahren zur Ausführung von Zahlungen wie beispielsweise der Einsatz von Zahlungskarten (Girocard, Kreditkarte) gemeinsam mit einem personalisierten Sicherheitsmerkmal (PIN) oder der Verwendung von PIN und TAN im Online-Banking. Die Zustimmung der Kunden erfolgt in diesem Fall durch sog Zahlungsauthentifizierungsinstrumente, wobei Einsatz und Haftungsverteilung in der Richtlinie gesondert geregelt sind.[6]

Hervorzuheben ist weiterhin, dass das neue Zahlungsverkehrsrecht für Verbraucher und Unternehmer als Zahlungsdienstnutzer gilt. Allerdings können mit letzteren – sog. „Nicht-Verbrauchern" – durch Vereinbarung zwischen Zahlungsdienstnutzer und Zahlungsdienstleister andere als die gesetzlichen Regelungen für die in § 675e Absatz 4 BGB ausdrücklich genannten Paragraphen getroffen werden.[7]

Die Umsetzung der Richtlinie hat dazu geführt, dass eine Reihe von neuen Begriffen Eingang in das deutsche Zivil- und Aufsichtsrecht gefunden hat. Das Girogeschäft als Bankgeschäft im Sinne von § 1 Abs. 1 Satz 2 Nr. 9 des Kreditwesengesetzes ist gestrichen worden[8] und wird durch den Begriff des Zahlungsdienstes im neuen Zahlungsdiensteaufsichtsgesetz (ZAG) ersetzt. Die Erbringung von Zahlungsdiensten durch Zahlungsdienstleister ist Gegenstand des neuen Zahlungsdiensteaufsichtsgesetzes (ZAG).[9] Zahlungsdienste sind beispielsweise das Überweisungsgeschäft, das Lastschriftgeschäft, das Zahlungskartengeschäft (§ 1 Absatz 2 Nr. 2) sowie das Finanztransfergeschäft (§ 1 Absatz 2 Nr. 6) und das digitalisierte Zahlungsgeschäft (§ 1 Absatz 2 Nr. 5). Interessant ist in diesem Zusammenhang, dass sich im neuen ZAG nicht nur eine „Positivliste" für Zahlungsdienste findet, son-

6 Vgl. §§ 675k–§ 675m BGB.

7 Keine abweichenden Vereinbarungen mit Firmenkunden sind hinsichtlich der Wertstellung (§ 675t BGB) zulässig.

8 Übrig geblieben als Bankgeschäft in § 1 Abs. 1 Satz 2 Nr. 9 KWG sind das Scheckeinzugsgeschäft, das Wechseleinzugsgeschäft und das Reisescheckgeschäft.

9 Umfassend zum ZAG: Koch/Reinicke, Zahlungsdiensteaufsichtsgesetz – ZAG, 1. Aufl. 2009, DG VERLAG, Wiesbaden.

dern auch ein Negativkatalog der nicht als Zahlungsdienste zu qualifizierenden Tätigkeiten. Weiterhin definiert das Aufsichtsrecht auch den Begriff des Zahlungsdienstleisters (§ 1 Absatz 1 ZAG), der neben (Einlagen-)Kreditinstituten auch E-Geld-Institute, Zentralbanken sowie den Bund, Länder und Gemeinden sowie Träger der öffentlichen Verwaltung erfasst, sofern diese nicht hoheitlich handeln. Zahlungsdienstleister ist auch die neu geschaffene Kategorie des Zahlungsinstituts, dessen Geschäftsfelder, Zulassung und Beaufsichtigung im ZAG selbst geregelt sind.[10]

Der Begriff des Zahlungsdienstnutzers, der als Kunde einen Zahlungsdienst in Anspruch nimmt, wird dagegen im Zivilrecht definiert (§ 675f Abs. 1 BGB). Gleiches gilt für die Begriffe Zahlungsvorgang (§ 675f Abs. 3 Satz 1) und Zahlungsauftrag (§ 675f Abs. 3 Satz 2).

Grundlage für die Rechtsbeziehung zwischen Zahlungsdienstleister und Zahlungsdienstnutzer ist der Zahlungsdienstevertrag. § 675f Abs. 1 BGB unterscheidet dabei zwischen dem Einzelzahlungsvertrag, bei dem lediglich ein Zahlungsauftrag für den Zahler oder Zahlungsempfänger ausgeführt wird[11] und dem Zahlungsdienste-Rahmenvertrag, von dem sowohl die Führung eines (Zahlungs-)Kontos als auch die Ausführung von einzelnen Zahlungsaufträgen umfasst wird. Diese Unterscheidung erlangt Bedeutung insbesondere im Hinblick auf die vom Zahlungsdienstleister zu erfüllenden Informationspflichten sowie die (gesetzlichen) Vorschriften zur Änderung und Kündigung von Zahlungsdiensteverträgen.

Neben den Rechten und Pflichten der am Zahlungsdienst beteiligten Dienstleister und Nutzer sind Kernbestandteil des neuen Zahlungsverkehrsrechts die vorvertraglichen und vertraglichen Informationspflichten. Diese sind in Artikel 248 EGBGB geregelt.[12]

B. Die formularmäßige Ausgestaltung von Allgemeinen Geschäftsbedingungen in der Kreditwirtschaft

Betrachtet man die Kunde-Bank-Beziehung in Deutschland, so ist festzustellen, dass die Allgemeinen Geschäftsbedingungen der Banken (im Folgenden: AGB-Banken) seit Jahrzehnten die wichtigste Grundlage für dieses Rechtsverhältnis darstellen.[13] Diese Bedingungen konkretisieren die Geschäftsbeziehung der Bank zu

10 Wird im Folgenden der Begriff Bank verwandt; gemeint sind damit auch andere Zahlungsdienstleister.

11 Wenn beispielsweise eine Bareinzahlung auf ein fremdes Konto erfolgt, sofern das Konto bei einem anderen Zahlungsdienstleister geführt wird und damit eine Überweisung des Zahlungsbetrages erforderlich ist.

12 Koch, Umsetzung des zivilrechtlichen Teils der Zahlungsdiensterichtlinie, 1. Aufl. 2009, DG VERLAG, Wiesbaden.

13 Ausführlich zu Entstehung und Inhalt der Allgemeinen Geschäftsbedingungen der Banken: Kümpel, Bank- und Kapitalmarktrecht Rn. 2.103 ff.; Bunte in: Schimansky/Bunte/Lwowski, Bankrechts-Handbuch, 2. Kapitel (§§ 4–25) m.w.N.

ihrem Kunden und bilden somit eine rechtliche Klammer um die einzelnen Rechtsgeschäfte. Zwei Argumente sprechen für einheitliche Geschäftsbedingungen: Zum einen der Aspekt der Rationalisierung der Abwicklung von Massengeschäften, zum anderen führt die Standardisierung der Bedingungen auch zu einer Vereinheitlichung der Verfahren, was insbesondere im Zahlungsverkehr mit häufig unterschiedlichen Beteiligten (Vier-Parteien-System) eine herausragende Rolle spielt.

Die ersten Anfänge für die Verwendung Allgemeiner Geschäftsbedingungen innerhalb der Bank liegen Ende des 19. Jahrhunderts. Eine erste einheitliche Fassung der AGB-Banken mit 48 Klauseln wurde bereits 1937 von der „Wirtschaftsgruppe Privates Bankengewerbe" herausgegeben.[14] Zum 1. Januar 1993 wurden die AGB-Banken neu gefasst und ihr Umfang auf 20 Klauseln reduziert. Sowohl der Bundesverband deutscher Banken e.V. als auch der Bundesverband der Deutschen Volks- und Raiffeisenbanken haben diese AGB-Banken beim Bundeskartellamt angemeldet und zur Verwendung in ihrem Bereich empfohlen. Der Deutsche Sparkassen- und Giroverband DSGV verwendet eigene Geschäftsbedingungen (im Folgenden: AGB-Sparkassen), die ebenfalls zum 1. Januar 1993 neu gefasst und von 55 auf 28 Klauseln reduziert wurden.[15] Eine weitere Anpassung sowohl der AGB-Banken als auch der AGB-Sparkassen erfolgte 2002 vor dem Hintergrund des Inkrafttretens des Schuldrechtsmodernisierungsgesetzes.

Mit der Reduzierung des Umfangs der AGB-Banken/AGB-Sparkassen im Jahr 1993 setzte sich die Entwicklung in der Kreditwirtschaft fort, nur für einzelne Geschäftsbereiche bzw. -arten geltenden Klauseln jeweils in ein besonderes Bedingungswerk zu überführen. Diese Bedingungen können im Bedarfsfall mit dem Kunden vereinbart werden. Entsprechend sehen auch die AGB-Banken/AGB-Sparkassen[16] vor, dass für einzelne Geschäftsbeziehungen Sonderbedingungen gelten. Dies betrifft beispielsweise das Wertpapiergeschäft, den Sparverkehr und insbesondere den Zahlungsverkehr.

Die Einführung des neuen Zahlungsverkehrsrechts hat – neben der Überarbeitung einzelner Klauseln in den AGB-Banken/AGB-Sparkassen – vor allem eine Anpassung der Sonderbedingungen im Zahlungsverkehr sowie des entsprechenden Teilbereichs des Preis- und Leistungsverzeichnisses nach sich gezogen. Zu beachten war dabei, dass die gesetzlichen Vorschriften in §§ 675c ff. BGB auch bei Verträgen mit Verbrauchern Gestaltungsmöglichkeiten durch entsprechende Vereinbarung zwischen Kunde und Bank ermöglichen. So war eine Vereinbarung mit dem Kunden über die Verlängerung der Ausführungsfristen für Zahlungen bis 1. Januar 2012 von einem auf drei Tage zwingend notwendig, da eine eintägige Ausführungsfrist insbesondere bei grenzüberschreitenden Zahlungen ab Ende Oktober 2009 schlicht nicht darstellbar gewesen wäre.

14 Bunte in: Schimansky/Bunte/Lwowski, Bankrechts-Handbuch, § 4 Rn. 4.

15 Bunte a.a.O., § 4 Rn. 8.

16 Nummer 1 Absatz 1 Satz 2 AGB-Banken bzw. Nummer 1 Absatz 2 Satz 2 AGB-Sparkassen.

Darüber hinaus verlangt das neue Zahlungsverkehrsrecht in Einzelfällen eine bestimmte Vereinbarung mit dem Kunden, um sicherzustellen, dass eine gewollte Rechtsfolge eintritt: So muss mit dem Kunden ein ordentliches Kündigungsrecht der Bank vereinbart werden, wobei die Kündigungsfrist zwei Monate nicht unterschreiten darf (§ 675h Abs. 2 BGB).

Bei der Anpassung an das neue Zahlungsverkehrsrecht war darüber hinaus darauf zu achten, dass es sich bei AGB-Banken/AGB-Sparkassen und Sonderbedingungen um Allgemeine Geschäftsbedingungen im Sinne von §§ 305 ff. BGB handelt und neben der Erfüllung der neuen gesetzlichen Anforderungen die Regelungen auch einer Inhaltskontrolle standhalten müssen. Dabei lagen zwischen der Verabschiedung des Gesetzes zur Umsetzung der Zahlungsdiensterichtlinie und dem Inkrafttreten des neuen Zahlungsverkehrsrechtes nur etwas mehr als drei Monate, innerhalb der die Anpassung an das neue Zahlungsverkehrsrecht mit dem Kunden vereinbart werden musste.

II. Grundlagen für die Anpassung der kreditwirtschaftlichen Bedingungswerke

A. Beibehaltung der Struktur der AGB-Banken/AGB-Sparkassen

Ausgangspunkt der Überlegungen zur Anpassung der AGB-Banken/AGB-Sparkassen war die Frage, ob aufgrund des neuen Zahlungsverkehrsrechtes der gesamte Zahlungsverkehr aus den AGB-Banken/AGB-Sparkassen herausgelöst und in separate Bedingungen überführt werden sollte. Allerdings bestand die Schwierigkeit, dass bei vielen Klauseln in den AGB eine eindeutige Zuordnung nur sehr schwer möglich gewesen wäre. So betreffen die Regelungen zum Bankgeheimnis, zur Bankauskunft aber auch zu Einzugsaufträgen sowohl den Bereich Zahlungsverkehr, aber potentiell auch andere Bankdienstleistungen. Zudem wäre ein völliger Umbau der AGB-Banken/AGB-Sparkassen innerhalb kürzester Zeit bis Ende Oktober 2009 nicht möglich gewesen.

Aus diesem Grund hat sich die Kreditwirtschaft gegen eine Herauslösung des Zahlungsverkehrs aus den AGB-Banken/AGB-Sparkassen entschieden und stattdessen die Klauseln in den AGBs so erweitert, dass sie den gesetzlichen Anforderungen des neuen Zahlungsverkehrsrechts entsprechen. Zentrale Aspekte sind dabei der neue gesetzliche Änderungsmechanismus für Rahmenverträge über Zahlungsdienste (§ 675g Absatz 1 BGB) sowie die Neugestaltung der Anpassung von Entgelten und der Bepreisung von Nebenpflichten im Zahlungsverkehr.

Durch die Klammerwirkung der AGB-Banken/AGB-Sparkassen erstreckt sich das gesetzliche Leitbild aus dem neuen Recht für Zahlungsdienste auch auf Bereiche außerhalb des Zahlungsverkehrs, obwohl dies nicht notwendig gewesen wäre. Bestehen bleibt allerdings die Möglichkeit, in diesen Fällen durch Individualabrede oder spezielle Bedingungswerke ausdrücklich eine Abweichung von einzelnen AGB-

Klauseln zu vereinbaren. Insbesondere bei Verbraucherkrediten finden sich alle wesentlichen Regelungen im Kreditvertrag selbst, es wird häufig nur hilfsweise auf die allgemeinen AGBs verwiesen. Der Vertragsänderungsmechanismus der Allgemeinen Geschäftsbedingungen wird im Verbraucherkredit nicht zur Anwendung kommen.

B. Einheitliche Bedingungen für Verbraucher und Unternehmer

Im Bankgeschäft wird üblicherweise zwischen Privat- und Firmenkunden unterschieden. Der (europäische) Gesetzgeber unterscheidet dagegen zwischen Verbrauchern und sog Nicht-Verbrauchern (im Folgenden: Unternehmern). Zwar gilt, wie oben erwähnt, das neue Zahlungsverkehrsrecht für alle Kunden. Gleichwohl muss die Bank beachten, dass nur mit Unternehmern von den §§ 675c ff. BGB abweichende Vereinbarungen zulässig sind. Es muss also gegenüber Firmenkunden wie beispielsweise Rechtsanwälten vertragstechnisch sichergestellt werden, dass sie bei der Inanspruchnahme von Bankdienstleistungen ausschließlich im Rahmen ihrer gewerblichen oder ihrer selbständigen beruflichen Tätigkeit handeln.

Gemäß § 675e Absatz 4 BGB kann durch Vereinbarung mit dem Kunden die Bank die Informationspflichten (§ 675d Abs. 1, 2.4 BGB), die Entgelte für Nebendienstleistungen (§ 675f Absatz 4 Satz 2 BGB), die Kündigung (§ 675h BGB) und die Anpassung von Zahlungsdiensteverträgen (§ 675g BGB), den Widerruf von Zahlungsaufträgen (§ 675j Absatz 2 und § 675p BGB) sowie die Haftung (§§ 675v bis 676 BGB) abweichend regeln. Aufgrund dieser umfangreichen Gestaltungsmöglichkeiten hätte es nahe gelegen, in den kreditwirtschaftlichen Bedingungswerken grundsätzlich zwischen Verbrauchern und Unternehmern zu differenzieren oder sogar jeweils unterschiedliche Bedingungen zu vereinbaren. Davon hat die Mehrzahl der Banken Abstand genommen. In der Regel wird jeweils ein einheitliches Bedingungswerk für Firmen- und Privatkunden vereinbart. Innerhalb von Sonderbedingungen finden sich allerdings z.T. neben den allgemeinen Regelungen auch Spezialvorschriften für Geschäfte mit Unternehmern. So legt beispielsweise Nummer 2.3.4. der Sonderbedingungen für den Überweisungsverkehr fest, dass die Bank bei nicht erfolgten oder fehlerhaft ausgeführten autorisierten Überweisungen oder bei nicht autorisierten Überweisungen nur für eigenes Verschulden haftet. Zudem haftet die Bank bei Unternehmern nicht für das Verschulden von zwischengeschalteten Stellen. Die Haftung ist vielmehr auf die sorgfältige Auswahl und Unterweisung der ersten zwischengeschalteten Stelle beschränkt. Bei Überweisungen im Firmenkundenbereich wird damit das „alte" Haftungsregime[17] der verschuldensabhängigen Haftung gemäß § 280 BGB beibehalten und das als Bestandteil der AGB-Banken[18]/AGB-Sparkassen[19] niedergelegte Grundprinzip

17 Vor Inkrafttreten des Überweisungsgesetzes zum 14. August 1999 bzw. zum 1. Januar 2002 (für inländische Überweisungen und Drittstaatensachverhalte).

18 Nummer 3 Absatz 2 AGB-Banken.

19 Nummer 19 Absatz 2 AGB-Sparkassen.

der Haftung im Rahmen des weitergeleiteten Auftrags abgebildet. Auch im Online-Banking sowie im DFÜ (Datenfernübertragung)-Verfahren werden beim Geschäftsverkehr mit Unternehmern abweichende Vereinbarungen getroffen: Die Beibehaltung der gesetzlich vorgesehenen Haftungsgrenze in Höhe von 150 € bei der Verwendung von Instrumenten zur Authentifizierung von Zahlungen im Firmenkundenbereich würde zu absurden Ergebnissen führen.

C. Erfüllung der Informationspflichten in den Bedingungswerken

Informationspflichten sind zentraler Bestandteil des neuen Zahlungsverkehrsrechts. Titel III der Richtlinie statuiert einen umfangreichen Katalog von Informationspflichten für Zahlungsdienstleister, der über den Verweis in § 675d Abs. 1 BGB in Artikel 248 EGBGB Eingang gefunden hat. Neben einer Differenzierung zwischen Einzel- und Rahmenvertrag gliedern sich die Informationspflichten in vorvertragliche und vertragliche. Unter die letztgenannte Kategorie fallen insbesondere die Informationen zu Betrag, Entgelt und Wertstellung einer Zahlung nach Belastung des Kontos an den Zahler[20] sowie zu gutgeschriebenem Betrag, Entgelte und Wertstellungsdatum der Gutschrift an den Zahlungsempfänger.[21] Die Informationen müssen vom jeweiligen Zahlungsdienstleister unverzüglich dem Kunden mitgeteilt werden. Sowohl hinsichtlich der Häufigkeit als auch des Verfahrens und der Form der Informationserteilung können Bank und Kunde anderweitige Vereinbarung treffen. Der Kunde muss jedoch mindestens einmal monatlich unterrichtet werden.[22] In fast allen Sonderbedingungen[23] findet sich ein Hinweis, wonach die Bank den Kunden mindestens einmal monatlich über die Ausführung von Zahlungen informiert. Dies erfolgt auf dem für Kontoinformationen vereinbarten Weg, d.h. in der Regel durch Abruf durch den Kunden am Kontoauszugsdrucker.[24]

Wesentlich umfangreicher gestaltet sind die vorvertraglichen Informationspflichten in Artikel 248 § 4 EGBGB. Vorbild waren die Informationspflichten für Fernabsatzverträge über Finanzdienstleistungen, die in der Richtlinie 2002/65/EG niedergelegt sind.[25] Eine Vielzahl der geforderten Informationen über die Bank als Zahlungsdienstleister, des Überweisungs-, Lastschrift- und Kartengeschäfts sowie sonstige Zahlungsdienste und die Entgelte, Kommunikation zwischen Kunde und

20 Artikel 248 § 7 EGBGB, durch den Zahlungsdienstleister des Zahlers.

21 Artikel 248 § 8 EGBGB, durch den Zahlungsdienstleister des Zahlungsempfängers.

22 Artikel 248 § 10 Satz 2 EGBGB.

23 Nummer 1.6 Absatz 3 der Sonderbedingungen für den Überweisungsverkehr
Nummer 6 Sonderbedingungen für das Online-Banking
Nummer A.2.11 der Girocard-Bedingungen.

24 Die Möglichkeit des Abrufs am Kontoauszugsdrucker und die Voraussetzungen für einen Zwangsauszug werden in aller Regel im Kontoeröffnungsvertrag vereinbart.

25 Umgesetzt in Artikel 246 EGBGB.

Bank, Schutz- und Abhilfemaßnahmen, Änderung und Kündigung des Zahlungsdienstevertrags sowie über außergerichtliche Rechtsbehelfe finden sich bereits an unterschiedlichen Stellen in den Allgemeinen Geschäftsbedingungen oder den Sonderbedingungen, dem Preis- und Leistungsverzeichnis oder im Kontoeröffnungsvordruck. Es stellte sich die Frage, ob die vorvertraglichen Informationen in einem eigenen Informationsblatt zusammenzuführen sind, wie dies beim Fernabsatz von Finanzdienstleistungen erfolgt ist oder man die Informationen in den unterschiedlichen Bedingungswerken belässt. Dies hätte zur Folge gehabt, dass Vertragsbedingungen und vorvertragliche Informationen identisch sind.

Um ein Auseinanderlaufen von vorvertraglicher Information und Vertragsdokumentation zu verhindern, hat die Kreditwirtschaft sich für letzteren Weg entschieden. Potentiellen Kunden muss daher bereits vor Vertragsschluss eine Kopie des Kontoeröffnungsantrags, die Allgemeinen Geschäftsbedingungen, die ggf. einschlägigen Sonderbedingungen und das Preis- und Leistungsverzeichnis ausgehändigt werden. Bei Nachfrage zusätzlicher Dienstleistungen wie der Teilnahme am Online-Banking muss dem Kunden zudem eine entsprechende Teilnahmevereinbarung nebst Bedingungen zur Verfügung gestellt werden.

III. Übernahme der Vorgaben des neuen Zahlungsverkehrsrechts in die Allgemeinen Geschäftsbedingungen von Banken und Sparkassen

Im Folgenden wird die Umgestaltung der Allgemeinen Geschäftsbedingungen auf der Grundlage des neuen Zahlungsverkehrsrechts anhand der Klauseln zur Änderung der Geschäftsbedingungen sowie zu Entgelten skizziert.

A. Der gesetzliche Änderungsmechanismus und die Anpassung der Geschäftsbedingungen

Der gesetzliche Änderungsmechanismus in § 675g Absatz 1 BGB verlangt vom Zahlungsdienstleister, Änderungen eines Rahmenvertrages über Zahlungsdienste spätestens zwei Monate vor dem vorgeschlagenen Zeitpunkt ihres Wirksamwerdens dem Zahlungsdienstnutzer in Textform anzubieten. Die Parteien können vereinbaren, dass die Zustimmung des Nutzers als erteilt gilt, wenn dieser dem Zahlungsdienstleister die Ablehnung des Angebots nicht vor dem vorgeschlagenen Zeitpunkt des Wirksamwerdens der Änderungen angezeigt hat. In diesem Fall hat der Kunde jedoch ein fristloses Kündigungsrecht, auf das ihn der Zahlungsdienstleister hinzuweisen hat.

Dieser Änderungsmechanismus hat Eingang in Nummer 1 Absatz 2 AGB-Banken bzw. Nummer 2 AGB-Sparkassen gefunden. Als Folge verlängert sich die bisherige – sechswöchige – Ablehnungsfrist um zwei Wochen. Es muss zukünftig zwingend ein zweimonatiger Vorlauf bei der Änderung von Bedingungen beachtet werden. Dem Kunden muss darüber hinaus die Vertragsänderung „angeboten" werden. Ein Angebot setzt voraus, dass die vorgeschlagene Änderung mitgeteilt worden ist. Die dazu erforderlichen Informationen müssen durch die Bank übermittelt werden.[26]

In Nummer 1 Absatz 2 Satz 3 AGB-Banken bzw. Nummer 2 Absatz 2 Satz 1 AGB-Sparkassen wird mit dem Kunden vereinbart, dass die Zustimmung zu dem Angebot der Bank auf Änderung der Geschäftsbedingungen als erteilt gilt, wenn er seine Ablehnung nicht vor dem vorgeschlagenen Zeitpunkt des Wirksamwerdens der Änderungen angezeigt hat. Die Anzeige der Ablehnung ist formfrei.

Im Hinblick auf die Form der vorgeschlagenen Änderungen sehen die AGB-Banken grundsätzlich Textform vor. Gemäß § 126 BGB ist die Erklärung in einer Urkunde oder auf andere zur dauerhaften Wiedergabe in Schriftzeichen geeigneten Weise abzugeben, die Person des Erklärenden zu nennen und der Abschluss der Erklärung durch Nachbildung der Namensunterschrift oder anders erkennbar zu machen. Die Textform ist eingehalten, wenn das Angebot dem Kunden per Brief, Kontoauszug, Diskette, CD-Rom, E-Mail oder Telefax zugegangen ist.

Dagegen wird hinsichtlich der Form des Angebots in Nummer 2 Absatz 2 AGB-Sparkassen auf die jeweils gesetzlich zugelassene Form verwiesen. Bei Änderungen von Bedingungen, die Zahlungsdienste betreffen, ist dies die Textform.

Die Klausel zur Vertragsänderung in den Allgemeinen Geschäftsbedingungen unterscheiden nicht zwischen Zahlungsdiensten auf der einen und anderen Bankdienstleistungen auf der anderen Seite, sondern übernehmen das neue gesetzliche Leitbild des § 675g Absatz 1 BGB. Dies hat zur Folge, dass auch die Vertragsänderung außerhalb des Zahlungsverkehrs erfasst ist. Ein außerordentliches Kündigungsrecht hat der Kunde in diesem Fall allerdings nicht.[27]

Gemäß Nummer 2 Absatz 4 der AGB-Sparkassen kann vom AGB-Änderungsmechanismus bei Verträgen außerhalb des Zahlungsverkehrs durch eine Vereinbarung abgewichen werden. Eine entsprechende Klarstellung bei den AGB-Banken besteht nicht, gleichwohl würde eine individualvertragliche Vereinbarung (z.B. in einem Verbraucherkreditvertrag) wie bereits bisher der Regelung der AGB-Banken vorgehen.

B. Anpassung von Entgelten

Nach dem neuen Zahlungsverkehrsrecht stellt auch die Anpassung von Entgelten im Zahlungsverkehr eine Änderung des Rahmenvertrages dar, unabhängig davon, ob es sich um die Änderung eines Einmalentgeltes oder eines Dauerentgeltes

---

26 Näher dazu die Gesetzesbegründung zu § 675g Abs. 1 BGB, BT-Drucksache. 16/11643, 103.

27 Nummer 1 Absatz 2 Satz 5 AGB-Banken; Nummer 2 Absatz 3 AGB-Sparkassen.

handelt. Eine Beibehaltung des bisherige Änderungsmechanismus aus Nummer 12 Absatz 1 AGB-Banken/Nummer 17 Absatz 1 AGB-Sparkassen für Zahlungsdienstleistungen kam daher nicht in Betracht. Vielmehr musste der gesetzliche Änderungsmechanismus des § 675g Absatz 1 BGB für die Änderungen von Entgelten in Nummer 12 AGB-Banken/Nummer 17 AGB-Sparkassen integriert werden.

Im Rahmen der Anpassung von Nummer 12 AGB-Banken wurde erwogen, die Regelung vollständig zu streichen, und den Entgeltänderungsmechanismus in die jeweiligen produktbezogenen Sonderbedingungen aufzunehmen. Dies hätte allerdings zur Folge gehabt, dass ein neuer Änderungsmechanismus auch für Sonderbedingungen außerhalb des Zahlungsverkehrs hätte etabliert werden müssen, etwa im Wertpapiergeschäft. Aus diesem Grund hat man davon Abstand genommen. Auch die Ausgestaltung von Nummer 12 AGB-Banken als „Platzhalter" für die jeweilige Regelung in den Sonderbedingungen wurde verworfen.

Als weitere Möglichkeit der Umgestaltung kam in Betracht, Nummer 12 Absatz 3 AGB-Banken, der die Änderung von Zinsen und Entgelten regelt, beizubehalten und einen Änderungsmechanismus speziell für Zahlungsdienstleistungen zu ergänzen. Dies hätte zu einer Zweiteilung bei der Änderung von Entgelten für Bankdienstleistungen geführt.

Sowohl in den AGB-Banken als auch in den AGB-Sparkassen hat man sich dazu entschlossen, die bisherige Differenzierung zwischen Privat- und Firmenkunden sowie zwischen Einmal- und Dauerentgelten beizubehalten, wobei die AGB-Sparkassen entsprechend der in § 675c ff. BGB verwandten Begriffe zwischen dem Geschäftsverkehr mit Verbrauchern[28] und dem sonstigen Geschäftsverkehr[29] unterscheiden. Es bleibt bei dem Grundsatz, dass sich im Geschäftsverkehr mit Verbrauchern die Höhe von Zinsen und Entgelten aus dem Preisaushang und ergänzend aus dem „Preis- und Leistungsverzeichnis" ergeben (sog. Speisekartenprinzip). Für alle Arten von Dauerentgelten – auch solche außerhalb des Zahlungsverkehrs – wird für alle Kunden der gesetzliche Änderungsmechanismus vereinbart.[30] Dies hat zur Folge, dass der Kunde über eine Änderung von Dauerentgelten mindestens zwei Monate vor dem Inkrafttreten der Änderung unterrichtet werden muss und ihm ein fristloses Kündigungsrecht zusteht. Auf die Genehmigungsfiktion und das Kündigungsrecht wird der Kunde in dem Änderungsangebot hingewiesen.

In der Nummer 12 Absatz 6 und 7 AGB-Banken sowie Nummer 17 Absatz 7 und Absatz 8 AGB-Sparkassen ist zudem ein ausdrücklicher Hinweis auf die gesetzlichen Besonderheiten bei Verbraucherdarlehensverträgen und Zahlungsdiensteverträgen mit Verbrauchern aufgenommen worden. Hintergrund ist, dass

28 Nummer 17 Absatz 1 AGB-Sparkassen.
29 Nummer 17 Absatz 2 AGB-Sparkassen.
30 Nummer 12 Absatz 4 AGB-Banken/Nummer 17 Absatz 6 AGB-Sparkassen.

§ 675e Absatz 4 Satz 2 BGB neue gesetzliche Vorgaben zur Zulässigkeit von Entgelten für die Erfüllung von Nebenpflichten bei Zahlungsdiensten vorsieht: Ein Anspruch auf ein Entgelt des Zahlungsdienstleisters besteht nur in den vom Gesetz aufgeführten Fällen und auch nur dann, wenn das Entgelt zwischen dem Zahlungsdienstnutzer und dem Zahlungsdienstleister vereinbart worden ist.

Darüber hinaus wird in Nummer 12 AGB-Banken/Nummer 17 AGB-Sparkassen die Entscheidung des XI. Zivilsenats des Bundesgerichtshofs vom 21. April 2009 umgesetzt.

IV. Die Umgestaltung der Sonderbedingungen am Beispiel der Überweisung

Aufgrund des neuen Zahlungsverkehrsrechts wurden alle Sonderbedingungen im Zahlungsverkehr angepasst. Am Beispiel der Überweisung und den Sonderbedingungen für den Überweisungsverkehr wird im Folgenden die Umsetzung der neuen Vorschriften zur Ausführung von Zahlungen in den Bedingungswerken skizziert. Aufgrund des Wegfalls der Unterscheidung zwischen Inlandsüberweisungen und Überweisungen innerhalb des Europäischen Wirtschaftsraums (EWR) wurde die bisherige Dreiteilung der Überweisungsbedingungen (Inlandsüberweisungen, Überweisungen innerhalb der Europäischen Union sowie Überweisungen in und aus Drittstaaten) aufgegeben. Es wird nunmehr lediglich unterschieden zwischen

- Überweisungen innerhalb Deutschlands und in andere Staaten des EWR in Euro oder in anderen EWR-Währungen und
- Überweisungen innerhalb Deutschlands und in andere Staaten des EWR in Währungen eines Staates außerhalb des EWR (Drittstaatenwährungen) sowie Überweisungen in Staaten außerhalb des EWR (Drittstaaten)

A. Die Überweisung als Zahlungsauftrag

Grundlage für die Ausführung von Überweisungen ist ein Rahmenvertrag über Zahlungsdienste gemäß § 675f Absatz 2 BGB, wobei es sich gemäß § 1 Abs. 2 Nr. 2a des Zahlungsdiensteaufsichtsgesetzes beim Überweisungsgeschäft um einen Zahlungsdienst handelt. Dieser Rahmenvertrag ist der Girovertrag,[31] u.a. bestehend

31 Die Bank als Zahlungsdienstleister kann gemäß § 675 Absatz 2 Satz 3 BGB definieren, was vom Rahmenvertrag erfasst wird. Es könnten auch nur Teilbereiche des Zahlungsverkehrs (z.B. lediglich die Online-Banking Teilnahmevereinbarung nebst Sonderbedingungen) oder die gesamte Geschäftsbeziehung mit einem Kunden (mit mehreren Kontobeziehungen) als Rahmenvertrag festgelegt werden. In aller Regel wird jedoch der Girovertrag auch gleichzeitig der Rahmenvertrag über Zahlungsdienste sein.

aus dem Kontoeröffnungsvertrag mit den vereinbarten Allgemeinen Geschäftsbedingungen der Bank, den Sonderbedingungen für den Überweisungsverkehr sowie den den Zahlungsverkehr betreffenden Passagen im Preis- und Leistungsverzeichnis.

Der Zahlungsvorgang (§ 675f Absatz 3 Satz 1 BGB) ist die tatsächliche Übermittlung eines Geldbetrages der Überweisung. Als rechtliche Grundlage liegt der Überweisung ein Überweisungsauftrag (Zahlungsauftrag im Sinne des § 675f Abs. 3 Satz 2 BGB) zugrunde, den der Überweisende seiner Bank unmittelbar erteilt. Die bisherige gesetzliche Unterteilung in Giro-, Überweisungs- und Zahlungsvertrag ist mit Inkrafttreten des neuen Zahlungsverkehrsrechts zum Ende Oktober 2009 hinfällig.[32] Die Verkomplizierungen des deutschen Gesetzgebers bei der Umsetzung der Überweisungsrichtlinie werden wieder beseitigt und der Girovertrag als Rahmen – flankiert vom Bankkonto – mit geschäftsbesorgungsvertraglichem Zuschnitt als Grundmodell wieder eingeführt.[33]

In dem allgemeinen Teil der Überweisungsbedingungen, werden dementsprechend die Voraussetzungen für die Erteilung, den Zugang und den Widerruf[34] des Überweisungsauftrags sowie seine Ausführung[35] vorangestellt. Die Erteilung erfolgt mittels eines von der Bank zugelassenen Vordrucks oder in der mit der Bank anderweitig vereinbarten Art und Weise[36]. Zur Vervollständigung des Auftrags müssen die in den Bedingungen aufgeführten Angaben durch den Kunden erfolgen. Dazu gehören Name und Kontonummer des Zahlungsempfängers (sowie Bankleitzahl des Zahlungsdienstleisters des Zahlungsempfängers)[37] der Überweisungsbetrag sowie Name, Kontonummer und Bankleitzahl[38] des Kunden. Letztendlich erteilt wird der Auftrag durch die Unterschrift des Kunden[39], wobei das Gesetz von einer Autorisierung des Auftrags, d.h. einer Zustimmung durch den Kunden ausgeht.[40] In Nummer 1.3 Absatz 2 der Überweisungsbedingungen wird die gesetzliche Vorgabe abgebildet, nämlich dass der Kunde mit Unterschrift den Überweisungsauftrag autorisiert. Dies kann man rechtsdogmatisch in Frage stellen[41], ist aber aktuelle Gesetzeslage.

32 Schürmann, in: Habersack/Mülbert/Nobbe/Wittig, Bankrechtstag 2009, 14, 23.
33 Grundmann, WM 2009, 1109, 1112 f.
34 Nummern 1.3, 1.4 und 1.5 der Überweisungsbedingungen.
35 Nummer 1.6 der Überweisungsbedingungen.
36 Zum Beispiel per Online-Banking; die Art und Weise ist in den Online-Banking-Bedingungen geregelt.
37 Oder die Internationale Bankkontonummer (IBAN) des Zahlungsempfängers und der Bank-Identifizierungscode (BIC) des Zahlungsdienstleisters des Zahlungsempfängers.
38 Oder IBAN.
39 Oder in anderer Form, sofern vereinbart.
40 § 675j Absatz 1 Satz 1 BGB.
41 Hadding, in Festschrift für Uwe Hüffer, 2009, 273, 278 (allerdings im Zusammenhang mit der Einzugsermächtigungslastschrift).

Der Zugangszeitpunkt von Zahlungsaufträgen hat im neuen Zahlungsverkehrsrecht eine große Bedeutung, da mit Zugang die Ausführungs- sowie die Ablehnungsfrist von Zahlungsaufträgen beginnt. Entsprechend ist in Nummer 1.4 der Überweisungsbedingungen die gesetzliche Regel aus § 675n BGB abgebildet, wonach der Überweisungsauftrag wirksam wird, wenn er der Bank zugeht. Entscheidender Zeitpunkt ist der Eingang des Auftrags in den dafür vorgesehenen Empfangsvorrichtungen der Bank. Wird beispielsweise ein Überweisungsvordruck am Schalter einer Bank abgegeben, so ist der Überweisungsauftrag mit der Abgabe zugegangen. Beim Online-Banking erfolgt der Zugang, wenn der Überweisungsauftrag auf dem Online-Banking-Server der Bank eingeht, unabhängig davon, ob eine Bearbeitung bereits erfolgte oder nicht.

Aufgrund der insbesondere bei grenzüberschreitenden Überweisungen sehr kurzen Ausführungsfrist erlaubt das Gesetz zwei Arten von Zugangsfiktionen. Entsprechend sehen die Überweisungsbedingungen vor, dass der Überweisungsauftrag als erst am darauf folgenden Geschäftstag als zugegangen gilt, wenn er bei der Bank nach dem – von der Bank dem Kunden im Preis- und Leistungsverzeichnis mitgeteilten – Annahmezeitpunkt eingeht (Nummer 1.4 Absatz 3) oder der Auftrag an einem Tag eingeht, der kein Geschäftstag der Bank ist (Nummer 1.4 Absatz 2). Die Bank teilt dem Kunden ihre Geschäftstage im Preis- und Leistungsverzeichnis mit.

Nach dem Zugang bei der Bank kann der Kunde den Überweisungsauftrag nicht mehr widerrufen.[42] Im Falle einer Terminüberweisung oder eines Dauerauftrages kann der Kunde die Überweisung nur bis zum Ende des letzten Geschäftstags vor dem vereinbarten Termin für die Ausführung der Überweisung widerrufen.

Nach Zugang kann der Überweisungsauftrag nur durch Vereinbarung zwischen Kunde und Bank widerrufen werden. Eine solche Vereinbarung wird laut den Überweisungsbedingungen nur wirksam, sofern es der Bank gelingt, entweder die Ausführung zu verhindern oder den Überweisungsbetrag zurückzuerlangen.[43]

B. Ausführung des Überweisungsauftrags

Das Gesetz sieht in § 675o Absatz 2 BGB vor, dass die Bank den Auftrag ausführen muss, wenn die – von der Bank dem Kunden mitgeteilten – Voraussetzungen für die Ausführung des Überweisungsauftrags erfüllt sind. Nach Nummer 1.6 Abs. 1 der Überweisungsbedingungen sind dies das Vorliegen der erforderlichen Angaben des Kunden[44], die „Autorisierung“ des Überweisungsauftrags durch den Kunden

---

42 Nummer 1.5 Absatz 1 Satz 1 der Überweisungsbedingungen.

43 Nummer 1.5 Absatz 2 der Überweisungsbedingungen.

44 Für EWR-Überweisungen in Nummer 2.1 der Überweisungsbedingungen, für Drittstaaten- bzw. Drittwährungsüberweisungen in Nummer 3.1 der Überweisungsbedingungen.

und das Vorhandensein eines zur Ausführung der Überweisung ausreichenden Guthabens bzw. die Einräumung eines ausreichender Kredites. In diesem Fall führt die Bank den Überweisungsauftrag aus. Liegen die Ausführungsvoraussetzungen nicht vor, kann die Bank nach Nummer 1.7 Absatz 1 der Überweisungsbedingungen die Ausführung der Überweisung ablehnen. Der Kunde wird unverzüglich, spätestens aber innerhalb der eigentlichen Ausführungsfrist informiert, wobei Bank und Kunde vereinbaren, dass dies auch auf dem für Kontoinformationen vereinbarten Weg, also über den Abruf am Kontoauszugsdrucker, erfolgen kann. Soweit möglich, werden Ablehnungsgründe und Korrekturmöglichkeiten ebenfalls mitgeteilt.

Eine entscheidende Rolle bei der Ausführung von Überweisungen, aber auch von Lastschriften, spielt die Kundenkennung. Nach früherem Recht hatte der Begünstige (Zahlungsempfänger) nach Eingang des Betrages bei seiner Bank gegen diese einen Anspruch auf Gutschrift (§ 676b BGB alter Fassung). Wurde der eingegangen Betrag von der Empfängerbank einem falschen Konto gutgeschrieben, konnte der „wahre Empfänger“ weiterhin Gutschrift verlangen.[45] Zum Teil wurde in der Literatur vertreten, dass dieser Anspruch des Begünstigten unabhängig davon entstehe, ob die Kontonummer des Begünstigten richtig angegeben wurde, sofern nur die Angabe des Namens des Empfängers eine Identifizierung zulasse.[46] Andere vertraten die Ansicht, das zwar im beleggebunden Überweisungsverkehr grundsätzlich der Name bzw. die Bezeichnung des Empfängers maßgebend sei, es sei denn, es ergebe sich aus den Umständen, dass der mit der richtigen Kontonummer, aber dem falschen Namen Bezeichnete gemeint ist.[47]

Mit der Einführung der Kundenkennung hat sich die Rechtslage geändert. Gemäß § 675r Abs. 1 BGB sind die beteiligten Zahlungsdienstleister berechtigt, einen Zahlungsvorgang ausschließlich anhand der vom Zahlungsdienstnutzer angegebenen Kundenkennung auszuführen. Erfolgt dies, so gilt er im Hinblick auf den durch die Kundenkennung bezeichneten Zahlungsempfänger als ordnungsgemäß ausgeführt. In Nummer 1.2 der Überweisungsbedingungen ist dementsprechend festgelegt, dass der Kunde bei der Überweisung seine Kundenkennung – Kontonummer und Bankleitzahl seiner Bank oder IBAN und BIC seiner Bank – und die ihm vom Zahlungsempfänger genannte Kundenkennung des Zahlungsempfängers – Kontonummer und Bankleitzahl oder IBAN und BIC oder andere Kennung des Zahlungsdienstleisters des Zahlungsempfängers – zu verwenden hat. Nummer 1.6 Absatz 2 stellt klar, dass die Bank und die weiteren an der Ausführung der Überweisung beteiligten Zahlungsdienstleister berechtigt sind, die Überweisung ausschließlich anhand der vom Kunden angegebenen Kundenkennung des Zahlungsempfängers auszuführen.

---

45 Bitter WM 2010, 1725, 1727.

46 Schimansky, in: Schimansky/Bunte/Lwowski, Bankrechtshandbuch 3. Auflage, § 49 Rn. 175 f.

47 Escher-Weingart, in: Bankrecht und Bankpraxis 6/168 ff.

Dass die internationale Kontonummer IBAN eine solche Kundenkennung darstellt, wird auch in der Literatur kaum noch bezweifelt.[48] Kritisch sehen einige Autoren allerdings die Verwendung von Kontonummer und Bankleitzahl als Kundenkennung.[49] Als Argument wird vorgebracht, dass diese nicht den gleichen Schutz zu gewährleisten vermögen wie die IBAN.[50] Während die IBAN über ein Prüfzifferverfahren verfüge, das Einzelfehler und Zahlendreher nahezu vollständig verhindere, sei die Erkennungsrate des in der deutschen Kreditwirtschaft eingesetzten Prüfzifferverfahrens niedriger, zudem würden viele unterschiedliche Verfahren verwandt. Aus diesem Grund sei die AGB-rechtliche Zulässigkeit einer entsprechenden Klausel fraglich.[51] Diese Auffassungen widersprechen zum einen der Zielsetzung des deutschen Gesetzgebers bei der Umsetzung der Zahlungsdiensterichtlinie, der Kontonummer und Bankleitzahl ausdrücklich in der Gesetzesbegründung erwähnt.[52] Zum anderen soll die Kundenkennung lediglich eine zweifelsfreie Ermittlung anderer am Zahlungsvorgang beteiligten Zahlungsdienstnutzer ermöglichen.[53] Es geht nicht um die Frage, ob die Risiken für den Zahler erhöht werden.[54]

V. Die Sonderbedingungen für den Lastschriftverkehr/ Voraussetzungen für die Lastschrifteinreichung

Mit der Umsetzung der Zahlungsdiensterichtlinie ist die Grundlage für die Einführung eines einheitlichen paneuropäischen Lastschriftverfahrens gelegt. Während bisher die rechtliche Basis für die Lastschrift in den verschiedenen Mitgliedstaaten der Europäischen Union sehr unterschiedlich war, bestehen nunmehr für die Rechtsverhältnisse zwischen Lastschriftschuldner und Zahlstelle[55] sowie Lastschrifteinreicher und erster Inkassostelle[56] vergleichbare rechtliche Anforderungen insbesondere im Hinblick auf die Autorisierung, Ausführung und die Haftungsverteilung bei einer Lastschrift. Dies hat allerdings nicht dazu geführt, dass die nationalen Lastschriftverfahren in Deutschland, das Einzugsermächtigungs- und das Abbuchungsauftragsverfahren, abgeschafft werden mussten. Die Vorgaben der

---

48 Bitter WM 2010, 1725, 1729, Palandt/Sprau § 675r Rn. 2.
49 Bitter a.a.O., Palandt/Sprau a.a.O.
50 Bitter WM 2010, 1725, 1729.
51 Palandt/Sprau, § 675r Rn. 2.
52 BT-Drucksache 16/11643, 110.
53 § 675r Absatz 2 BGB.
54 Schürmann, in: Habersack/Mülbert/Nobbe/Wittig, Bankrechtstag 2009, 14, 43.
55 Begrifflichkeit der Richtlinie und §§ 675c ff. BGB: Zahler und Zahlungsdienstleister des Zahlers.
56 Begrifflichkeit entsprechend Richtlinie: Zahlungsempfänger und Zahlungsdienstleister des Zahlungsempfängers.

Richtlinie ermöglichen eine Fortführung der beiden Verfahren.[57] Die europäischen SEPA-Lastschriftverfahren wurden von der europäischen Kreditwirtschaft[58] entwickelt.[59]

A. Bedingungen für den Lastschriftschuldner

1. Einleitung

Bisher wurden im Rahmen der nationalen Lastschriftverfahren – des Einzugsermächtigungslastschriftverfahrens und des Abbuchungsauftragsverfahrens – keine Kundenbedingungen für den Lastschriftschuldner verwendet. Rechtliche Grundlage des Abbuchungsauftragsverfahrens ist der Auftrag des Zahlungspflichtigen an seine Bank, bestimmte Lastschriften bei Vorlage einzulösen.[60] Für das Einzugsermächtigungsverfahren ergibt sich dies im Verhältnis zwischen Lastschriftschuldner und Zahlstelle (Schuldnerbank) aus dem allgemeine Auftragsrecht,[61] ergänzt durch die Vereinbarungen im Kontovertrag und in den AGB-Banken/AGB-Sparkassen zur Genehmigung des Rechnungsabschlusses. Das Rechtsverhältnis zwischen Gläubiger und erster Inkassostelle (Gläubigerbank) war und ist durch die – in aller Regel durch Individualvertrag abgeschlossene – Inkassovereinbarung geregelt.

Wie oben erwähnt, findet das neue Zahlungsverkehrsrecht auch auf die Ausführung der Lastschrift Anwendung. Das hat zu Folge, dass auch für dieses Zahlungsinstrument Sonderbedingungen mit dem Kunden vereinbart werden mussten, um insbesondere die Anforderungen aus den Informationspflichten des Artikels 248 EGBGB zu erfüllen.

Die neuen Bedingungen müssen vier unterschiedliche Lastschriftverfahren abdecken: Die bestehenden deutschen Lastschriftverfahren – Einzugsermächtigungs- und Abbuchungsauftragsverfahren – sowie die beiden neuen SEPA-Lastschriftverfahren – SEPA-Basislastschriftverfahren und SEPA-Firmenlastschriftverfahren. Aufgrund der sehr unterschiedlichen rechtlichen Ausgestaltung wurden von der Kreditwirtschaft vier unterschiedliche Lastschriftbedingungen entwickelt. So ist beispielsweise bei Verbrauchern der generelle Ausschluss des Erstattungsanspruchs (Widerrufsrecht) nur unter sehr engen Voraussetzungen zulässig.[62] Bei

---

57 Eine umfassende Darstellung der rechtlichen Neuerungen im Lastschriftverfahren findet sich bei Werner, BKR 2010, 9 ff.

58 Im Rahmen des Zusammenschlusses als European Payments Council (EPC).

59 Hartmann in: Habersack/Mülbert/Nobbe/Wittig, Bankrechtstag 2009, S. 62 ff. (siehe Fn. 5).

60 Zum Abbuchungsauftragsverfahren Werner in: Langenbucher/Gößmann/Werner, Zahlungsverkehr, § 2 Rn. 42 ff.

61 Van Gelder in: Schimansky/Bunte/Lwowski, Bankrechtshandbuch, 3. Auflage, § 58 Rn. 26.

62 Gemäß § 675x Absatz 3 BGB ist eine Vereinbarung zwischen Kunde und Bank über den Wegfall des Erstattungsrechts des Kunden nur zulässig, wenn der Kunde die Zustim-

Unternehmern kann dagegen der Erstattungsanspruch gemäß § 675e Absatz 4 BGB grundsätzlich abweichend vereinbart werden.

Einzelne Bankbereiche haben alle vier Verfahren in ein Modul überführt und mit dem Kunden vereinbart, während andere Zahlungsdienstleister zunächst nur Bedingungen für einzelne Lastschriftverfahren mit dem Kunden vereinbart haben. Dies erfolgte vor dem Hintergrund, dass nicht alle Banken in Deutschland zum November 2009 die SEPA-Lastschriftverfahren gezeichnet hatten. Seit November 2010 sind jedoch alle Zahlungsdienstleister, die ihren Kunden die Teilnahme an nationalen Lastschriftverfahren ermöglichen, aufgrund von Artikel 8 Absatz 1 der Verordnung (EG) Nr. 924/2009 verpflichtet, auch für grenzüberschreitende Lastschriftverfahren in Euro erreichbar zu sein. Dies hatte zur Folge, dass alle Banken in Deutschland, die ihren Kunden die Teilnahme am Einzugsermächtigungs-Lastschriftverfahren ermöglichen, bis zu diesem Zeitpunkt zumindest das SEPA-Basislastschriftverfahren gezeichnet haben. Hinsichtlich des SEPA-Firmenlastschrift-Verfahrens ist eine Teilnahme der gesamten deutschen Kreditwirtschaft offen, da die gesetzliche Verpflichtung zur Erreichbarkeit für grenzüberschreitende Lastschriften gemäß Artikel 8 Absatz 2 der Verordnung nur für Lastschriftverfahren gilt, die auch Verbrauchern offen stehen.

Mit der Mitteilung der Sonderbedingungen für den Lastschriftverkehr wird – ebenso wie bei den anderen Sonderbedingungen – ein Teil der vorvertraglichen Informationspflichten für Zahlungdienste-Rahmenverträge (Artikel 248 § 4 EGBGB) erfüllt. In jedem Bedingungswerk werden daher zunächst die wesentlichen Merkmale des jeweiligen Verfahrens erläutert. Kern der Sonderbedingungen für den Lastschriftverkehr ist die Beschreibung der Autorisierung, des Einzugs und der Einlösung von Lastschriften sowie der Zahlungsvorgang in Bezug auf das jeweilige Lastschriftverfahren.

2. Die Bedingungen für Zahlungen mittels Lastschrift im Einzugsermächtigungsverfahren

Das derzeit in der Praxis bei weitem am häufigsten genutzte Lastschriftverfahren ist das mittels Einzugsermächtigung. Der Kunde kann Zahlungen in Euro über seine Bank an den Zahlungsempfänger bewirken, indem er dem Zahlungsempfänger eine Einzugsermächtigung erteilt. Damit ermächtigt er diesen, Geldbeträge von seinem Konto per Lastschrift einzuziehen. Der jeweilige Zahlungsvorgang wird durch den Zahlungsempfänger ausgelöst, indem dieser über seinen eigenen Zahlungsdienstleister der Bank des Kunden die Lastschrift vorlegt. Der Kunde autorisiert die Zahlung nachträglich durch Genehmigung der entsprechenden Last-

mung zu einer Lastschriftbelastungsbuchung unmittelbar gegenüber seiner Bank gegeben hat, und der Zahlungsempfänger den Kunden mindestens vier Wochen vor dem Fälligkeitstermin über den Zahlungsvorgang unterrichtet hat.

schriftbuchung auf seinem Konto. Bis zu dieser Genehmigung kann der Kunde der Belastungsbuchung aus einer Einzugsermächtigungslastschrift widersprechen.

In den Allgemeinen Geschäftsbedingungen der Banken ist zudem eine Genehmigungsfiktion für derartige Belastungsbuchungen vorgesehen. Macht der Kunde innerhalb von sechs Wochen nach Zugang des Rechnungsabschlusses der Bank keine Einwendungen hinsichtlich einzelner – im Rechnungsabschluss aufgeführter – Belastungsbuchungen geltend, gilt die entsprechende Belastung als genehmigt. Bisher war die Genehmigung von Belastungen aus Lastschriften (beim Einzugsermächtigungsverfahren) zusammen mit der Frist für die Geltendmachung von Einwendungen gegen den Rechnungsabschluss in Nummer 7 Absatz 3 AGB-Banken alter Fassung/Nummer 7 Absatz 4 AGB-Sparkassen alter Fassung geregelt. Diese Regelung ist in die Sonderbedingungen für Zahlungen mittels Lastschrift im Einzugsermächtigungsverfahren übernommen worden. Die Genehmigung des Kunden für eine Belastungsbuchung gilt dann als erteilt, wenn der Kunde nicht binnen sechs Wochen ab Zugang des die Belastungsbuchung enthaltenen Rechnungsabschlusses der Belastungsbuchung widersprochen hat.

Auch vor dem Hintergrund der neuen Informationspflichten beinhalten die Bedingungen für Zahlungen mittels Lastschrift im Einzugsermächtigungsverfahren Erläuterungen zu möglichen Entgelten bei der Ausführung der Lastschrift, wobei die Höhe der Entgelte entweder im Preis- und Leistungsverzeichnis (bei Verbrauchern) oder in sonstigen Entgeltvereinbarungen aufgeführt sind.

In den Bedingungen finden sich – wie im Übrigen bei den drei anderen Sonderbedingungen für Zahlungen mittels Lastschrift auch – eine detaillierte Darstellung der in §§ 675u bis 676b BGB aufgeführten Erstattungs- und Schadensersatzansprüche für das Einzugsermächtigungsverfahren. Dazu gehört beispielsweise auch, dass Erstattungs- und Schadensersatzansprüche des Kunden spätestens nach Ablauf von 13 Monaten nach der Belastungsbuchung einer Zahlung ausgeschlossen sind (§ 676b Absatz 2 BGB). Da die Bedingungen im Wesentlichen lediglich die gesetzlichen Vorgaben durch das neue Zahlungsverkehrsrecht wiedergeben, dürften nur in Einzelfällen Ansatzpunkte für eine Inhaltskontrolle nach dem Recht der Allgemeinen Geschäftsbedingungen bestehen.

3. Die Bedingungen für Zahlungen mittels Lastschrift im Abbuchungsauftragsverfahren

Das zweite Lastschriftverfahren in Deutschland zur Bewirkung von Zahlungen in Euro an einen Zahlungsempfänger ist das Abbuchungsauftragsverfahren. Für die Ausführung von Zahlungen mittels Abbuchungsauftragslastschrift muss der Kunde vor dem Zahlungsvorgang den Zahlungsempfänger ermächtigen, Geldbeträge vom Konto des Kunden per Abbuchungsauftragslastschriften einzuziehen und – im Gegensatz zum Einzugsermächtigungslastschriftverfahren – seine Bank unmittelbar anweisen, die Abbuchungsauftragslastschrift seinem Konto zu belasten und den Lastschriftbetrag an den Dienstleister des Zahlungsempfängers zu übermitteln. Diese unmittelbar und schriftlich seiner Bank zu erteilende Anweisung durch den Lastschriftschuldner konstituiert den Abbuchungsauftrag. Der Abbuchungsauftrag ist grundsätzlich schriftlich zu erteilen – es sei denn, es ist zwischen Kunde und Bank etwas anderes vereinbart – und er muss alle Autorisierungsdaten (Name von Kunde und Zahlungsempfänger, Bezeichnung der Bank des Kunden sowie seine Kundenkennung) beinhalten.

Die Auslösung des Zahlungsvorganges erfolgt durch den Zahlungsempfänger, indem dieser der Bank über seinen Zahlungsdienstleister die Abbuchungsauftragslastschrift vorlegt.

Im Abbuchungsauftragsverfahren kann der Kunde der Kontobelastung mit einer Abbuchungsauftragslastschrift nicht widersprechen, sofern der Bank ein Abbuchungsauftrag vorliegt und dieser vom Kunden nicht widerrufen worden ist. Handelt es sich um eine autorisierte Zahlung, wird mit dem Kunden ein Ausschluss des Erstattungsanspruchs vereinbart. Dies hat zur Folge. dass dieser keine Erstattung des seinem Konto belasteten Lastschriftbetrages verlangen kann. Weitergehende Ansprüche aus § 675x BGB werden ausdrücklich ausgeschlossen. Nur bei nicht erfolgten, fehlerhaften oder nicht autorisierten Zahlungen hat der Kunde Erstattungs- und Schadensersatzansprüche, die – wie bei der Zahlungen mittels Lastschrift im Einzugsermächtigungsverfahren – am Ende der Bedingungen geregelt sind.

Vor der Einlösung einer Zahlung kann der Kunde allerdings der Bank eine gesonderte Weisung erteilen, Zahlungen aus bestimmten Abbuchungauftragslastschriften nicht zu bewirken.

Da es sich bei dem Abbuchungsauftrag um einen Zahlungsauftrag des Kunden gemäß § 675f Abs. 3 Satz 2 BGB handelt, muss die Bank den Kunden über die Nichtausführung oder die Ablehnung der Einlösung einer Abbuchungsauftragslastschrift gemäß § 675o Absatz 1 BGB unverzüglich unterrichten. Dieser Hinweis und die Frage, ob die Bank ein – im Preis- und Leistungsverzeichnis – ausgewiesenes Entgelt verlangt, finden sich in Nummer 2.4.3 der Bedingungen. Des Weiteren wird in den Bedingungen Beginn der Ausführung und – in der Regel unter Verweis auf das Preis – und Leistungsverzeichnis – die Ausführungsfrist geregelt.

4. Bedingungen für Zahlungen mittels Lastschrift im SEPA-Basislastschriftverfahren

Mittels des SEPA-Basislastschriftverfahrens kann der Kunde über die Bank an den Zahlungsempfänger Zahlungen in Euro innerhalb des einheitlichen Euro-Zahlungsverkehrsraums SEPA bewirken. Die zur SEPA gehörenden Staaten und Gebiete sind in der Anlage der Sonderbedingungen für den Lastschriftverkehr genannt.[63] Für die Ausführung mittels SEPA-Basislastschrift müssen der Zah-

63 Dies sind die Staaten des Europäischen Wirtschaftsraums (EWR), d.h. die Mitgliedstaaten der Europäischen Union (Belgien, Bulgarien, Dänemark, Deutschland, Estland, Finnland, Frankreich, Griechenland, Irland, Italien, Lettland, Litauen, Luxemburg, Malta, Niederlande, Österreich, Polen, Portugal, Rumänien, Schweden, Slowakei, Slowenien, Spanien, Tschechien, Ungarn, Vereinigtes Königreich von Großbritannien und

lungsempfänger und dessen Zahlungsdienstleister das SEPA-Basislastschriftverfahren nutzen. Voraussetzung dafür ist der Beitritt zu dem Verfahren durch eine entsprechende Erklärung gegenüber dem EPC sowie das Erfüllen der sonstigen Beitrittsvoraussetzungen. Wird der Antrag angenommen, erfolgt der Beitritt zu einem vorher festgelegten Zeitpunkt für das jeweilige Institut.

In Nummer 2.2.1 der Sonderbedingungen ist festgelegt, dass der Kunde beim SEPA-Basislastschriftverfahren dem Zahlungsempfänger vor dem Zahlungsvorgang ein „SEPA-Lastschrift-Mandat“ erteilen muss. Dies ist im Regelwerk des EPC zur SEPA-Basislastschrift verbindlich vorgeschrieben. Das Mandat beinhaltet verbindliche Autorisierungsdaten wie die Bezeichnung des Zahlungsempfängers, eine Gläubigeridentifikationsnummer sowie Name des Kunden, Bezeichnung der Bank des Kunden und eine Kennzeichnung, ob es sich um eine einmalige Zahlung oder wiederkehrende Zahlungen handelt.

Mit dem SEPA-Lastschriftmandat wird der Zahlungsempfänger zum Einzug von Forderungen ermächtigt und zugleich die Bank des Zahlers (Zahlstelle) angewiesen, die eingehende Lastschrift einzulösen. Der Zahlungsempfänger löst den jeweiligen Zahlungsvorgang aus, indem er der Zahlstelle über seinen Zahlungsdienstleister die SEPA-Basislastschrift vorlegt. Bevor ein Zahlungsempfänger seinem Kreditinstitut die Lastschrift vorlegt, ist er verpflichtet, eine Voranzeige an den Zahlungspflichtigen zu senden (in der Regel muss dies 14 Kalendertage vor Fälligkeit erfolgen). Das Mandat wird dematerialisiert und über die Bank des Zahlungsempfängers an die Bank des Zahlers weitergeleitet. Der Datensatz muss der Zahlungsdienstleister des Zahlers mindestens fünf Geschäftstage vor dem Fälligkeitstag bei Einmal- und Erstlastschriften (bzw. zwei Geschäftstage bei Folgelastschriften) vorliegen. Die Belastung erfolgt dann zu einem festgelegten Datum, dem Fälligkeitstag.

In Nummer 2.5 der Bedingungen ist der Erstattungsanspruch des Kunden entsprechend der gesetzlichen Vorgabe in § 675x Absatz 1 BGB geregelt: Der Kunde kann bei einer Belastungsbuchung aus einer SEPA-Basislastschrift binnen einer Frist von acht Wochen ab dem Zeitpunkt der Belastungsbuchung auf seinem Konto die Erstattung des belasteten Lastschriftbetrages verlangen.[64] Dabei wird in den Bedingungen von der Möglichkeit in § 675x Absatz 2 BGB Gebrauch gemacht, mit dem Kunden zu vereinbaren, dass ein Erstattungsverlangen ohne Angabe von Gründen erfolgen kann.

Als Kundenkennung wird in dem Bedingungen zum SEPA-Basislastschriftverfahren ebenso wie im SEPA-Firmenlastschriftverfahren die internationale Bankkontonummer IBAN (International Bank Account Number) und der Bankidentifizierungscode BIC (Bank Identifier Code) des Kunden vereinbart. Beide SEPA-Verfahren sehen die Verwendung von IBAN und BIC des Kunden (Lastschrift-

---

Nordirland sowie Zypern) sowie Island, Liechtenstein und Norwegen. Sonstige der SEPA angehörende Staaten und Gebiete sind Mayotte, Monaco, Schweiz sowie Saint-Pierre und Miquelon.

64 Nummer 2.5 der SEPA-Basislastschriftbedingungen.

schuldners) sowie eine Ende-zu-Ende Ausführung von Lastschriftzahlungen ausschließlich auf der Grundlage der übermittelten Kundenkennung vor.

Die Bedingungen räumen den Kunden – in Übereinstimmung mit dem SEPA-Regelwerk – die Möglichkeit ein, Zahlungen aus bestimmten SEPA-Basislastschriften des Zahlungsempfängers nicht zu bewirken, sofern diese Weisung des Kunden bis zum Ende des letzten Geschäftstages vor dem Fälligkeitstag der SEPA-Lastschrift der Bank zugeht.

Darüber hinaus wird der Einzug der SEPA-Basislastschrift auf Grundlage des SEPA-Lastschriftmandats beschrieben sowie die Frage geregelt, wann eine Kontobelastung beim Kunden erfolgt (bzw. nicht erfolgt) sowie dass der Kunde über die Nichtausführung einer Belastungsbuchung oder Ablehnung der Einlösung informiert wird. Weitere Informationen in den Bedingungen betreffen die Ausführung der Zahlung sowie die Schadensersatz- und Erstattungsansprüche des Kunden.

5. Bedingungen für Zahlungen mittels Lastschrift im SEPA-Firmenlastschriftverfahren

Das SEPA-Firmenlastschriftverfahren ist mit seiner frühen Finalität im Hinblick auf Lastschriftzahlungen speziell auf die Bedürfnisse von Firmenkunden zugeschnitten. Das Verfahren kann nur von Kunden genutzt werden, die keine Verbraucher sind. Da es sich um ein eigenes SEPA-Verfahren handelt, mussten Zahlungsdienstleister neben dem SEPA-Basislastschriftverfahren ein (separates) Beitrittsverfahren beim EPC durchführen. Für die Ausführung von Zahlungen mittels SEPA-Firmenlastschriften müssen der Zahlungsempfänger und dessen Zahlungsdienstleister das SEPA-Firmenlastschriftverfahren nutzen.

Mit einigen wichtigen Ausnahmen gelten die gleichen inhaltlichen Aussagen wie für das SEPA-Basislastschriftverfahren: Auch mit dem SEPA-Firmenlastschriftverfahren kann der Kunde über die Bank an einen Zahlungsempfänger Zahlungen in Euro innerhalb des einheitlichen Euro-Zahlungsverkehrsraums SEPA bewirken. Allerdings muss der Kunde dem Zahlungsempfänger vor dem Zahlungsvorgang ein spezielles „SEPA-Firmen-Lastschriftmandat" erteilen. Bestandteil des SEPA-Firmenlastschriftmandat ist eine Vereinbarung, dass der Kunde nach erfolgter Einlösung keinen Erstattungsanspruch hinsichtlich des seinem Konto belasteten Lastschriftbetrages hat.

Neben der Erteilung des SEPA-Firmenlastschriftmandats an den Zahlungempfänger muss der Kunde auch seine Bank über die Erteilung des Mandats unterrichten bzw. die Erteilung eines SEPA-Firmenlastschrift-Mandats ihr gegenüber bestätigen.

Wie bei der SEPA-Basislastschrift löst der Zahlungsempfänger den jeweiligen Zahlungsvorgang aus, indem er der Bank des Kunden über seinen Zahlungsdienstleister in diesem Fall die SEPA-Firmenlastschriften vorlegt.

Im Übrigen sehen die Bedingungen für die SEPA-Firmenlastschrift denen der SEPA-Basislastschrift vergleichbare Regelungen vor, wie die Vereinbarung der Kundenkennung IBAN und BIC, die Möglichkeit des Widerrufs des SEPA-Lastschriftmandats (mit Wirkung zum nächsten Geschäftstag der Bank) sowie die Möglichkeit einer Zurückweisung einzelner SEPA-(Firmen-)Lastschriften bis zum Ende des Geschäftstages vor dem Fälligkeitstag. Gleiches gilt für die Voraussetzungen einer Kontobelastung, die Unterrichtung über die Nichtausführung oder Ablehnung der Einlösung und die Ausführung der Zahlung. Im Hinblick auf die Schadensersatz- und Erstattungsansprüche des Kunden werden in den Bedingungen von den gesetzlichen Vorgaben abweichende Vereinbarungen getroffen, sofern dies nach § 675e Absatz 4 BGB zulässig ist. So ist ein Schadensersatzanspruch des Kunden bei nicht autorisierten Zahlungen, fehlerhaft durch die Bank ausgeführten oder nicht erfolgten autorisierten Zahlungen ausgeschlossen, wenn die Bank die Pflichtverletzung nicht zu vertreten hat. Zudem ist ein Mitverschulden des Kunden zu berücksichtigen.

In den Bedingungen ist zudem klargestellt, dass bei einer autorisierten Zahlung aufgrund einer SEPA-Firmenlastschrift der Kunde von der Bank keine Erstattung des seinem Konto belasteten Lastschriftbetrages verlangen kann.

B. Voraussetzungen für die Lastschrifteinreichung

Bisher gab es für die Lastschrifteinreichung keine einheitlichen Bedingungen der gesamten Kreditwirtschaft, da es sich bei Lastschrifteinreichern zumeist um Firmenkunden handelt und mit diesen individualvertragliche Vereinbarungen getroffen wurden. Im Rahmen der Einführung des neuen Zahlungsverkehrsrechts wurde von der Kreditwirtschaft die Notwendigkeit gesehen, zur Umsetzung der gesetzlichen Bestimmung insbesondere im Hinblick auf die neuen Informationspflichten sowie der Vorgaben zu den SEPA-Verfahren durch das EPC, einheitliche Sonderbedingungen für den Lastschrifteinzug zu konzipieren. Damit konnten auch die neuen Bedingungen für den Lastschriftschuldner (Zahler) auf Seiten des Lastschrifteinreichers (Zahlungsempfängers) gespiegelt werden.

In einzelnen Verbandsbereichen werden die Inhalte der „Sonderbedingungen für den Lastschrifteinzug" integraler Bestandteil der Inkassovereinbarung mit dem Zahlungsempfänger für das jeweilige Lastschriftverfahren. Aus diesem Grund wird in diesem Fall je Lastschriftverfahren eine separate Inkassovereinbarung verwendet.

Inkassovereinbarung und Bedingungen für den Lastschriftschuldner

Vertragliche Grundlage für das Rechtsverhältnis zwischen Lastschrifteinreicher/Gläubiger und seiner Bank, der ersten Inkassostelle, ist die Inkassovereinbarung, die je nach Institut und Kunde sehr unterschiedlich ausgestaltet ist.

Der Aufbau der Sonderbedingungen für den Lastschrifteinzug entspricht dem der Bedingungen für den Lastschriftschuldner. Es wird ein allgemeiner Teil für alle Lastschriftverfahren vorangestellt, der die Regelungen zur Begriffsbestimmung, zu Entgelten, zu Erstattungs- und Schadensersatzansprüchen des Kunden sowie zur außergerichtlichen Streitschlichtung und sonstigen Beschwerdemöglichkeiten beinhaltet. In den Kapiteln 2 bis 5 der Einreicherbedingungen wird dann auf die Besonderheiten der einzelnen Lastschriftverfahren (Einzugsermächtigungsverfahren, Abbuchungsauftragsverfahren, SEPA-Basis- und SEPA-Firmenlastschriftverfahren) eingegangen.

Beim Einzugermächtigungs- und Abbuchungsauftragslastschriftverfahren hat der Einzug der Lastschrift ausschließlich anhand der übermittelten Kundenkennungen zu erfolgen. Dem Einreicher wird empfohlen, den (in der Anlage zu den Bedingungen) beigefügten Text zu verwenden. Des Weiteren werden die Einreichungsmodalitäten, wie die Verwendung von bestimmten Textschlüsseln festgelegt. Die Übermittlung von eingereichten Lastschriften durch die Inkassostelle an die Zahlstelle erfolgt baldmöglichst oder zu einem mit dem Kunden vereinbarten Zeitpunkt. Bei der Abbuchungsauftragslastschrift finden sich darüber hinaus in den Lastschrifteinreicherbedingungen noch Erläuterungen zur Ausführung des Zahlungsvorgangs und die Bearbeitung von Rücklastschriften

Im Abschnitt über das SEPA-Basislastschriftverfahren und SEPA-Firmenlastschriftverfahren findet sich in den Bedingungen ein datenschutzrechtlicher Hinweis auf Weiterleitung der Lastschriftdaten über das Nachrichtenübermittlungssystem der „Society for Worldwide Interbank Financial Telecommunication" (SWIFT). Im Gegensatz zu den deutschen Verfahren ist die Verwendung des jeweiligen SEPA-Lastschriftmandats für den Kunden verbindlich. Der Einreicher als Zahlungsempfänger hat die Pflicht, das Mandat im Original mindestens 14 Monate nach Einreichungsdatum der letzten eingezogenen Lastschrift aufzubewahren. Zudem ist in den Bedingungen die Gültigkeit des SEPA-Lastschriftmandats auf 36 Monaten – nach letztem Fälligkeitstermin – beschränkt.

C. Neue Entwicklungen beim Einzugsermächtigungslastschriftverfahren

1. Ausgangslage

Lastschriften machen mit über 8,4 Mrd. Transaktionen[65] mehr als die Hälfte des bargeldlosen Zahlungsverkehrsaufkommens aus. Den größten Anteil umfasst nach wie vor das Einzugsermächtigungslastschriftverfahren. In der Praxis ist das Verfahren sehr einfach, effizient und kostengünstig. Aus rechtlicher Perspektive ist das Verfahren nicht ohne „Fallstricke". Nach der sog. Genehmigungstheorie, der sich auch der Bundesgerichtshof[66] angeschlossen hat, handelt es sich bei der Belastung des Kontos des Lastschriftschuldners aufgrund einer an den Gläubiger erteilten Einzugsermächtigung um eine im Verhältnis zum Schuldner unberechtigte Belastung.[67] Die Zustimmung des Schuldners zur Belastungsbuchung erfolgt

---

65 Deutsche Bundesbank, Zahlungsverkehrs- und Wertpapierabwicklungsstatistiken in Deutschland 2007 bis 2009, Stand: August 2010.

66 Zuletzt bestätigt durch den XI. Zivilsenat mit Urteil vom 20. Juli 2010 (ZIP 2010, 1556 ff.).

67 Werner in: Langenbucher/Gößmann/Werner, Zahlungsverkehr, § 2 Rn. 37 ff.

in der Regel nicht ausdrücklich, sondern durch Schweigen auf den Rechnungsabschluss.[68]

Auch nach der Verabschiedung der Zahlungsdiensterichtlinie ist das Einzugsermächtigungslastschriftverfahren vor allem auf Betreiben der deutschen Bundesregierung erhalten geblieben. So erlaubten Artikel 54 Absatz 1 Satz 2 der Richtlinie und § 675j Absatz 1 Satz 2 BGB ausdrücklich die Nachautorisierung von Zahlungsvorgängen, sofern dies zwischen Zahler und seinem Zahlungsdienstleister vereinbart ist. Allerdings geht das deutsche Gesetz in § 675f Absatz 3 Satz 2 BGB davon aus, dass ein Zahlungsauftrag nur vom Zahler erteilt werden kann. Ein Zahlungsauftrag des Lastschriftschuldners (Zahlers) liegt aber unter Zugrundelegung der Genehmigungstheorie gerade nicht vor, so dass die Vorschriften des neuen Zahlungsverkehrsrechtes, die einen Zahlungsauftrag voraussetzen, bei der Einzugsermächtigung nicht anwendbar sein sollen.[69]

Insbesondere im Firmenkundenbereich entwickelte sich in den letzten Jahren ein Streit über die Insolvenzfestigkeit der Einzugsermächtigungslastschrift.[70] Strittig war zum einen die Frage, ob ein (vorläufiger) Insolvenzverwalter die Genehmigung einer an sich berechtigen Lastschrift verweigern darf, ohne sich schadensersatzpflichtig zu machen. Dies hat nunmehr auch der XI. Zivilsenat des Bundesgerichtshofs bejaht.[71] Zum anderen war die in Nummer 2.4 Absatz 2 Satz 3 der Bedingungen für Zahlungen mittels Lastschrift im Einzugsermächtigungslastschriftverfahren (früher Nummer 7 Absatz 3 AGB-Banken alter Fassung/Nummer 7 Absatz 4 AGB-Sparkassen alter Fassung) geregelte Genehmigungsfiktion immer wieder Gegenstand unterschiedlicher Auslegungen auch zwischen Zivilsenaten des Bundesgerichtshofes.

Am 20. Juli 2010 haben sich der IX. und XI. Zivilsenat auf gemeinsame Grundsätze zur Insolvenzfestigkeit der Einzugsermächtigung verständigt. Besondere Bedeutung für die Kreditwirtschaft hat die in diesem Zusammenhang getroffene Entscheidung des XI. Zivilsenats, da sie die Insolvenzfestigkeit der SEPA-Lastschrift bestätigt und Wege zur Schaffung der Insolvenzfestigkeit auch der Einzugsermächtigung aufzeigt.

2. Die Entscheidung des XI. Zivilsenats des Bundesgerichtshofs vom 20. Juli 2010 zur Insolvenzfestigkeit der Einzugsermächtigungslastschrift

Bei bestehenden Einzugsermächtigungen stellt der BGH zusätzliche Anforderungen an die Prüfung der Genehmigung durch den Lastschriftschuldner im Einzelfall. So sei bei der Frage, ob eine rechtsgeschäftliche Genehmigungserklärung durch schlüssiges Verhalten angenommen werden kann, zu berücksichtigen, ob

68 Laitenberger NJW 2010, 192, 193.

69 Laitenberger a.a.O.

70 Ausführlich zur Insolvenzfestigkeit der Lastschrift unter Berücksichtigung der neuen BGH-Rechtsprechung Jacoby, ZIP 2010, 1725 ff.

71 BGH ZIP 2010, 1556 ff., Rn. 11–14.

den Lastschriftbuchungen Forderungen aus laufenden Geschäftsbeziehungen bzw. regelmäßig wiederkehrenden Forderungen zugrunde liegen und ob diesen Abbuchungen jemals zuvor widersprochen wurde. Die Vornahme weiterer Kontodispositionen durch den Lastschriftschuldner habe keinen Erklärungswert im Hinblick auf die Genehmigung der Lastschriftbuchung. Eine konkludente Genehmigung des Schuldners komme in Betracht, wenn es sich für die Zahlstelle erkennbar um regelmäßig wiederkehrende Lastschriften aus Dauerschuldverhältnissen, laufenden Geschäftsbeziehungen oder zum Einzug von wiederkehrenden Steuervorauszahlungen handele. Erhebe der Schuldner in Kenntnis des Lastschrifteinzugs, der den bereits genehmigten nicht wesentlich übersteigt, innerhalb einer angemessenen Überlegungsfrist keine Einwendungen, so könne im Geschäftsverkehr mit Unternehmern auf Seiten der Zahlstelle eine Erwartung, die Belastungsbuchung solle Bestand haben, entstehen.

Der BGH hat sich in der Entscheidung aber nicht nur auf die Bestätigung der Genehmigungstheorie beschränkt, sonder in einem „obiter dictum" Wege zur Anpassung der Einzugsermächtigungslastschrift aufgezeigt. Aufgrund des neuen Zahlungsverkehrsrechts, das seit 31. Oktober 2009 gilt und erstmalig das Lastschriftverfahren gesetzlich regelt, stehe es der Kreditwirtschaft frei, durch Parteivereinbarung, auch im Wege einer entsprechenden Ausgestaltung ihrer Allgemeinen Geschäftsbedingungen, die Insolvenzfestigkeit aller mittels Einzugsermächtigungslastschrift bewirkten Zahlungen herbeizuführen.

Vorbild ist das von der europäischen Kreditwirtschaft entwickelte SEPA-Lastschrift-Verfahren. Beim SEPA-Lastschriftverfahren ist die Zahlung bereits vorab mit Erteilung des SEPA-Lastschriftmandats gegenüber der Zahlstelle autorisiert. Wie oben dargestellt, beinhaltet das bei der SEPA-Lastschrift zwingend zu verwendende SEPA-Mandat sowohl die Zustimmung des Zahlungspflichtigen zum Einzug der Zahlung per SEPA-Lastschrift an den Zahlungsempfänger als auch den Auftrag an die eigene Bank, die Zahlung einzulösen und das Konto des Zahlungspflichtigen zu belasten. Eine mittels SEPA-Lastschriftverfahren bewirkte Zahlung ist laut BGH insolvenzfest, so dass nach Eröffnung des Insolvenzverfahrens allein eine Anfechtung unter den Voraussetzungen der §§ 129 ff. Insolvenzordnung (InsO) in Betracht kommt. Dies gilt auch dann, wenn vor Ablauf der achtwöchigen Frist des § 675x Abs. 4 BGB das Insolvenzverfahren eröffnet wird. Verlangt der Schuldner nach Verfahrenseröffnung die Erstattung des Zahlbetrages gemäß § 675x Abs. 1 BGB, führt dies zu einem Neuerwerb der Insolvenzmasse. Führt die Zahlstelle einen ihr vor Insolvenzeröffnung mittels SEPA-Mandat erteilten konkreten Zahlungsauftrag nach Verfahrenseröffnung aus, erwirbt sie einen Aufwendungsersatzanspruch gegen die Masse.

Aufbauend darauf können auch im Einzugsermächtigungsverfahren bewirkte Zahlungen insolvenzfest gestaltet werden, sofern eine dem SEPA-Mandat entsprechende Vereinbarung im Deckungsverhältnis zwischen dem Zahlungspflichtigen und seinem Kreditinstitut getroffen wird. Die Vereinbarung muss eine Vorabautorisierung des Zahlungsvorgangs durch Erteilung des Zahlungsauftrages vorsehen.

Nach Ansicht des BGH kann eine solche Ausgestaltung als Parteivereinbarung auch durch Anpassung der Allgemeinen Geschäftsbedingungen der Kreditwirtschaft erfolgen. Eine entsprechende Klausel dürfte nach Ansicht des BGH auch einer AGB-rechtlichen Klauselkontrolle nach §§ 307 ff. BGB standhalten. Eine solche neue Ausgestaltung des Einzugsermächtigungslastschriftverfahrens könne auch für bereits erteilte Einzugsermächtigungen erfolgen. Voraussetzung sei aber, dass das neue Verfahren eine Erstattung ohne Angabe von Gründen durch den Lastschriftschuldner gemäß § 675x Abs. 2 BGB ermögliche. In der Literatur gibt es einzelne Stimmen, die eine Fiktion einer zur Vorabautorisierung notwendigen Willenserklärung des Zahlers durch Allgemeine Geschäftsbedingungen als Verstoß gegen § 308 Nr. 5 BGB ansehen.[72] Eine abschließende dogmatische Aufarbeitung der BGH-Entscheidung steht noch aus.

Solange eine entsprechende Anpassung des Einzugsermächtigungslastschriftverfahrens bzw. eine Migration auf das SEPA-Verfahren nicht erfolgt ist, verbleibt das Einzugsermächtigungsverfahren ein nachautorisiertes Verfahren.

3. Anpassungsbedarf bei den Sonderbedingungen für den Lastschriftverkehr

Innerhalb der Kreditwirtschaft wird derzeit diskutiert, sowohl die Sonderbedingungen für die Zahlung mittels Lastschrift als auch die Lastschrifteinreicherbedingungen im Hinblick auf die Einzugermächtigungslastschrift anzupassen. Neben den eindeutigen Vorgaben durch die Rechtsprechung ist allerdings zu beachten, dass auf europäischer Ebene im Dezember 2010 eine SEPA-Migrationsverordnung durch die Europäische Kommission vorgelegt wurde, mit der die Überführung der nationalen Überweisungs- und Lastschriftverfahren auf SEPA-Verfahren vollendet werden soll. Dabei steht in Deutschland insbesondere die Ersetzung der Einzugsermächtigung durch die SEPA-Basislastschrift im Fokus. Übergangsvorschriften wären dann auch in den Sonderbedingungen erforderlich. Eine zweimalige Änderung der Bedingungen, einhergehend mit der Anpassung des Zahlungsdienste-Rahmenvertrags, innerhalb von kurzer Zeit wäre weder gegenüber den Kunden noch kostentechnisch für die Kreditinstitute vertretbar.

Denkbar und rechtlich einfacher wäre eine gesetzliche Regelung zur Überführung der Einzugsermächtigung in die SEPA-Lastschrift. Dies würde auch dem in der SEPA-Migrationsverordnung zum Ausdruck kommenden Willen des (europäischen) Gesetzgebers entsprechen.

VI. Ausblick: Anpassung der Interbankenabkommen

Zusätzlich zu der bereits erfolgten Anpassung der kreditwirtschaftlichen Bedingungswerke im Kunde-Bank-Verhältnis ist auch eine Anpassung der Interbankenabkommen in Deutschland vorgesehen. Während die SEPA-Verfahren durch das

72 Jacoby ZIP 2010, 1725, 1736.

EPC verwaltet und angepasst werden, erfolgt Abschluss und Anpassung der Interbankenabkommen in Deutschland durch die im Zentralen Kreditausschuss vertretenen Spitzenverbände der deutschen Kreditwirtschaft, die in Vertretung der ihnen angeschlossenen Institute handeln, und die deutsche Bundesbank (über die verbandsungebundene Drittinstitute eingebunden sind). Im konventionellen Zahlungsverkehr betrifft dies insbesondere das Abkommen zum Überweisungsverkehr und das zum Lastschriftverkehr.

A. Überweisungsabkommen

Es ist vorgesehen, das Abkommen zum Überweisungsverkehr mit Wirkung zum 4. April 2011 anzupassen. Das Abkommen wird neu strukturiert. Der Begriff Kreditinstitut wird vor dem Hintergrund des Zahlungsdienstaufsichtsgesetzes durch den Begriff Zahlungsdienstleister ersetzt, um auch Zahlungsinstitute und andere Zahlungsdienstleister zu erfassen.

Banken werden zukünftig im neuen Abkommen ausdrücklich verpflichtet, das von ihnen verwendete Prüfzifferberechnungsverfahren bekannt zu geben. Hintergrund ist, dass die Plausibilitätsprüfung der Kundenkennung des Zahlungsempfängers (§ 675r Absatz 3 BGB) verbessert wird. Die Bank des Überweisenden (Zahlerbank) besitzt so entsprechende Informationen zur Prüfung der Kontonummern. Da das neue Zahlungsverkehrsrecht nicht zwischen beleghaft und beleglos erteilten Zahlungsaufträgen unterscheidet, muss die Prüfzifferkontrolle auch auf beleglose Einreichungen erweitert werden. Im Gegenzug wird die Pflicht zum Kontonummer-Namens-Vergleich im Interbankenverhältnis entfallen.

Des Weiteren wird der Nachforschungsmechanismus im Interbankenverhältnis angepasst, um der Zahlerbank den Nachweis zu erleichtern, dass der Zahlungserfolg eingetreten ist, nämlich der Eingang beim Institut des Zahlungsempfängers. Dazu gehören Direkt- und Kettennachfragen durch die Zahlerbank sowie der Interbankenrückruf und die Anfrage zur Rücküberweisung. Es wird eine standardisierte Rückrufmöglichkeit geben, die auch einen Adressauskunftsanspruch für die Fälle enthält, dass der Zahlungsempfänger ungerechtfertigt bereichert ist und einer Rücküberweisung nicht zustimmt.

B. Lastschriftabkommen

Die Anpassung des Abkommens über den Lastschriftverkehr ist noch nicht abgeschlossen. Voraussetzung für eine Anpassung ist die Überführung der Einzugsermächtigung in eine vorautorisierte Zahlung entsprechend der Entscheidungsgrundsätze des IX. und XI. Zivilsenates des Bundesgerichtshofes vom 20. Juli 2010.

VII. Zusammenfassung

Die Umsetzung der Zahlungsdiensterichtlinie hat zu umfangreichen Anpassungen in den Allgemeinen Geschäftsbedingungen und Sonderbedingungen der Kreditwirtschaft sowie des Preis- und Leistungsverzeichnisses geführt. Die Struktur der Bedingungswerke wurde beibehalten. Allerdings ist der Umfang der Bedingungen auch durch die Einführung von Bedingungen für die Zahlung mittels Lastschrift für die vier unterschiedlichen Lastschriftverfahren signifikant erhöht worden.

Das Zusammentreffen von neuem Zahlungsverkehrsrecht mit der bisherigen rechtlichen Ausgestaltung des Kunde-Bank-Verhältnisses, insbesondere vor dem Hintergrund der AGB-rechtlichen Inhaltskontrolle, und der Bankpraxis, hat zu Anpassungsschwierigkeiten geführt. Bestes Beispiel dafür ist die Einzugsermächtigungs-Lastschrift.

Aufgrund der sehr kurzen Umsetzungsfrist wurde der Wortlaut der Bestimmungen des neuen Zahlungsverkehrsrechts bei der Umgestaltung der Bedingungen häufig übernommen. Auch der deutsche Gesetzgeber hat im Zweifel bei der Umsetzung der Richtlinie dem Wortlaut den Vorrang vor der Verständlichkeit eingeräumt. Dies konnte nicht ohne Auswirkungen auf die Lesbarkeit bleiben.

Bis zur Vollendung der SEPA ist es noch immer ein gutes Stück Weg. Bedenkt man, dass der einheitliche europäische Zahlungsverkehrsraum ursprünglich ein politisches Ziel ist und gemeinsam von Politik, Kreditwirtschaft und der Europäischen Zentralbank geschaffen werden sollte, so überraschen Aussagen zur Weiterführung nationaler Eigenheiten wie diese:

> *„Die Schaffung eines harmonisierten Euro-Zahlungsverkehrsraums SEPA wird von der Bundesregierung befürwortet (...). Die Bundesregierung ist der Auffassung, dass zur Abwicklung rein nationaler Zahlungsvorgänge neben IBAN und BIC auch die Verwendung von Kontonummer und Bankleitzahl weiterhin möglich bleiben muss. Die Nutzung von IBAN und BIC ist aus Sicht der Bundesregierung notwendige technische Voraussetzung für die Durchführung und Zuordnung von grenzüberschreitenden Überweisungen und Lastschriften im Euro-Zahlungsverkehrsraum. Die Entwicklung und Vermarktung der SEPA-Produkte erfolgt durch die Kreditwirtschaft."*[73]

Dies steht im Gegensatz zu der politischen Vision der SEPA: So hat die Europäische Zentralbank bereits 2006[74] SEPA als den Raum der Eurozone bezeichnet, in dem alle Zahlungen innereuropäischen sind und die gegenwärtige Unterscheidung zwischen nationalen und grenzüberschreitenden Zahlungen nicht mehr existiert. Und auch die Zahlungsdiensterichtlinie von 2007 unterscheidet nicht mehr zwischen nationalen und grenzüberschreitenden Zahlungen ....

---

73 Antwort des Parlamentarischen Staatssekretärs im Bundesministerium der Finanzen, Kampeter, vom 10. August 2010 (auf eine Anfrage des MEP Frankenhauser).

74 European Central Bank, Towards a Single Euro Payments Area, Fourth Progress Report, February 2006: Single Euro Payments Area (SEPA): "a euro area in which all payments are domestic, where the current differentiation between national and cross border payments no longer exists".

Tagungsbericht[1]

I. Einleitung

Der einundzwanzigste Bankrechtstag der Bankrechtlichen Vereinigung – wissenschaftliche Gesellschaft für Bankrecht e.V. (BrV) fand am 25. Juni 2010 in Bonn statt. Mit 320 Teilnehmern war ein neuer Teilnehmerrekord zu verzeichnen. Die erste Abteilung hatte den Anlegerschutz im Wertpapiergeschäft zum Inhalt, die zweite Abteilung widmete sich dem Thema der AGB in der Kreditwirtschaft.

II. Begrüßung

Nach den Eröffnungsworten von Prof. Dr. *Peter O. Mülbert*, Direktor für deutsches und internationales Recht des Spar-, Giro- und Kreditwesens an der Universität Mainz und Vorstandsmitglied der BrV überbrachte *Holger Giese*, Chefsyndikus der Deutschen Postbank AG, ein Grußwort. Nach einer Skizze zahlreicher neuen Regulierungen – namentlich dem Fernabsatzgesetz, der Zahlungsdiensterichtlinie und dem Verbraucherschutzgesetz –, die der Finanzmarkt in den letzten Jahren erfahren hat, betonte er, dass die ausgewählten Themen des Bankrechtstags auf der Höhe der Zeit seien.

III. Anlegerschutz im Wertpapierrecht (1. Abteilung)

Die Moderation der ersten Abteilung übernahm Prof. Dr. Dr. Dr. h.c. mult. *Klaus J. Hopt*, ehemaliger Direktor des MPI Hamburg und Ehrenkurator der BrV. Einleitend stellte *Hopt* fest, dass sich der Anlegerschutz im Kapitalmarktrecht von einem fast unbekannten Thema zu einem solchen entwickelt hat, dem profundes Interesse entgegengebracht wird.

1. In seinem Eröffnungsreferat zu „Grundsatz und Praxisfragen“ im Anlegerschutz befasste sich Prof. Dr. *Mathias Habersack* mit dem Tatbestand der Rückvergütung und der Frage, wann zwischen Anleger und Kreditinstitut ein derartiges Informationsgefälle besteht, dass seitens des Kreditinstituts eine vergütungsbezo-

---

1 Auszüge aus *Michael Bommer*, Anlegerschutz im Wertpapiergeschäft, AGB in der Kreditwirtschaft – Bericht zum Bankrechtstag 2010, ZBB 2010, 320–327 und *Julia Anders* und *Dr. Kay Rothenhöfer*, Anlegerschutz im Wertpapiergeschäft und AGB in der Kreditwirtschaft – Bericht über den Bankrechtstag am 25. Juni 2010 in Bonn, WM 2010, 1429–1437.

gene Aufklärung geschuldet ist. Hierzu skizzierte er die Rechtsprechung des XI. Zivilsenats des BGH zu Rückvergütungen und erläuterte die Auswirkungen des Interessenkonflikts, der in der Doppelrolle des Wertpapierdienstleisters, welcher gleichzeitig als Berater und Absatzmittler fungiert, begründet liegt.

[Beitrag *Habersack,* S. 3]

2. Dr. *Jürgen Ellenberger*, Richter am BGH, ging in seinem Beitrag „Neue Rechtsprechung zur zivilrechtlichen Haftung beim Vertrieb von Kapitalanlagen" auf die in Umsetzung der MiFID neu geschaffenen Regelung des § 31d WpHG und den darin enthaltenen Begriff der „Zuwendung" ein. Unter Verweis auf die Rechtsprechung unterschied *Ellenberger* zwischen Rückvergütungen und Provisionen und machte Ausführungen zur Vermutung aufklärungsrichtigen Verhaltens.

[Beitrag *Ellenberger,* S. 37]

3. Der Vortrag des Vorsitzenden Richters am OLG München *Karl Peter Puszkajler* hatte die „Aktuelle Rechtsprechung der Oberlandesgerichte zum WpHG" zum Gegenstand. Anhand ausgewählter Schwerpunkte erfolgte eine Darstellung von Entscheidungen der letzten 18 Monate zu den §§ 31 ff. WpHG. Dabei ging *Puszkajler* unter anderem der Frage nach, welche Anforderungen an eine anleger- und objektgerechte Beratung zu stellen sind, insbesondere auch, ob Hinweise auf das Emittentenrisiko und eine fehlende Einlagensicherung erforderlich sind.

[Beitrag *Puszkajler*, S. 53]

4. Dr. *Heiko Beck*, Mitglied der Geschäftsleitung Privat- und Geschäftskunden der Commerzbank AG, beleuchtete in seinem Vortrag „Die Zukunft der Anlageberatung – Was liegt wirklich im Kundeninteresse?" anhand des chronologischen Ablaufs einer Kundenberatung die Bestimmungen des Anlegerschutzes aus Sicht der Bankpraxis.

[Beitrag *Beck*, S. 65]

5. Zu Beginn der anschließenden Diskussion merkte Prof. Dr. *Georg Bitter* (Universität Mannheim) an, dass die aufsichtsrechtlichen Pflichten des WpHG auch als zivilrechtliche Pflichten verstanden werden sollten; die Unterscheidung zwischen Aufsichts- und Zivilrecht sei demgegenüber nicht überzeugend. Überdies führte er aus, dass auch Gewinnmargen dem Reglement des § 31 WpHG unterstünden, weshalb Gewinnmargen einen Beitrag zur Qualitätsverbesserung liefern müssten. Eine Qualitätsverbesserung, so *Bitter*, sei nur dann anzunehmen, wenn das Geld vollständig in die Beratungsinfrastruktur fließe.

Demgegenüber verwies *Habersack* auf den beratungsvertragsunabhängigen Charakter der §§ 31 ff. WpHG. Die Subsumtion von Gewinnmargen unter § 31d WpHG dehne den Begriff der „Zuwendung" sehr weit aus.

Beck erinnerte ergänzend daran, dass § 31d Abs. 4 WpHG in Kenntnis des Systems der Provisionsberatung geschaffen wurde und daher nicht der Schluss gezogen werden könne, dass nur derjenige der Vorschrift entspricht, der alle erhaltenen Zuwendungen investiert.

Von Prof. Dr. *Johannes Köndgen*, Universität Bonn, wurde auf die Forschungsrichtung der *Behavioral Finance* hingewiesen, die es ermögliche, typische Verhaltensmuster der Anleger besser zu erfassen. Insbesondere die von *Beck* dargelegten Schulungen versprächen keinen Nutzen, wenn durch Verkaufsdruck falsche Anreize geschaffen werden. Bei den Zertifikaten, so führte *Köndgen* weiter aus, sei das Grundproblem nicht primär im Emittentenrisiko zu sehen, sondern bestehe darin, dass die dem Kunden verheißenen Effizienzgewinne für ein Portfolio durch Einsatz von Zertifikaten minimal seien und diese durch hohe Gewinne aufgezehrt würden. Des Weiteren beklagte *Köndgen* die mangelnde Preistransparenz am Zertifikatemarkt.

Beck argumentierte, dass die Zertifikate sich in ihrer Funktionsweise und in ihrem Chance-Risiko-Profil derart stark unterscheiden, dass eine pauschale Behandlung aller Zertifikate nicht zielführend sei. Dass eine Bank bei unterschiedlichen Produkten unterschiedliche Gewinnmargen erzielt, sei gesetzlich nicht verboten.

Prof. Dr. *Petra Buck-Heeb* von der Universität Hannover hinterfragte kritisch die Differenzierung zwischen Rückvergütungen und Provisionen. Sie wies darauf hin, dass die Rückvergütungsrechtsprechung auf den Aspekten des Interessenkonflikts und der Gefahrenlage basiere. Entweder müsse man daher sowohl Rückvergütungen als auch Provisionen unter die Rechtsprechung subsumieren oder die Rückvergütungsrechtsprechung aufgeben.

Demgegenüber ist nach Auffassung von *Ellenberger* in der Einführung des § 31d WpHG eine Stärkung der Rückvergütungsrechtsprechung zu sehen.

Dr. *Klaus Behrens*, Rechtsanwalt aus Leipzig, merkte an, dass verschiedene Oberlandesgerichte – als obiter dictum – ausgeführt haben, dass auch bei professionellen Kunden stets der individuelle Verständnishorizont der Ansprechpartner maßgeblich sein müsse.

Puszkajler bemerkte, dass auch die Gruppe der Firmenkunden nicht einheitlich sei und dass der Umfang der Beratung maßgeblich von der Komplexität des Produkts, welches den Gegenstand der Beratung bildet, abhänge. So sei grundsätzlich bei komplexeren Produkten eine ausführlichere Beratung geschuldet als bei einfacheren.

Andreas Tilp, Rechtsanwalt aus Kirchentellinsfurt bei Tübingen, warf die Frage nach der Vorsätzlichkeit der Gesetzesverletzung der Bank auf und ergänzte *Puszkajlers* Rechtsprechungsübersicht um das Urteil des OLG Stuttgart vom 26.02.2010. Gegenüber *Beck* vertrat er den Standpunkt, dass der Kunde zumindest solange vor der Bank geschützt werden müsse wie diese ihren zivilrechtlichen Herausgabepflichten aus §§ 667, 665 BGB nicht nachgekommen sei. Der Schutz des Anlegers vor der Bank, so *Tilp* weiter, sei unter Berücksichtigung des bestehenden strukturellen Ungleichgewichts zwischen Bank und Kunde noch nicht ausreichend.

Prof. Dr. *Brigitte Haar*, Universität Frankfurt, sprach das bei der Anlageberatung bestehende Problem des *information overload* an und warf die Frage auf, wie für den Anleger entscheidende Informationen von weniger entscheidenden getrennt werden können.

Dazu führte *Beck* aus, dass in diesem Zusammenhang insbesondere die Einordnung von haftungsrechtlichen Wirkungen des Informationsblatts von Interesse sei. Mit Blick auf europäische Regulierungsvorhaben wie die UNCITS-Novelle oder das Key-investor-information-Konzept hielt Beck die Kohärenz erstens zwischen den Regelungen des nationalen Gesetzgebers und der EU sowie zweitens zwischen den verschiedenen Dokumenten, die im Rahmen der Anlageberatung eingesetzt werden müssen, für wünschenswert.

Habersack sah aufgrund der schlichten Vermittlungstätigkeit der Bank bei geschlossenen Fonds keine Anspruchsgrundlage für Herausgabepflichten.

IV. AGB in der Kreditwirtschaft (2. Abteilung)

Die zweite Abteilung stand unter Leitung und Moderation von Prof. Dr. *Volker Vorwerk*, Rechtsanwalt beim Bundesgerichtshof.

1. Prof. Dr. *Markus Stoffels*, Universität Osnabrück, eröffnete die zweite Abteilung mit seinem Referat über „Grundsatzfragen der AGB-Kontrolle“. Nach einer themenfokussierten Erörterung des sachlichen Anwendungsbereichs der §§ 305 ff. BGB entwickelte der Referent Anforderungen an ungeschriebene normative Leitbilder zum Maßstab der AGB-Kontrolle. Unter Bezugnahme auf ausgewählte Beispiele in der Rechtsprechung setzte sich *Stoffels* insbesondere mit den Schranken der Inhaltskontrolle auseinander und machte Ausführungen zum Schutzanliegen und den Grenzen des Transparenzgebots.

[Beitrag *Stoffels*, S. 89]

2. Seinen Vortrag zur „AGB-Kontrolle von Leistungsentgelten und Preisanpassungsklauseln“ eröffnete Rechtsanwalt *Hartmut Strube*, Düsseldorf, mit der Vorstellung einer Auswahl von seiner Ansicht nach unzulässigen Bankentgelten unter Bezugnahme auf einen Aufsatz von Dr. h.c. *Gerd Nobbe* („Nobbe-Liste“). Im Folgenden befasste sich *Strube* mit der Zulässigkeit von Bearbeitungsentgelten bei Kreditverträgen und stellte die divergierenden Entscheidungen des OLG Celle und des OLG Karlsruhe dar. Abschließend skizzierte er das Grundsatzurteil des BGH[2] zu Preis- und Zinsanpassungsklauseln.

[Beitrag *Strube*, S. 115]

2 BGH WM 2009, 1077 = WuB I A 2. Nr. 17 AGB Sparkassen 1993 2.09 *H. Schimansky* = NJW 2009, 2051.

3. *Roger Dippel*, Abteilungsdirektor beim Bundesverband Öffentlicher Banken Deutschlands, schloss die Vortragsreihe mit seinem Referat zum Thema „Neue vertragliche Rahmenbedingungen für den Zahlungsverkehr – Aktueller Stand und Ausblick." *Dippel* gab einen systematischen Überblick über die Neuregelungen aus der Umsetzung der Zahlungsdiensterichtlinie und zeigte die aus der Richtlinie erwachsenden Vorgaben für verschiedene Arten von Zahlungen (Lastschrift, Überweisung, Kartenzahlung, Online-Banking) auf. Nach Erläuterung der Grundlagen für die Anpassungen der kreditwirtschaftlichen Bedingungen skizzierte er die Ausführung von Zahlungsvorgängen am Beispiel der Überweisung.

[Beitrag *Dippel*, S. 137]

4. *Bitter* eröffnete die sich anschließende Diskussion mit dem Hinweis auf das dem Kunden erwachsende Risiko bei der Ausführung eines Überweisungsauftrags ausschließlich anhand der Kundenkennung und ohne Vorhandensein eines zusätzlichen Sicherheitsmerkmals.

Hierauf antwortete *Dippel*, der Gesetzgeber habe die Ausführung einer Überweisung anhand der Kundenkennung in § 675r BGB ausdrücklich vorgesehen; die AGB stellten somit nur eine „Blaupause" der gesetzlichen Vorschrift dar. Überdies liege der IBAN auch eine eigene Prüfzifferrechnung zugrunde, die insofern einen Überprüfungsmechanismus bei einer Falschbezeichnung darstelle. Eine zusätzliche Sicherheitsprüfung sei zudem weder nach deutschen noch europäischen Vorgaben erforderlich.

Köndgen sah die Abschlussgebühr bei Bausparverträgen im Gegensatz zu Ausgabeaufschlägen bei Investmentfonds nicht dem Wettbewerb ausgesetzt. Der Abschlussgebühr fehle die Wirkung einer effizienten Verhaltenssteuerung, wie sie etwa bei Anfahrtskosten für Handwerker bestehe. Problematisch sei zudem, dass es in der Ansparphase bei Bausparverträgen keinen Effektivzins gebe und eine Abschlussgebühr von 1,5 % des Kreditbetrages unter dem Gesichtspunkt der *Behavioral Finance* keinen Nachfragewettbewerb anstoße. *Köndgen* warf die Frage auf, ob Kontoabschlussentgelte oder Rücknahme-Abschläge für Investment-Anteile unzulässig seien.

Peter Freckmann erwiderte, dass die Abschlussgebühren für Bausparverträge zwischen 0,5 % und 1,5 % der Bausparsumme variieren, ein Markt demnach vorhanden sei.

Stoffels ergänzte, dass das tatsächliche Vorliegen eines Wettbewerbs weniger entscheidend sei als die Schaffung von Voraussetzungen für einen funktionierenden Wettbewerb. Der Rücknahmeabschlag des InvG, so *Stoffels* weiter, sei ein Beispiel einer Vertragsauflösungsgebühr und daher als hochproblematische Verhaltenssteuerung zu betrachten.

In diesem Kontext kritisierte *Strube* die unterschiedlichen Interpretationsweisen des Begriffs der Abschlussgebühr als Bearbeitungsentgelt zum einen und als Vermittlungsgebühr zum anderen. Insbesondere aber sei die Interpretation als Eintrittsentgelt in die Solidargemeinschaft der Bausparer kritikwürdig. Zumal beim Eintritt in eine Bank auch kein Eintrittsgeld erhoben werde, sei die Abschlussgebühr für Bausparverträge intransparent und nach seiner Ansicht unzulässig. Nach dem BGH unterliege die Preisanpassung bestimmten Kriterien. § 675f Abs. 4 BGB stelle insofern einen Pyrrhussieg dar, als für die Unterrichtung die tatsächlichen Kosten als Entgelt vereinbart werden können.

Aus dem Teilnehmerkreis wurde im Hinblick auf die Entscheidung des BGH zu Zinsanpassungsklauseln im Kreditgeschäft die Frage gestellt, ob in den Fällen, in denen der Kunde zu viele Zinsen gezahlt hat, von ihm verlangt werden müsse, den komplizierten Mechanismus der Entgeltanpassung nachzuvollziehen. Mit Blick auf die dreijährige Verjährungsfrist stelle sich in diesem Zusammenhang auch die Frage, wann der Kunde Kenntnis von den einen Anspruch begründenden Umständen erlangt.

Diesbezüglich neigte *Strube* dazu, den Erlass des BGH-Urteils zur Zinsanpassungsklausel als maßgeblichen Zeitpunkt für die Kenntnis des Kunden anzusehen, auch wenn die Kenntniserlangung tatsächlich erst nach diesem Zeitpunkt liegen könne.

Abschließend dankte *Vorwerk* den Referenten und Teilnehmern für ihre Anregungen für Wissenschaft und Praxis und kündigte den nächsten Bankrechtstag für den 01.07.2011 an.

Stichwortverzeichnis

Bei Fragen zur Produktsicherheit wenden Sie sich bitte an:
If you have any questions regarding product safety,
please contact:

Walter de Gruyter GmbH
Genthiner Straße 13
10785 Berlin
productsafety@degruyterbrill.com